全国学前高等职业教育规划教材

幼儿语言教育活动设计与指导

主 编　廖贵英　邓娇娇

编 委　廖贵英　邓娇娇　段展华
　　　　张子建　方　方　郭雨欣
　　　　揭　青　陈里霞

复旦大学出版社

内容提要

本书按照学前高等职业教育的特点和要求，具体介绍幼儿园常见语言教育类型的理论基础和实践指导，体现了高等职业教育的教材改革趋势。依照职业教育兼重理论知识与职业应用的理念，每个项目含四个模块的学习内容。"活动认知"是该活动类型的理论介绍，"工作过程"是幼儿园工作场景中教师的实践步骤，"案例分析"以完整案例的形式呈现幼儿园语言教育活动的设计组织过程，"项目实践"是对学生的实训要求。

本书具有实用、形象、创新三个特点。首先，教材中的"工作过程"与幼儿园实际工作过程一致；其次，教材中的案例、图片、视频多为"校园共建"成果；最后，教材中辩论活动、说明性讲述活动体现了幼儿园语言教育类型的丰富和创新。

本书适用于普通高等院校、幼儿师范院校及各类职业技术院校学前教育专业的学生，同时也可作为在职幼儿教师的参考用书。本书配套的课件等教学资源，可登陆复旦学前云平台（http://www.-fudanxueqian.com）查看。

总序

教育部职业技术教育中心研究所研究员　姜大源

新时代　新改革　新突破

学前教育是传统师范教育中的一级学科,而其对应的人才培养又极具职业特色,这意味着,幼儿教师的培养,本质上是在立德树人的前提下,在师范教育核心内容的支撑下,以幼儿教师教学的基本技能为主导的职业教育。为此,在社会主义建设新时代,如何顺应时代发展的要求,把握新时代的新思想,将学前教育的理论与幼儿园的教学实践紧密结合起来,将学校教育教学内容与幼儿园对教师的职业要求和职业能力紧密结合起来,就需要对传统的学前教育进行深刻的反思,以期在凸显现代职业教育的规律与特色方面,努力探索一条新时代幼儿教师培养的新途径。

既然大多数以培养幼儿园教师为目的的学前教育专业,属于职业教育的范畴,就应该准确把握职业教育的规律,凸显职业教育的特点。与传统的只有学校这样一个学习地点的普通教育不同,作为与经济和社会发展结合最为紧密的职业教育,还有一个不可替代的学习地点,就是企业。对培养幼儿园教师的学前教育来说,这里的企业主要就是幼儿园。这意味着,职业教育的一个重要特征就是要从传统的基于学校的定界思考,走向基于"学校＋企业"的跨界思考:在办学主体层面,要跨越企业与学校的疆域;在教学实施层面,要跨越工作与学习的疆域;在社会功能层面,要跨越职业与教育的疆域。

为此,作为国民教育体系和人力资源开发重要组成部分的职业教育,其整个教学过程,就既要考虑认知学习规律,又要考虑职业成长规律,就要贯彻产教融合、校企合作、工学结合、知行合一的跨界的教育教学思想。

由于课程始终都是人才培养的核心,鉴于职业教育的跨界性,职业教育的课程就要将经济社会需求与人本个性需求进行有机整合,就要求以理论知识的职业应用为导向,把知识在职业中的应用而非存储放在教学的首位。传统学科体系的仓储式堆栈结构,是一种基于知识存储的量化结构,而职业教育行动体系的工作过程结构,是一种基于知识应用的质性结构。在这里,应用知识的结构——工作过程是客观存在的,但若只是照搬客观存在的工作过程,有可能使人成为一种工具。基于此,近年来,将企业需求与个性需求有机整合在一起的工作系统化课程,以工作过程作为积分路径,从应用性、人本性和操作性三个维度,将学习内容、先有知识与教学过程,在系统化设计的工作过程中予以集成。传统的学科知识结构并未被摒弃而是通过解构与重构,在比较、迁移和内化的学习过程中得以生成,从而使得职业教育的课程、教材和教学,做到了"工作过程"与"知识存储"的有机整合。

近年来,复旦大学出版社在学前教育专业的课程与教材以及教学层面,紧密结合职业教育的规律和特征,展开了主动积极的改革,做出了极富成效的探索,获得了令人耳目一新的突破。

针对学前教育的课程、教材和教学进行改革与创新,复旦大学出版社是有着清晰的顶层设计的。出版社睿智地指出,培养幼儿教师的学前教育专业,必须关注几个本质的特征:一是幼儿教师具有明确的职业特点和职业要求,具有针对性;二是幼儿教师是在特定的社会场所、环境中从事的一种与其他社会成员相互关联、相互服务的社会活动,具有社会性;三是幼儿教师必须符合国家对涉及教师的相关法律和社会道德规范的要求,具有规范性;四是幼儿教师必须满足国家的职业标准和准入门槛,具有标准性。

为此,在学前师范教育的理论指导和顶层设计的框架下,复旦大学出版社组织相关院校的专业教师,把幼儿教师的一日生活劳动,进行了工作过程化及任务分解化的处理,使得教师的工作过程或者工作任务都有其背后的理论学养的支撑,并使实际的工作手段和操作落到实处。改革的实践表明,学前教育的课程教学完全可以采纳职业教育在课程教学方面的新的方法论,即将教学内容、手段与幼儿园实际的工作过程结合,在教学中创设或者模拟幼儿园环境或者校园环境,让学生置身于工作情境之中,在学习的过程中就扮演了幼儿教师的角色,从而能大大提升学生解决工作中实际问题的能力,达到以就业为导向,以能力为本位的职业教育目的。

当然,要将幼儿教师的工作过程化和任务分解化是有难度的。在项目启动之初,复旦大学出版社就组织所有的教材主编进行了认真的专业培训,有针对性地对改革中遇到的具体问题进行具体分析,就如何将幼儿教师的工作过程分解化,与此同时又如何将对应的知识融入其中,如何使知识体系的解构在重构之后依然能保证其完整性,进行了多次深入的科学的研讨,并在此基础上,经过精心设计,才成就了这套教材。

教材中所体现的幼儿教师的工作过程,都是作者实际操作过经历过的。所以,教材的编写过程既是"编"的过程,也是"做"的过程。显然,对教材编写者的要求,远远超过了传统师范教材。可以说,这是本套教材的第一个特色。

本套教材区别于传统师范教材的第二个特色,体现为在强调理论知识适度够用的原则下,注重教师职业技能和职业能力的培养。过去师范教育的最大短板就在于实践的缺乏。当前各师范院校实训室的普及建立,就是纠正这种理论脱离实践的明证。

综上所述,这套学前教育工作过程系统化教材的基本出发点,是牢牢把握教育自身发展规律、教师职业发展规律和学生的身心发展规律,强调技能、知识与价值观的一体化学习。特别是对学前教育这样的师范教育,其系统化、教学化设计的工作过程,就始终把立德树人放在首位,坚持德技并修,旨在培养能真正满足社会需求的、富有工匠精神的幼儿教师。

学前教育的职业教育化是历史的选择,也是顺应国家幼教事业整体发展方向的,因而是完全必要的。

欣喜的是,复旦大学出版社将职业教育在课程教学上行之有效的改革,迁移到学前教育专业幼儿教师的培养中来,使得幼儿教师的职业应用与教师的培养完美地结合在一起,体现了现代职业教育发展的新理念。

长风破浪会有时 直挂云帆济沧海。

期待着,复旦大学出版社在课程、教材和教学方面,其业已开始并卓有成效的改革与创新,不仅能在学前教育领域继续前行,而且能在其他专业领域有所突破。

前 言

本教材以《幼儿园教育指导纲要(试行)》和《3—6岁儿童学习与发展指南》精神为指导,立足于学前儿童语言教育活动实际,以学前儿童教育理论为依据,吸收国内外学前儿童语言教育领域的先进理念和现代教育改革创新成果,结合高职高专实用型人才培养目标和幼儿园一线工作实际,理论知识以够用、实用为度,强调实践操作和开拓创新;结合高职院校推行"1+X"证书制度,设置幼儿园教师资格证考试真题,并为学生深度学习和探索提供阅读资料。本教材在内容编排上力求与职业岗位对接,体现基于工作过程的设计理念,将传统的章节设置改为项目学习模块,既有理论阐述,又注重实践活动和开放性思维的培养,旨在提升学前教育专业学生的岗位胜任能力。

本教材将幼儿园常见语言教育活动类型分为7大项目(共10个子项目),每个项目下设四大学习模块:活动认知、工作过程、案例分析和项目实践。"活动认知"主要是对该活动的内涵、特征、类型、价值等进行介绍;"工作过程"从三大环节,即活动设计、组织指导和活动评价分步骤展开;"案例分析"呈现内容详实的幼儿语言活动设计方案,以及执教后的活动评析;"项目实践"提出该类型活动的实践要求,包括实训项目、模拟演练、课外研读。本教材特色在于:第一,实用适用。在内容上以工作需求为导向,突出描述幼儿语言教育活动设计与指导的全过程,且采用高校和幼儿园合作原创的活动案例、活动评价,易于学习者接受和掌握。第二,具体形象。在形式上采用"多媒体互联网+"模式,对更多教学资源进行整合,以二维码的形式渗透到教材中;并配有大量的幼儿语言教育活动图片和视频资料,将理论知识和具体实践相结合,为学习者呈现立体化、形象生动的阅读体验。第三,开拓创新。在类型上拓宽了原有范围,注重常见语言教育活动类型的讲解,同时吸纳国内外新兴的语言教育活动类型,关注辩论活动、说明性讲述活动的开发与运用,有益于幼儿逻辑思维能力的提升。

　　本教材由九江职业大学学前教育学院廖贵英教授担任主编,九江职业大学、宜春职业技术学院、豫章师范学院教师共同参与编写,具体分工如下:绪论——廖贵英;项目一"幼儿谈话活动"——张子建;项目二"幼儿辩论活动"——揭青;项目三"幼儿讲述活动"之子项目一"幼儿叙事性讲述活动"、子项目二"幼儿说明性讲述活动"——邓娇娇;项目四"幼儿语言游戏活动"——方方;项目五"幼儿文学作品活动"之子项目一"幼儿故事活动"——陈里霞,子项目二"幼儿诗歌活动"、子项目三"幼儿散文活动"——段展华;项目六"幼儿早期阅读活动"——廖贵英;项目七"幼儿语言区域活动"——郭雨欣。教材中的案例与图片大多是与幼儿园合作完成的,这些幼儿园分别是九江市中心幼儿园、九江市委机关幼儿园、九江市濂溪区第一幼儿园、九江市湖滨幼儿园、九江市九龙新城幼儿园、九江市德安县第二幼儿园、九江市永修县新城幼儿园、抚州市临川区第一保育院、九江市修水县中心幼儿园、九江市小金星水木清华幼儿园等,在此一并表示感谢!

　　本教材在编写的过程中参考了大量专著、教材和文献资料,谨此致谢。教材中的不当之处,敬请读者指正。

编　者

2020 年 9 月

目 录

绪　　论

幼儿语言教育是研究幼儿语言发生发展的现象、规律及其训练和教育的一门学科,它具有突出的应用性与实践性。[①] 绪论部分在明确幼儿语言教育的意义、分析幼儿语言发展规律和特点的基础上,逐一阐述幼儿语言教育的目标、内容、方法及评价等基本理论。

一、幼儿语言教育的意义

(一) 学前期是人类语言发展的关键期

儿童心理发展的研究成果与长期的教育实践已经证明,婴幼儿期是人的一生中掌握语言最迅速的时期,也是最关键的时期。

一般而言,个体从出生到初步掌握语言需要3~4年时间,其中1岁半到4岁是获得母语的关键期,9个月至24个月是理解语言的关键期,2岁至4岁是语言发展的关键期。在这一时期,如果为幼儿的语言发展创设良好的环境,则能有力地促进幼儿语言的发展,达到事半功倍的效果。如果错过了这一时期再进行补偿教育,会导致幼儿不能达到其应有的语言水平与语言能力。

因此,社会、家庭和幼儿园都应为幼儿语言的发展创设良好的学习环境。一方面,我们要认识到幼儿处在语言发展的关键时期,为他们提供大量的语言学习机会;另一方面,考虑到幼儿身心发展的特点,所学习的内容与方法不可盲目地超越幼儿现阶段的发展水平。

(二) 幼儿语言教育促进幼儿认知能力的发展

一方面,语言在促进幼儿认知发展的过程中发挥着重要作用;另一方面,幼儿的认知发展水平决定了其语言的发展水平。

1. 语言能大力提升幼儿认知概念的发展

具体体现在幼儿借助语言可以用词语为事物命名,比如带幼儿认识公鸡时他们不仅能叫出公鸡的名称,而且可以说出公鸡头上有红色鸡冠,嘴是尖尖的,身上有漂亮的羽毛等。还可以借助词语对事物进行归类,比如将"羊、狗、鸡猪"等归为动物,从而促进幼儿抽象思维的发展。

2. 语言能参与并指导幼儿的认知加工过程

语言是一种非常重要的思维工具,很多时候,我们在进行思考时必须借助语言。同样的,幼儿语言能力的不断发展也在他们的认知加工过程中起着重要的作用。比如,幼儿独自玩耍的时候经常会自言自语,这就是在利用语言来梳理认知过程并指导自己行为的典型案例。

3. 语言发展推动幼儿创造性思维的萌发和发展

在文学作品的学习过程中,幼儿对文学作品的改编和创编就是非常好的例子。例如,幼儿在学习《春

[①] 张明红.幼儿语言教育与活动指导[M].上海:华东师范大学出版社,2014:1-2.

雨》后仿编出了如下诗句:"蚂蚁说/下吧,下吧/我要搬家/小河说/下吧,下吧/我要玩耍。"

(三) 幼儿语言教育促进幼儿社会性的发展

1. 语言可以使幼儿清楚地讲出自己的感受或需要

幼儿在学会说话以前,已经开始用各种非语言方式与周围人交往,如用哭叫表示饥饿、疼痛、疲倦,或用手脚动作及面部表情表达各种情绪。但是这些非语言方式有很大的局限性,常常不能被他人正确理解,从而不能及时满足自己的需要,或引起别人对自己的注意。在与他人交流的过程中逐渐克服以自我为中心的言行,使自己的情感、态度、行为、习惯等与社会规范逐渐接近并相吻合,这是语言在促进幼儿社会性发展方面发挥作用的第一个体现。

2. 语言的运用有利于同伴之间社会交往行为的发展

语言的运用能在很大程度上减少同伴交往过程中的肢体冲突,更有利于同伴之间社会交往行为的发展。幼儿在与同伴交往的过程中经常会由于某些原因产生矛盾,如果缺乏相应的语言表达与沟通的技巧,很多时候只能通过粗暴的行为来解决。而一旦幼儿掌握适当的语言沟通技巧就能通过语言来进行协商解决。

(四) 幼儿语言教育可以为学习书面语言打好基础

语言作为传递信息的主要载体,主要包括口头语言和书面语言。根据幼儿的年龄特点和人类掌握语言的规律,幼儿的语言教育主要是发展其口头语言。而书面语言的发展是以口头语言为基础的,掌握了口头语言,才能更好地学习书面语言。幼儿将口头组词、组句、表达能力的发展迁移到书面练习中,能够促进文字表达功能的发展。因此,对幼儿进行语言教育,发展口语表达能力,正是为幼儿入学后学习书面语言打下良好的基础。

二、幼儿语言发展与教育

(一) 幼儿语音发展与教育

1. 幼儿语音发展的特点

(1) 3～4 岁幼儿韵母发音正确率高,声母发音正确率相对较低

该时期幼儿言语器官尚未充分发展,还不能协调使用发音器官,即不会运用发音器官的某些部位,或者不能掌握某些发音方法,以致发音不清楚、不准确。在发某些声母时,幼儿常常把握不好,并出现相互替换的情况。例如,"n"和"l"不分,把"奶奶"说成"来来";翘舌音"zh""ch""sh"常被替换成舌尖前音"z""c""s"或舌面音"j""q""x",如"汽车"说成"汽切","这个"说成"介个","老师"说成"老西"等。4 岁以后,幼儿的发音正确率有明显提高。

(2) 4～5 岁幼儿的发音器官已发育完善,能正确发出大多数的音

如果能够坚持练习并进行反复的语言实践,这一阶段的幼儿基本能够掌握全部的语音了,只是对某些相似的音,发音仍有困难,需要反复练习加以区分。

(3) 5～6 岁幼儿发音已基本没有问题

在成人的正确教育下,这一阶段的幼儿能做到发音正确、咬字清楚,并能区分四声音调。一般来说,6 岁左右的幼儿经过训练都能做到口齿清楚、正确发音,如果某些幼儿仍然存在发音不清晰的状况,成人应及时查明原因。另外,6 岁左右的幼儿语音意识开始形成,他们开始能自觉辨别发音是否正确,自觉模仿正确的发音,纠正错误的发音。

2. 幼儿语音教育的建议

(1) 培养幼儿听音辨音能力

① 示范讲解。

正确的示范是幼儿掌握语音的基本途径。通过示范不仅要求幼儿能正确地感知语音的微小差别,而

且还应让他们掌握发音部位和发音方法。例如,"n"和"l"的发音,发"n"时,舌尖翘起抵住上牙床,同时舌尖要向两旁展开,用力把气流堵住,使气流从鼻孔出来;发"l"时,舌尖只抵住上牙床的中间部分,舌头不向旁边舒展,在两旁留出空隙,堵住鼻孔通道,使气流从舌的两边出来。

② 练习听音游戏。

良好的听觉是清晰发音的前提。通过听音游戏可以培养幼儿分辨各种大小、强弱等不同性质的声音,发展幼儿听觉的灵敏性,提高他们的辨音能力。例如,游戏"我会听":教师带领幼儿模拟参观动物园,可先播放猫、鸭、狗、老虎等动物的叫声,让幼儿听声音来猜一猜动物园里有什么动物,然后再展示动物园中的动物玩具,以此训练幼儿分辨各种动物声音的能力。

(2) 幼儿在练习中学会正确发音

幼儿发音不准主要有两方面原因:一是生理原因,随着年龄的增长和反复练习,幼儿发音能力会得到显著提高;二是受方言的影响,方言地区普通话教学的难点在于其语音上的差异。运用恰当的教学活动进行语音练习是必要的,但大量的练习还须在日常生活中自然地进行。日常生活中的练习,适于随机地个别进行,教师应根据本地区和本班幼儿的语音发展情况确定发音练习的具体内容。

(3) 培养幼儿的言语表情

教师在训练幼儿正确发音的同时,也要训练幼儿能根据表达内容的需要控制和调节自己声音的大小与速度,构成不同的言语表情。在日常讲话时,主要是培养幼儿的自然表情,做到声音性质与其所要表达的内容相一致。在朗读或表演文学作品时,要求幼儿能在理解作品内容的基础上,有发自内心的感情,而不是刻板、机械的声调。

(4) 培养幼儿言语交往的修养

言语交往的修养是针对讲话态度方面所提出的要求。从幼儿掌握口语开始,就应要求幼儿在言语交往中,做到讲话态度自然,声调悦耳,说话有礼貌,不允许撒娇或粗暴地讲话等。让幼儿进行发音练习时应该是在自然的状态下开展,所采取的方式要符合内容要求,且具有趣味性。

(二) 幼儿词汇发展与教育

1. 幼儿词汇发展的特点

(1) 词汇数量迅速增加

幼儿期是掌握词汇最迅速的时期。随着年龄增长,词汇数量几乎以每年增长一倍的速度增加,具有直线上升的趋势。有报道称,3岁幼儿的词汇量可达800~1 000个,4岁为1 600~2 000个,5岁增至2 200~3 000个,6岁则达到3 000~4 000个。但这与成人的12 000~13 000的词汇量相比还是有一定差距的,也说明词汇的掌握需要更长的时间。

(2) 词类范围日益扩大

汉语词汇分为实词和虚词两大类。实词是指意义比较具体的词,包括名词、动词、形容词、代词等;虚词是指意义比较抽象、不能单独作为句子成分的词,包括连词、介词、副词、助词等,幼儿一般先掌握实词,后掌握虚词。

3~4岁的幼儿所掌握的词汇,大多以名词和动词为主,那些表示具体事物名称的名词和具体动作的动词是幼儿生活中常常经历和感知到的,因此较易掌握。对于形容词的运用也有了初步发展,但只能掌握如大、小、冷、热、长、短、胖、瘦等词,在具体运用上也往往不够准确,常常用大、小来代替其他表示比较的形容词。还很难把握数词和量词的运用,直到5岁以后才能熟练地使用。6岁时,幼儿所掌握的词类已经相当丰富了,对词义的理解也比较深刻。

幼儿词类的扩大还表现在词汇内容的变化上。一般来说,幼儿最先掌握的是与饮食起居等日常生活相关的词语,之后会逐渐积累一些与日常生活距离稍远的词汇,甚至开始掌握与社会现象相关的词。

(3) 词义理解逐渐深入

首先能理解的是词的具体意义,以后才能比较深刻地理解词义,但仍难以理解词的隐喻和转义。例如,听到成人说"那个人长得很困难",孩子会说"我去帮助他"。大班幼儿开始能理解一些不太隐晦的比喻义。

其次,对于同一个词,幼儿对其含义的理解水平是不同的。最初掌握词时,对它的理解往往不准确,以后逐渐确切和加深。如一个1岁左右的婴儿把圆形物称为"鸡蛋",之后可能也会把天上圆圆的月亮和爸爸手中的乒乓球以及桌上的橘子统称为"鸡蛋"。这说明幼儿最初对词义的理解是笼统的、不确切的,常用一个词来代表多个对象。

(4) 开始有一定的构词能力

随着幼儿认识能力的发展,他们可以把已经掌握的词拆开,其他已经熟悉的词重新组合成新词。例如,可以把"秋天"的"秋"组成秋叶、秋风、秋雨等词,又可以把"秋天"的"天"组成春天、夏天、天空等词。

2. 幼儿词汇教育的建议

(1) 丰富幼儿词汇

幼儿词汇教育的首要任务是丰富词汇量,要不断为其提供大量新词以便于幼儿理解、记忆和运用。获得新词的途径大致有两个:第一,在日常生活中,通过与成人或同伴的自然交往获得,这类词大部分是浅显易懂的,经常活跃在人们的口头上;第二,通过成人有意识的教导,这类词大部分是幼儿难以在自然状态下学会的。这里所说的丰富词汇,主要是通过后一种途径来进行。

对不同年龄段的幼儿,应有不同的侧重和要求。对小班幼儿而言,丰富词汇的要求是学习运用能理解的常用词;对中班幼儿来说,词汇量要大幅增加,词语的运用能力也要明显提高;大班幼儿则要在巩固已掌握词汇的基础上,大量增加实词的掌握数量,并提高使用质量。

(2) 教幼儿正确理解词义

在教给幼儿新词时,尽量做到使词和词所反映的事物同时出现。将词和事物的具体形象联系起来才能加深理解,如用"今天天气真热"或"这屋子很冷"等来解释"冷""热"一类较抽象的词。对于那些幼儿不能直接接触的事物,可以借助图画、录音、录像等媒介,帮助幼儿正确理解词义。

学习幼儿文学作品,是帮助幼儿正确理解词义的一条有效途径。幼儿文学作品中帮助幼儿理解词义的方法是多样的,有的是通过故事情节使幼儿自然地理解词义,有的则需要借助辅助手段——图片、玩具、模型等。以故事中"他穿过了一片密密的荒林"为例,"荒林"是新词,而"树林"是幼儿早已熟悉的词,这时教师可以把"荒林"解释为"没有人去过或者没有人管理的树林"。

复述故事或朗诵韵体作品,是帮助幼儿巩固所掌握词汇的好方法,教师应确保幼儿能够复述、朗诵一定数量的幼儿文学作品。另外,表演故事也是一种较好的再现幼儿文学作品的形式。

(3) 教幼儿正确运用词汇

① 为幼儿提供正确用词的典范。

用词命名,即在引导幼儿观察周围事物时,配以相应的言语说明,以使幼儿了解周围各种事物和现象的名称。这样,当幼儿想说某件物品或描述某个动作、某个场景时,就慢慢会知道应该怎样称呼与表达,避免出现因不知如何表达而选错词的情况。

语法规范,即教师在与幼儿讲话时,要尽可能做到讲话不出现语法错误,以免给幼儿错误示范。

② 针对幼儿经常错用或误用的词汇及时反馈。

当幼儿出现用词错误时,教师应及时反馈,但应该注意反馈的方式与方法。教师要对幼儿的表达先表示理解,然后用正确的表达方式来暗示幼儿。例如,"哦,你是说你已经跟奶奶说过'再见了'",这既是指出孩子的错误表述,又是在暗示和提醒幼儿这句话的正确表达方式。

③ 为幼儿创设适宜的环境,鼓励他们大胆使用已理解的词汇。

由于幼儿生活空间比较狭小,许多学过的词在日常生活中无处使用,于是,这些词语就作为消极词汇留存下来。如果教师能为幼儿创设丰富的语言情境,引导幼儿通过各种感官感知周围事物,并联系已经掌握的文学语言充分表达自己的感受,那就可以帮助幼儿将消极词汇转化为积极词汇。例如,春暖花开的季节,教师带幼儿去公园、草地、山脚、溪边……在观赏春天美丽景色的同时,启发幼儿用以前听过的有关春天的文学作品中描述春天的词汇和语句来尝试描述眼前的事物,如春光明媚、春暖花开、嫩绿的小草和树叶、金黄的迎春花……此外,教师要注意收集和观察幼儿运用词汇的实际情况,掌握哪些是幼儿比较容易用错的词,并分析其错用的原因,以便进行针对性的指导。

（三） 幼儿语法发展与教育

1. 幼儿语法发展的特点

（1）句型从不完整句向完整句发展

① 从简单句到复合句。

简单句是指句法结构完整的单句。近年来,我国的许多研究都表明,幼儿主要使用简单句。从 2 岁以后,幼儿使用简单句逐渐增加。随后发展的趋势是,简单句所占比例逐渐减少,复合句逐渐增多,但总的来说,幼儿使用简单句的比例较大。幼儿所使用的简单句的主要类型有：主谓复合句,如"宝宝睡觉";谓宾结构句,如"坐车车""找妈妈";主谓宾结构句,如"宝宝坐车";主谓双宾结构句,如"阿姨给宝宝糖"。

幼儿使用复合句的特点,首先是数量较少,比例不大。学前初期,复合句的使用比例相当小,虽然复合句的使用比例随着年龄的增长而增长,但到学前晚期,仍然在 50％ 以下。其次是结构松散,缺乏连词,只是简单句意义上的结合,如"妈妈上班,我上幼儿园"。最后,联合复句出现较早,偏正复句出现较晚。复合句包括联合复句和偏正复句两大类。幼儿比较容易掌握联合复句,在幼儿所掌握的联合复句中,并列复句占有当大的比例。偏正复句反映比较复杂的逻辑关系,幼儿较难掌握。幼儿常用的偏正复句主要有条件复句、因果复句、转折复句(转折复句主要出现在 4 岁以后)。例如,转折复句"虽然佳佳生病了,但她还是坚持来上幼儿园"。

② 从陈述句到非陈述句。

幼儿最初掌握的是陈述句。在整个学前期,简单的陈述句仍然是基本的句型,幼儿常用的非陈述句有疑问句、祈使句、感叹句等。

③ 从无修饰句到修饰句。

幼儿最初说的句子是没有修饰语的,如"宝宝画画""汽车走了"。2～3 岁幼儿的语言有时出现一些修饰语的形式,如"大灰狼""小白兔",但是实际上他们是把修饰词和被修饰词作为一个词组来使用的,在他们的心目中"大灰狼"就是"狼",不论那是大狼还是小狼。

根据我国心理学家朱曼殊等人的研究发现,2.5 岁幼儿已经开始出现一定数量的简单修饰语,如"两个娃娃搭积木"。3 岁幼儿已开始出现复杂修饰语,如"我玩的积木"。2 岁幼儿运用修饰语的仅占 20％。3 岁到 3.5 岁是复杂修饰语的数量增长最快的时期。到了 4 岁,有修饰的语句开始占优势。

（2）语句结构处于不断发展变化之中

① 句子结构从混沌一体到逐步分化。

一是表达内容的分化。幼儿早期,语句表达情感的、意动的(语言和动作结合表示意愿)和指物的(叫出物体名称)三个方面的功能紧密结合而不分化,表现为同一句话,在不同语境中可以有不同的语义。例如,2 岁前的幼儿会说"狗狗",但在不同的语境中表达的含义不同,可能是"我喜欢狗狗",也可能是"我想摸一摸狗狗",还可能是仅仅说出"狗狗"的名称。2 岁和 2 岁半的幼儿经常是边做动作边说话,并用动作补充语言所没有完全表达的意思,以后逐渐分化。

二是词性的分化。幼儿早期的用词不分词性,表现为将名词与动词混用,例如,"嘀嘀叭叭呜"既可当名词表示"汽车",又可当动词表示"开车",以后才逐渐分化出名词和动词等词性。

三是结构层次的分化。幼儿最初使用主谓不分的单词句、双词句,以后才发展到出现结构层次分明的句子。这主要是由于其认知水平低下,因为幼儿早期对客观世界的认知是混沌不分化的,不能细致地分析事物的特征和细节,所以不能掌握相应的描述事物和细节的话语,从而犯语法错误。随着年龄的增长,句子表达的内容、词性和结构层次才逐渐分化。

② 句子结构从松散到逐步严谨。

最初的单双词句只是一个简单的词链,不是体现语法规则的结构。幼儿最初的句子不仅简单,而且常常不完整,漏缺句子成分或句子成分排列不当。以后,随着年龄的增长,句子日趋完整和严谨。

③ 句子结构从压缩、呆板到逐步扩展和灵活。

幼儿最初的语句结构不能分出核心部分和附加部分,只能说出形式上千篇一律的、由几个词组成的压缩句。稍后能加上简单修饰语,再后来加上复杂修饰语,最后达到简单修饰语和复杂修饰语的灵活运用和语句中各种成分的多种组合。幼儿句法结构的发展在 4 岁到 4.5 岁之间较为明显,5 岁幼儿语句结构逐渐完善,6 岁时水平显著提高。

(3) 句子的含词量不断增加

随着年龄的增长,幼儿说话所用的句子有延伸的趋势。也就是说,句子的含词量逐渐增加。研究表明:3~4 岁幼儿以含 4~6 个词的句子占多数,4~5 岁幼儿以含 7~10 个词的句子占多数,5~6 岁的幼儿多数句子含有 7~10 个词,同时也出现了不少 11~16 个词的句子,但 3 个词以下和 16 个词以上的句子在幼儿期较少出现。

2. 幼儿语法教育的建议

(1) 在日常生活中培养幼儿清楚完整的表述能力

幼儿说话常常层次混乱,语不成句,不能按照一定的语法结构完整、连贯地叙述。因此要求幼儿完整、连贯地表达自己的意思,应循序渐进地训练。例如,幼儿要吃苹果,对妈妈说:"妈妈,苹果。"成人要帮他把话说完整,教会幼儿说:"妈妈,我要吃苹果。"并让幼儿重复一遍。还应让幼儿明白,要想得到什么或知道什么,必须把话说完整。

(2) 用口头造句的形式培养幼儿说完整句

口头造句是培养幼儿说话完整的简单形式,可以从口头造句开始引导幼儿用一个完整的语句表达自己的想法。例如,让幼儿用"许多"造句,幼儿可以说"公园里有许多花""幼儿园里有许多玩具"等,要纠正幼儿只说"许多花""许多玩具"等不完整的话。经过反复练习、修正,幼儿会懂得什么是完整的语句,应该怎样说话才完整。

(3) 用竞赛、游戏等形式提高幼儿说完整句的积极性

在幼儿已能把一句话说完整的基础上,可以进一步要求幼儿复述故事,描述图片和叙述自己的生活经历,把一件事情的过程完整、连贯地讲述清楚。为了提高幼儿讲述的兴趣,教师可以开展故事大王比赛、组词成句的游戏等。这样幼儿讲述时就可以减少内容前后颠倒、重复、遗漏等情况。对幼儿讲述不完整处,教师可适当补充。但最好是等幼儿说完后再补充,以免打断幼儿的思路。

三、幼儿语言教育的目标

(一) 幼儿语言教育的总目标

幼儿语言教育的总目标,是幼儿园语言教育任务和要求的总和,即幼儿园三年语言教育所期望的最终结果。

2001 年颁布的《幼儿园教育指导纲要(试行)》(以下简称《纲要》),对幼儿语言教育提出了总的目标和要求。这些目标和要求在一定程度上吸纳了国际儿童语言教育研究的最新成果和理论观点,充分体现了我国幼儿语言教育改革与发展的趋势。2012 年颁布的《3—6 岁儿童学习与发展指南》(以下简称《指南》),对于有效转变公众的教育观念,提高幼儿园教师的专业素质和家长的科学育儿能力,防止和克服"小学化"倾向,全面提高学前教育质量具有重要意义。《指南》的针对性、时效性、操作性强,不仅有利于提高幼儿园教师的专业素质,而且对转变广大家长的教育观念,提高科学育儿能力具有积极的意义,成为引导学前教育舆论宣传的权威性指导资料。

表 1 从《纲要》《指南》两方面对幼儿语言教育总目标进行了梳理(见表 1)。

表1　《纲要》《指南》对语言领域的目标表述

《纲要》对语言领域的教育目标表述①	《指南》对语言领域的学习目标表述②
乐观与人谈话、交流； 注意倾听对方讲话，能理解日常用语； 能清楚地说出自己想说的事； 喜欢听故事、看图书； 能听懂和会说普通话	倾听与表达： 目标1 认真听并能听懂常用语言 目标2 愿意讲话并能清楚地表达 目标3 具有文明的语言习惯 阅读与书写准备： 目标1 喜欢听故事，看图书 目标2 具有初步的阅读理解能力 目标3 具有书面表达的愿望和初步技能

（二）幼儿语言教育的年龄阶段目标

幼儿语言教育的年龄阶段目标，即某一年龄段（班）的教育目标。语言教育的总目标需要逐步地落实到不同年龄段幼儿的身上，所以总目标中的内容，在不同年龄的幼儿身上应当有不同的体现，这样才能在教育实践中循序渐进地促进幼儿的语言发展。例如，幼儿倾听行为的培养，重点应放在语音语调的感知和语义内容的理解上，应当通过教育逐步帮助他们形成以下几种倾听技能：有意识地倾听，即能够集中注意力地倾听；辨析性倾听，即能够分辨听到的不同内容；理解性倾听，即能够掌握听到的主要内容，能够连接上下文的意思。在不同年龄，其具体目标要求是有一定差异的，如有意识地倾听（小班），辨析性倾听（中班），理解性倾听（大班）。

在教育过程中，我们常常将幼儿语言教育的阶段目标用不同活动类型的方式进行分类表述，以便教育工作者在计划某一学期的教育工作时有参照指标，本书将从六种不同类型的语言教育活动的角度，将幼儿语言教育目标分解到小、中、大班三个年龄阶段中。

（三）幼儿语言教育的具体活动目标

幼儿语言教育的总目标和年龄阶段目标一般是由国家专门机构以规章条文或纲领性文件的形式制定的。幼儿语言教育具体活动的目标则是由幼教机构的教师根据总目标、年龄阶段目标及本地区、本班幼儿实际情况制定的，它是指具体某一次、某一组相近活动或某一主题系列活动的目标，与具体的教育内容紧密相连。它是语言教育活动设计与实施的出发点，也是最终落脚点。

1. 幼儿语言教育活动目标的设计

教师在设计幼儿语言教育活动目标时应遵循以下四条原则。

（1）目标设计的着眼点在幼儿的发展

幼儿语言教育活动的设计应遵循幼儿已有的身心发展水平和知识经验背景，符合幼儿语言学习的规律，活动的设计最终是为了促进幼儿身心发展，让幼儿享受活动过程，在活动中健康快乐地体验与成长。

（2）目标设计在方向上要与总目标和年龄阶段目标保持一致

教师制定的具体的语言教育活动目标必须以总目标和年龄阶段目标为准绳，将概括性的目标具体细化到每一个活动中，落实到每一个幼儿身上。教师要根据幼儿的身心发展水平和年龄特征，有步骤地循序渐进地提出目标，让幼儿在活动过程中日积月累、潜移默化地习得语言经验。

（3）目标设计应包含认知、能力、情感三个方面

幼儿语言教育活动目标按照布卢姆教育目标的分类方法分为认知、情感、能力三个方面。语言教育活动的认知领域目标应包含幼儿对词汇、句型、简单语法等的掌握，能力方面包括运用语言进行交流、理解作品内容、能续编和创编故事等。情感方面应是培养幼儿耐心倾听的态度、愿意表达自己的需要和想法、敢

① 中华人民共和国教育部.幼儿园教育指导纲要（试行）[M].北京：北京师范大学出版社，2001：3.
② 李季湄，冯晓霞.《3—6岁儿童学习与发展指南》解读[M].北京：人民教育出版社，2013：78-83.

于大胆讲述自身经历或图片故事等。

（4）目标设计需考虑语言教育活动的类型

不同类型的幼儿语言教育活动所要实现的目标均有所侧重，教师在设计活动目标时应考虑不同教育活动类型的特点，设计适宜的目标。比如，早期阅读活动着重培养幼儿良好的阅读习惯，激发幼儿前阅读和前书写的兴趣；讲述活动偏重于培养幼儿感知、理解讲述对象的能力，以及独立构思和清楚完整表达情感的能力；如果是以文学作品、绘本活动等为载体开展的综合活动，目标设计将整合多个领域内容。

2. 幼儿语言教育活动目标的表述

具体而有针对性的目标能够为语言教育活动提供方向性的指导，因此，正确表述幼儿语言教育活动目标尤为重要。从表述的方式上来说，行为目标的表述方式在幼儿语言教育活动目标设计中应用较多。行为目标是具体的可操作性目标，它指向语言教育活动结束后幼儿所发生的认知、能力、情感等方面的变化，幼儿语言教育活动行为目标表述包含以下四个方面。

（1）行为主体

行为主体即行为的实施者。幼儿语言教育活动的实施者可能是教师也有可能是幼儿自身。目前，在以幼儿为主体的教育活动理念下，幼儿语言教育活动大多以幼儿为行为主体，因此活动目标表述时站在幼儿角度来描述的占大多数。若活动偏高控性，教师则为活动的主要实施者。

（2）行为动词

行为动词是描述行为主体所要达成的可观测、可操作的具体行为的词。在设计语言教育活动目标时，常用以下一些行为动词来进行表述：

幼儿角度描述的有"能、会、领会、理解、了解、熟悉、感知、知道、喜欢、爱、可以、发现、体验、尝试、认识、学会、愿意、乐意、敢于……"，教师角度描述的有"引导、培养、指导、引发、发展、加强、调动、发挥、增进、增强、丰富、促进、提高、提升、激发、鼓励……"。

（3）行为的条件或情境

行为的条件或情境是指完成行为所需要的相关条件或特定情境，如"在了解……的基础上""在……的情境下""在……的前提下"等。

（4）行为的表现水平或标准

这一点是对学习结果的描述，指的是用以评量幼儿学习表现或学习结果所达到的程度。例如："学会仿编句式'……是……吹的泡泡'""能用恰当的重叠词如'大大的''红红的''甜甜的'等描述故事中出现的事物""感受儿歌中静悄悄与热闹的氛围，体验儿歌中的不同意境"等。幼儿语言教育活动目标具体表述的要求有：

- 涵盖面广，应包括知识的学习、能力的训练和情感态度方面的培养；
- 需具体、明确、操作性强，避免过于笼统、概括和抽象；
- 目标要有代表性，每一条均是单独的内容，不应有交叉重叠，下层目标需与上层目标关系密切；
- 不宜出现活动过程、方法与手段；
- 每一条目标必须保证行为主体描述上的统一；
- 目标要考虑幼儿身心发展的特点和个体差异性，应难易得当；
- 每条目标要紧扣教育活动主旨内容，不能偏离主体设计目标。

四、幼儿语言教育的内容

幼儿语言教育的内容包括专门的语言教育内容和渗透的语言教育内容。

（一）专门的语言教育内容

专门的语言教育内容是根据设定的语言教育目标，有计划地安排和组织幼儿系统学习语言的过程。

一般来说，专门的语言教育内容包括谈话活动、辩论活动、讲述活动、语言游戏活动、文学作品活动、早期阅读活动六种具体的活动类型。专门的语言教育内容将在项目一至项目六中详细论述,此处不再赘述。

(二) 渗透的语言教育内容

渗透的语言教育内容通常出现在四种情境当中。

1. 在日常交往中渗透语言教育内容

在自然情境中,幼儿往往会很真实地表现自己的言语实际水平和言语表达的态度与行为习惯。例如,成人与幼儿谈论各种物品时,会向幼儿介绍物品的名称、外形、用途等,成人在介绍时可以渗透相关的词汇和句式。成人通过语言指令来组织幼儿园的日常活动时,为了幼儿明确这些语言指令的含义,教师应把这些指令与相应的行动结合起来,如临近用餐时教师便用语言指令要求幼儿收拾玩具、盥洗、安静等待。总之,在与幼儿相处过程中,成人要抓住与幼儿日常交往的有利时机,为幼儿提供良好的言语示范,并在交往过程中观察和了解幼儿的语言发展状况,给予幼儿针对性的指导。

2. 在常规专题活动中渗透语言教育内容[①]

常规专题活动主要是指幼儿园组织幼儿定期参加的,围绕某个话题展开的语言活动。目前,幼儿园经常进行的语言常规专题活动有以下五种。

(1) 天气预报员

每天早晨来园之后、早操之前这段时间,请一名幼儿向全班幼儿预报当日的天气情况,天气预报员可以由值日生轮流担任,也可以由教师指定,为提高幼儿对"天气预报员"活动的兴趣,丰富幼儿的语言内容与表达能力,可以启发幼儿根据当日气温和特殊的天气状况,结合自己的生活经验进行讲述。

(2) 周末趣闻

通常安排在周一,请幼儿从双休日的经历中选出最有趣或最有意义的事进行讲述,可以集体讲述,也可以与教师或同伴自由交谈。

(3) 小小广播站

由于该项活动综合性比较强,对幼儿的口语表达能力要求比较高,因此,活动多在大班开展,但某些节目也可以在中班或小班组织收听。活动内容主要有:报告午餐菜谱、表演文娱节目、介绍新闻、介绍新书或玩具、知识问答、文学作品欣赏等。

(4) 故事大王

这个活动与"小小广播站"异曲同工,需要幼儿有较强的口语表达能力。但只要善于抓住小、中、大班幼儿的年龄特点及其语言发展水平,选择适合幼儿的、有价值的故事,每个幼儿都能从中发展语言能力。

(5) 表演大舞台

表演大舞台多是幼儿根据自己喜爱的故事,以自己的理解为依据改编创作的、具有较强语言表现力的综合活动。这不仅需要幼儿运用声音,还要加上各种语调变化、动作表情来丰富表演,对幼儿的综合能力要求较高。

3. 在区域活动中渗透语言教育内容

区域活动,是指教师根据教育的目标和幼儿的发展水平,有目的地创设活动情境,投放活动材料,让幼儿按照自己的意愿和能力,以操作摆弄为主要方式进行个别化的自主学习活动。在区域活动中渗透语言教育内容的方式多种多样,如利用图书角进行语言教育,幼儿园如果有条件,可以为幼儿设立一个"小小图书馆",随时向幼儿开放,幼儿可以根据现阶段的兴趣以及各领域学习的需要,去看书或借书,这可以从小培养幼儿对书籍的兴趣,并培养幼儿利用图书资料查询收集信息的能力。

4. 在其他领域活动中渗透语言教育内容

幼儿园除了语言教育活动外,还有许多其他领域的教育活动,如数学、科学、音乐、美术、社会、健康等。这些教育活动虽然不是以语言为主要内容,但其中部分活动包含着大量的语言教育因素,幼儿在这些教育活动中也在不断地学习新词新句,尝试用语言与同伴或周围成人交往。因此,教师可以在这些教育活动中

---

① 周燕.幼儿园语言教育与活动指导[M].南京:南京师范大学出版社,2018:36-37.

对幼儿进行适当的语言教育。

五、幼儿语言教育的方法

幼儿语言教育的一般方法有示范法、讲解法、谈话法、游戏法、练习法、表演法六种。[①]

（一） 示范法

1. 示范法的含义

示范法是指教师为幼儿提供语言和行为范例，并引导其模仿的语言教育方法。

2. 运用示范法的注意事项

① 示范语言应标准。教师示范语言的基本标准是：发音准确，表意清晰，语汇丰富，用词恰当，语法规范，响度适中。在文学作品活动、早期阅读活动、讲述活动及语言游戏活动中，教师示范还应做到：讲述生动形象，朗诵声情并茂，体态文明自然，表演传神逼真，书写规范优美，阅读方式恰当。

② 示范应具体到位。教师的示范应具体可感，让幼儿明确知道该如何去做。对于语音的示范有时甚至需要略带夸张地进行，让幼儿清晰地感知发音的微小差异并掌握发音要领。

③ 示范应与讲解相结合。在幼儿语言教育过程中，示范常与讲解紧密相连。但对于不同年龄段幼儿要有所侧重，对于小班的幼儿，应以示范为主，讲解为辅。配合示范的讲解应具体、简单、明了。对某些难发的音及易被忽视或不易被幼儿看到的发音部位，需要采用示范和讲解相结合的方法。

④ 示范应适时、适量、面向全体幼儿。由于幼儿注意的时间短，记忆容量有限，教师的示范要分量适中，对于分量较多的内容，应根据情况采用分步示范、完整示范、重点示范。示范时要语音清晰，对于有些动词的动作示范、方位名词的示范，根据需要做镜面示范、侧面示范、正面示范、背面示范及定格巡回示范。

⑤ 应注意运用隐性示范。例如，教师在活动过程中以一个参与者的身份与幼儿平等地进行活动，此种方式便是隐性示范。

⑥ 要根据幼儿自身水平，适当运用纠正性示范。教师在活动中，一方面要善于发现和纠正幼儿的语言错误；另一方面，也不要过于挑剔，频频进行纠正性示范，降低幼儿模仿和学习的积极性。

（二） 讲解法

1. 讲解法的含义

讲解法是教师用符合幼儿年龄特征的方式分析、解释、解说活动或文学作品的语言教育方法。

2. 运用讲解法的注意事项

① 教师讲解要适量、适当，不影响幼儿学习的主体地位。教师是幼儿学习的支持者、启发者、引导者和帮助者，教师的讲解应是点拨和启发。

② 教师的讲解要与示范相结合。讲解要根据情况与示范相结合，使学习内容具体可感，便于幼儿对语言的理解和操作，提高语用技能水平。

③ 教师的讲解应浅显准确。教师的讲解应根据幼儿的认知规律进行，语言应浅显易懂，避免术语过多和成人化。

（三） 谈话法

1. 谈话法的含义

谈话法是指教师根据幼儿已有知识，借助启发性问题，通过口头问答方式进行语言教育的方法。

2. 运用谈话法的注意事项

① 提问应具有中心性。提问应围绕教育活动主题展开，与主题无关的问题应坚决舍弃。

[①] 姜晓燕，郭咏梅. 学前儿童语言教育(第三版)[M]. 北京：高等教育出版社，2019：29－35.

② 提问应具有顺序性和灵活性。提问应按照语言教育内容的顺序和幼儿认知发展的顺序展开,同时,还应根据具体情况灵活安排。

③ 提问应具有启发性。提问的启发性是指教师所提出的问题能引发幼儿积极的思维活动。启发性的问题具有的特点是:一是激发性,能够给幼儿带来积极的思维;二是开放性,能够给幼儿带来多元的思考方向;三是针对性,教师所提问题应具体、明确。

④ 提问难度应具有适宜性。提问应浅显易懂,适合幼儿的思维能力和语言发展水平,提问设计的句子应简短,不同年龄班提问的难度应不同。

（四）游戏法

1. 游戏法的含义

游戏法是教师运用有规则的游戏发展幼儿语言的一种教学方法,以其趣味性使幼儿在轻松愉快的氛围中,学会准确发音、丰富语汇、练习句型、学会描述及形成早期阅读技能。

2. 运用游戏法的注意事项

① 明确游戏的目的和内容。首先应明确游戏的目的是为了练习发音还是为了练习词汇的运用,或是为了其他的语言训练,然后根据游戏的目的确定游戏的内容。

② 准备充足的游戏材料,进行必要的游戏场景布置。为了使幼儿更好地体验游戏的快乐,应准备充足的游戏材料,如字卡、图片和实物模型等。同时,还可以根据游戏的名称和玩法创设游戏情境。

③ 精心设计游戏的名称、玩法和规则,增强游戏的趣味性。游戏的名称、玩法和规则应精心设计,让幼儿在真正体验游戏快乐的同时,不知不觉得到语言的训练。

④ 恰当选择游戏的时机。教师可以根据教育活动的目的和幼儿的实际表现确定游戏的时机,可以在语言教育活动开始时、过程中或结束前进行游戏,不必拘泥于在活动即将结束时或巩固性练习时才进行游戏。

（五）练习法

1. 练习法的含义

练习法是指有意识地让幼儿多次使用同一个言语因素(如语音、语汇、句子等)或训练幼儿某方面言语技能技巧的一种方法。

2. 运用练习法的注意事项

① 练习方式要多样化。练习是不停地重复相同的内容,极易引起儿童的疲倦和厌烦,因此要采用多样化、富有趣味的方式进行练习。如朗诵诗歌,可以根据内容采用开小火车式的一人一句朗诵、拍手朗诵、男女生对练朗诵。

② 练习分量要适当。由于幼儿年龄小,练习的分量不可过大,如果引起幼儿对语言学习的反感,失去对语言学习和表达的乐趣,则得不偿失。

③ 练习应尽量在理解的基础上进行,避免机械重复。如果幼儿理解了所练习的内容,就会提高练习效率,同时也会增强练习的兴趣和表达交流的成就感。

④ 结合日常生活开展练习。幼儿的语言主要是在日常生活中与成人或同伴的交往过程中,在丰富多彩的生活实践中不断发展起来的,所以要鼓励幼儿在生活中开展练习。

（六）表演法

1. 表演法的含义

表演法是指在教师的指导下,幼儿扮演文学作品中的人物,根据作品情节的发展,通过对话、动作、表情等再现文学作品,以提高口语表达能力的一种方法。

2. 运用表演法的注意事项

① 表演的内容应该有情节且适合表演。游戏和文学作品活动都适合使用表演法,但一定要注意表演的内容应具有一定的情节,适合表演。

② 表演目的明确,应适当排练。表演是为了让幼儿通过扮演角色学习优美的语言,加深对作品的理解,感受表演的乐趣,所以教师要在表演前,先让幼儿集体练习角色语言,然后分配角色,并分批让幼儿进行表演。

③ 鼓励幼儿运用生动有趣的语言、表情和动作大胆表演。鼓励幼儿带着自己对作品的理解进行表演,教师不应限定幼儿非要硬背台词,只要他们不偏离主题,就可以任其大胆发挥想象,积极参与表演,真正体验到表演的快乐。

④ 认真布置表演场景,准备表演道具和化装用品。具有代表性的场景布置会让幼儿以最快的速度进入角色并喜欢观看表演。

六、幼儿语言教育评价①

(一) 幼儿语言教育评价的内容

1. 对幼儿的评价

(1) 对目标达成情况的评价

在对幼儿语言教育活动目标达成情况进行分析和评价时,可以从三个层面来认识:第一层是《纲要》和《指南》中提出的语言教育的目标与要求;第二层是幼儿语言教育各种活动类型的核心经验;第三层是幼儿语言教育具体活动的目标,这一层面目标对幼儿在每一次活动之后应产生的变化提出了具体的要求。对幼儿目标达成情况,从以下三方面分析:

① 认知目标的达成情况,即了解幼儿是否获得了目标所规定的语言知识,是否掌握了有关的词汇和句型,是否懂得在什么样的语言环境下运用这些词汇和句型;

② 能力目标的达成情况,即了解幼儿组词成句的能力和在具体语境下运用语言的能力,是否能根据活动中的语言情境来运用有关的词汇、语法和语调,是否能用连贯的语句说清楚自己所要表达的意思;

③ 情感目标的达成情况,即了解幼儿是否形成了耐心倾听别人说话的态度,是否乐意在集体面前讲述自己经历的事情或图片内容,是否懂得并遵守语言交往中的一般规则。

(2) 对幼儿在活动中表现的评价

对幼儿在语言教育活动中表现的评价,主要考察两方面:一是幼儿在活动中是否有独特的见解;二是幼儿在活动中是否能创造性地运用语言。

(3) 对幼儿参与活动程度的评价

对幼儿参与活动程度的评价,即对幼儿在活动中的参与和投入程度进行评价,包括评价幼儿注意力集中程度、情绪愉悦表现、活动的持续性、接受活动的挑战性等。一般可分为主动积极参与、一般参与、未参与三个等级。

2. 对语言教育活动本身的评价

(1) 对活动目标的评价

对活动目标的评价主要从四方面进行:一是分析目标的方向性,即目标的制定和提出是否符合《纲要》和《指南》总目标、活动类型核心经验的要求,分析本次活动目标与活动内容的匹配性;二是分析活动目标的全面性与层次性,即分析本次目标是否包含认知、情感和能力三个方面的内容,本次目标是否根据幼儿的情况确定不同层次幼儿的达标要求;三是分析本次目标的中心性,即分析整个活动的设计与组织是否围绕教育目标展开;四是分析目标的针对性和适应性,即分析本次活动目标的确定是否符合本地区本班幼儿的实际情况。

(2) 对活动内容的评价

对活动内容的评价主要从五个方面进行:一是活动内容与活动目标的一致性;二是活动内容的科学

---

① 姜晓燕,郭咏梅.学前儿童语言教育(第三版)[M].北京:高等教育出版社,2019:43-57.(有改编)

性与思想性;三是活动内容的丰富性与趣味性,这是使幼儿保持注意的重要因素;四是活动内容的层次性,有主有次,重点突出,使幼儿能保持注意,同时又能在不觉得疲劳的情况下完成活动;五是内容布局的合理性,应根据幼儿的认知规律和注意规律设计内容的顺序和密度。

（3）对活动过程的评价

对活动过程的评价主要从五个方面进行:一是评价活动中所蕴含的教育理念,即教师是否注意面向全体幼儿、是否尊重幼儿等;二是评价活动过程的逻辑性,即是否注意到每一个环节和步骤之间的层次性、系列性、递进性等;三是评价教学方法,即方法的选择和运用是否与活动目标和内容相适应,是否考虑到幼儿的年龄特点和接受性,是否单调呆板,是否能随着活动目标、活动内容及幼儿实际而变化等;四是评价活动的组织形式,即是否恰当地采用集体活动、小组活动、个别活动等多种形式,是否针对不同幼儿因材施教,分组时是否考虑到人际关系以及幼儿的情感因素等;五是评价材料的选择和使用,即教具和学具是否有助于活动目标的实现,与活动内容是否相适应,教具和学具是否具有实用性和可操作性、数量是否充足,教具和学具是否得到最大程度的开发与利用。

（4）对活动效果的评价

判断活动效果的重要标准是:是否达成了预定的目标。因此,活动结束后,要评价预期的活动目标是否达成,以及达成程度如何。

3. 对幼儿教师的评价

（1）教师的教学能力

主要从两个方面来评价:一是教师语言素养的评价,教师的语言素养对语言教育活动效果起着直接的作用,对幼儿的语言发展影响很大。教师语言素养的评价主要从语言清晰、准确,普通话标准、流畅等语言表达方面的能力以及语言组织、语言指导等方面的能力进行。二是教师在语言活动中的状态评价,观察教师在活动中是否亲切自然、精神饱满、富有一定的感染力,是否善于调动幼儿的情绪和内在动力,教师的活动组织能力和应变能力,能否灵活地处理突发事件。

（2）教师与幼儿互动的质量

主要从三方面评价:评价教师在活动中是否为幼儿创设适宜的活动环境,激发幼儿主动学习的积极性。是否注意到在活动过程中充分激发幼儿的兴趣,培养幼儿的意志力、自信、独立等良好品质。是否注意到与幼儿的情感交流,是否为幼儿之间的交流、沟通创设机会和条件等。

（二）幼儿语言教育评价的方法

幼儿语言教育评价有多种方法,如观察评价法、自由叙述评价法、综合等级评定法、谈话法、问卷调查法、现场实录法等,本书主要介绍前三种常用的评价方法。

（1）观察评价法

观察评价法是幼儿语言教育研究最常用的方法,它是指有目的、有计划地对语言教育活动情况进行观察,获取信息,并作出科学评价的一种评价方法。它既适合于评价幼儿语言发展情况,也适合评价幼儿语言教育活动。观察评价法分为自然观察评价法和情境控制观察评价法,前者指在自然情况下进行观察,简便易行,分析材料丰富,后者是指对日常生活不易观察的情况,教师根据评价指标设计专门的语言教育活动,对观察所得信息进行分析、综合,做出相应评价。

（2）自由叙述评价法

自由叙述评价法是将对教育活动的意见、反响、判断等自由地说出来或写下来,通过口头语言或文字叙述对教育活动加以评价的方法。这种方法既适合自我评价,也适合对他人的评价。这一方法最大的特点是不作定量分析,不需要专门的测量工具和复杂的评价程序,有利于综合反映活动过程中的情况,既可以对静态的因素进行分析,如活动目标、内容、方法、材料、环境布置等,又可以对动态的因素加以分析,如幼儿在活动中的行为表现。

（3）综合等级评定法

为了获得对语言教育活动的总体印象,在幼儿语言教育活动的评价中还可以采用综合等级评定法。

这一方法从纵向和横向两个维度确定评价指标,既对影响活动的各种因素进行分析和评价,又对活动中的各种状态进行分析与评价,从而得到综合的评价信息。纵向指标包括构成语言教育活动的各种因素,主要有活动目标、内容、形式,幼儿参与活动的程度、材料利用情况、师生互动情况等;横向指标包括这些因素在活动过程中的状态及其等级,根据这两个维度制成综合等级评定表(见表 2)。

表 2　综合等级评定表

	目标	完全达到	基本达到	未达到
目标达成分析	目标 1			
	目标 2			
	目标 3			
适合程度分析	评定项目	完全适合	基本适合	不适合
	内容			
	形式			
活动因素分析	参与程度	主动参与	一般参与	未参与
	材料利用	充分利用	一般利用	未利用
	师幼互动	积极互动	一般配合	消极被动
活动效果分析				

项目一　幼儿谈话活动

活动认知

（一）谈话活动的内涵

幼儿谈话活动是教师引导幼儿围绕一定话题、以交谈为主要形式展开的语言教育活动。[①] 在谈话过程中，谈话的发起、谈话中的应答与轮流、谈话主题的深入与转化、谈话的总结与结束是较为关键的语言要素。[②]

（二）谈话活动的特征

1. 拥有一个有趣的中心话题

首先，中心话题应有趣，甚至是有一定的新鲜感和刺激性。这样的话题可以调动幼儿参与谈话的主动性和积极性，比如"结婚""恐龙乐园"等。其次，中心话题应贴近幼儿生活，能够产生共鸣。这样的话题可以引发幼儿的共同关注，并能使幼儿围绕话题发表独特的见解和看法，比如"我最喜欢的人""假期旅游"。

2. 注重多方的信息交流

这可以说是谈话活动和讲述活动最主要的区别之一。谈话活动注重幼儿的交往语言或对白语言，讲述活动注重幼儿的独白语言。在谈话活动中，幼儿与幼儿、幼儿与教师之间进行语言交往，一个人说完后，立即有其他人进行回应或反驳，形成多方、多循环的信息交流，推动谈话主题的不断深入。

3. 具备宽松自由的氛围

《纲要》和《指南》都指出："应为幼儿创设自由、宽松的语言交往环境，鼓励和支持幼儿与成人、同伴交流，让幼儿想说、敢说、喜欢说并能得到积极回应。"谈话内容没有统一标准，也没有固定思路。在宽松、自由的氛围中，幼儿无需使用准确无误的句式，无需完整连贯的表达，真正可以畅所欲言。

比如在阅读完图画书《三个强盗》后，针对"这三个强盗，到底是好人还是坏人"的问题，有的幼儿会说这三个强盗是坏人，因为他们抢别人东西；但有的小朋友就会反驳，他们后来收留了许多走丢的、不快乐、没人要的小孩，所以是好人。在这种没有"对错"和统一标准的环境中，幼儿往往更能充分地进行交流和讨论。[③]

[①] 姜晓燕,郭咏梅. 学前儿童语言教育(第三版)[M].北京：高等教育出版社,2019：70.
[②] 周兢. 学前儿童语言学习与发展核心经验[M].南京：南京师范大学出版社,2015：22.
[③] 周兢. 学前儿童语言学习与发展核心经验[M].南京：南京师范大学出版社,2015：23.

（三）谈话活动的类型

1. 日常谈话

日常生活中的谈话是发展幼儿口语的重要途径,它带有极大的情境性和感情色彩,交谈的话题极其丰富,交谈的对象经常变化,交谈可以在任何情况下开始或结束,不受时间、空间、年龄对象的限制。日常谈话发生在一日生活的各个环节,如入园、晨检、进餐、盥洗、午睡、游戏、离园以及各过渡环节,包括教师对个别幼儿的谈话和对多名幼儿的谈话。

教师在与个别幼儿进行日常谈话时,应注重根据幼儿实际情况发展其言语技能和态度,实现该幼儿在其"最近发展区"内的发展。

日常谈话: 轧米①

某中班幼儿(4岁半)周末回乡下住,周一来园时主动和教师谈论自己的周末经历。

幼:我昨天去轧米了!

师:谁带你去的呀?

幼:爸爸,爷爷。

师:怎么轧米啊? 需要带什么吗?

幼:带那个袋子。

师:袋子里装了什么?

幼:谷子。

师:哦,装了一袋子谷子。

幼:对! 把那个谷子磨成……就是用一种机器把它磨成米,然后再把那个米送到别人家去。

师:谷子要倒进机器吗?

幼:要倒进去。

师:机器有开关吗?

幼:有开关。

师:一点开关,机器会有什么变化?

幼:它(指谷子)会进去。

师:发出什么声音吗?

幼:(模仿)deng,deng,deng,deng……

师:一直转吗?

幼:对。

师:然后从另外一头出来米吗?

幼:对。

师:谷壳去哪儿了?

幼:谷壳被机器磨掉啦。

师:那谷壳都被磨掉了,就什么都看不见了? 都看不到它?

幼:对。(反问)它磨到哪儿去了?

师:它可能会磨到一个容器里面去,把谷壳都磨碎了,变成糠。

幼:糠?

师:糠就是谷壳磨成的粉,黄色的。谷壳都磨成了糠,那些糠可以给鸡给鸭吃。最后的米从机器出来之后又去哪里了?

---

① 该案例由江西省抚州市临川区第一保育院白塔娜老师提供。

幼：又装到了一个新的袋子里。

师：呀,轧米真是太有意思了!我来说说怎么轧米的,你看对不对啊?

幼：好的!

师：轧米之前要带一袋谷子到加工厂,然后把谷子倒进机器,打开开关,机器会转动发出"deng deng deng"的声音,把谷壳磨成糠掉进机器里面的容器,没有了谷壳的米就从机器出口出来,被装进袋子。(见图1-1)

案例分析：该幼儿第一次接触轧米,主动与教师谈论这个新鲜的话题。幼儿能在教师引导下说出轧米的流程,并能认真倾听教师谈话,在听不懂的时候进行及时回应："它磨到哪儿去了?""糠?"教师在谈话过程中,一是对幼儿不理解的词汇"糠"进行了解释,二是在最后对幼儿的谈话内容进行总结,按逻辑顺序谈论轧米步骤,为幼儿提供了言语表达的隐性示范。

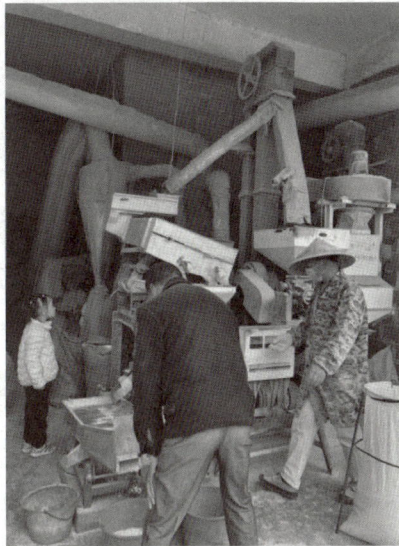

图1-1　轧米①

教师在与多名幼儿进行日常谈话时,应遵循"自由参加"的原则,话题更加自由,形式更加活泼,注重同伴之间的互动。

2. 集体谈话②

集体谈话是教师制订一定的计划和教育活动方案,依据事先确定的话题,有目的地组织幼儿群体进行交谈的集体教育活动。同日常谈话相比,集体谈话的进程往往在教师的控制之下。

日常谈话
"没玩什么"

值得注意的是,科学领域活动中的"总结性谈话""观察后谈话"不属于谈话活动的范畴。谈话活动侧重于言语表达和言语交流;而"总结性谈话"(如"磁铁小实验总结性谈话")、"观察后谈话"(如"观察蚂蚁后的谈话")侧重于全面、深刻地认识某一方面事物。③

(四)　谈话活动的价值

1. 促进幼儿理解和认知能力的发展

谈话中,幼儿既要倾听又要表达。在倾听过程中,幼儿需充分理解对方的意思,即"听懂"。在表达过程中,幼儿需适时回应、组织语言告知对方自己的想法、根据不同情境调整自己的谈话行为,即"说清"。这些经验的获得对幼儿的语言和认知提出了更高的要求,通过与他人交谈,幼儿可以丰富词汇、理解词义、学习语言运用规则并促进思维发展。

2. 为幼儿后期语言发展奠定重要基础

研究显示,谈话中幼儿表达能力的发展、谈话规则的掌握、表达策略的运用对后期的叙事能力和观点采择能力培养都有显著影响。④

3. 帮助幼儿形成积极的情绪情感

一方面,幼儿在谈话活动中倾听他人想法,可以通过移情更细致地体察他人;另一方面,幼儿的语言表达往往带有一定情绪情感,正面的情绪情感与他人分享,负面的情绪情感可以通过谈话进行释放和调整。⑤ 另外,研究显示有关情绪话题的集体谈话活动如"奇怪的感觉""我不哭了""我们和好吧""老师我爱

① 图片来源于江西省九江职业大学邓娇娇老师。

② 本书的"工作过程""案例分析"模块皆只针对集体教学活动。

③ 张明红.幼儿语言教育与活动指导[M].上海：华东师范大学出版社,2014：84.

④ 周兢.学前儿童语言学习与发展核心经验[M].南京：南京师范大学出版社,2015：25.

⑤ 马晓红.幼儿园谈话活动的教育价值及组织策略——儿童节目《潮童天下》的启示[J].陕西学前师范学院学报,2017,33(4)：94-98.

你"等有助于提高幼儿情绪理解能力,特别是情绪原因解释、混合情绪理解等,促进了幼儿的社会情绪适应。[①]

工作过程

(一) 活动设计

> 活动设计的主要步骤:1. 选择谈话话题;2. 确定活动目标;3. 进行活动准备;4. 构思活动过程。

步骤 1 选择谈话话题

在幼儿园集体谈话活动中,中心话题的选择非常重要,它决定了幼儿是否有意愿、有经验、有能力参与谈话。选择中心话题的原则主要有三条。

① 原则一:选择有趣的,甚至是有一定的新鲜感和刺激性的话题。

幼儿特别关心的事物,比如吃的、玩的和有趣的事物,或者是幼儿近期关心的事件,比如"奥运会""第一场雪""六一儿童节",这些话题都能激发幼儿谈话的意愿。

② 原则二:选择贴近幼儿生活,能够产生共鸣的话题。

幼儿对所谈话题具备一定的生活经验,对话题有基本的看法和态度,在谈话活动中才会有话可说。每个幼儿都有话可说,才能形成交流和讨论的氛围,产生共鸣,使得谈话能轻松愉快地进行下去。

③ 原则三:选择适合幼儿年龄特点的话题。

小班的谈话话题一般是关于具体的事物,中班的谈话话题可以增加关于人物的内容,大班的谈话话题可以更有广度和深度。[②]

> **常见谈话话题**[③]
>
> 我最喜欢的……(人物、动物、玩具、图书、衣服等);
>
> 我和周围的人(家人、老师、同伴、邻居、亲戚等);
>
> 我和节日(春节、清明节、妇女节、端午节、国庆节、中秋节等);
>
> 我参加的活动(春游、参观、旅游、探亲访友、运动会等);
>
> 周围环境(季节、天气、植物、动物、城市等);
>
> 大型事件(奥运会、画展、花展、突发灾难、一些比较抽象的问题等)。

有时候,小、中、大班可以共同使用一个话题,但是在谈话内容上会有所不同,随着年龄的增加,谈话的广度和深度也在增加。

> **不一样的假期**[④]
>
> 2020 年初,受新冠肺炎疫情影响,原本一个月的寒假被迫延长,以往的假期室外娱乐变成了居家隔离。这次经历给每个人都留下了深刻的印象,不论哪个年龄段的幼儿对于"不一样的假期"这个话题都充满了谈话意愿。但是根据幼儿认知和言语发展水平,不同年龄班谈话侧重点不同。另外,每个年龄段集体谈话的时长也是不同的,小班 15~20 分钟,中班 20~25 分钟,大班 25~30 分钟比较适宜,因此谈话的内容必须聚焦。

---

① 史漪. 集体情绪谈话活动提高中班幼儿情绪理解能力的实践研究[D]. 上海师范大学,2019.

② 姜晓燕,郭咏梅. 学前儿童语言教育(第三版)[M]. 北京:高等教育出版社,2019:80.

③ 张明红. 幼儿语言教育与活动指导[M]. 上海:华东师范大学出版社,2014:85.

④ 本案例由江西省九江市中心幼儿园夏庆俐、叶若男、李婷、陈晶晶老师提供。

小班教师将谈话内容定位于三个方面,即(1)"为什么不能上幼儿园?"(2)"病毒从哪里来? 长什么样? 为什么可怕?"(3)"怎么保护自己?"

中班教师增加了两个方面:(4)"平时的假期你们都做什么? 这个不一样的假期你们又在做什么?"(5)"你们的家人在做什么?(有的要照顾孩子,有的要居家办公,有的还要外出工作)他们辛苦吗? 可以怎么表达你对他们的爱?"

大班教师进一步拓展到职业认知领域:(6)"你们知道,有哪些人在这个特殊的时期不能待在家里,还在工作呢?"(7)"医生和护士、警察、超市工作人员、快递员为什么要坚持工作?"(8)"如果你是大人,你希望自己在这个假期里做什么? 为什么?"

"不一样的假期"幼儿谈话节选

步骤2 确定活动目标

(1)不同年龄阶段幼儿的谈话能力发展水平

活动目标的确定必须建立在幼儿的谈话能力发展水平上,小、中、大班幼儿的谈话能力水平呈现出不同特点。

① 小班阶段。

因小班幼儿与班级同伴彼此不是很熟悉,加之认知经验有限,谈话中不够积极。他们不善于有意识地听他人讲话,对他人讲话还不能很好地理解,对教师提问往往只能进行简单回应。自己谈话时,往往表达不够清晰,声音较细,吐字不清晰。

② 中班阶段。

随着中班幼儿认知经验的丰富,他们在谈话中表达和表现的积极性明显提高,开始能集中注意倾听成人和同伴的谈话,但难以持久。中班幼儿未能较好地掌握谈话规则,在谈话过程中往往迫不及待地打断教师或同伴的发言,在谈话中缺乏与同伴的多方、多循环的互动。中班幼儿的谈话开始能围绕谈话主题进行,但是表现为对主题的横向展开。这个阶段中幼儿谈话能力发展的差异开始较为明显,但有些幼儿发展较好,有些幼儿却比较滞后。

③ 大班阶段。

大班幼儿的谈话能力明显提高,主要表现为幼儿能逐渐完整理解谈话对象的意思,逐步掌握谈话规则,知道轮流谈话、举手发言、适时插话。在谈话过程中开始有意识地运用举例、质疑等方式证明自己的观点,谈话中语句长度明显增加,复杂句出现得更为频繁。幼儿在谈话中能较为密切地围绕主题进行,并会主动回应、质疑、反驳成人或同伴的观点,通过初步思考提出新的观点,促使谈话主题深入发展。在谈话过程中,幼儿开始采用肢体语言、声音、表情等手段。[1]

描述人物形象[2]

围绕"你最爱的人是谁? 他(她)长什么样"这一问题进行谈话时,小班和中班幼儿的表现存在差异。

幼1(小班)(用手来比划):他(哥哥)长人一样的样子,他有个头,长了个眼睛,长了个嘴巴,长了两个腿,长了两个手,长了两个胳膊,就这样的。(没有抓住人物的核心形象)

幼2(小班):白色的裙子,头发好长。(没有逻辑顺序)

幼3(小班)(捂着鼻子):妹妹长得好丑,但是她拉臭臭。(把拉臭臭归结为长相)

幼4(小班):姐姐长得特别圆,她长胖了。(抓住了关键要素)

幼5(中班):她(奶奶)的头发是卷的,短短的,她的眼睛很大,嘴巴是红色的,鼻子又高。(着眼面部长相的描述,非常具体细致)

---

[1] 周兢. 学前儿童语言学习与发展核心经验[M]. 南京:南京师范大学出版社,2015:24-25.
[2] 本案例由江西省九江市中心幼儿园叶若男、李婷老师提供。

幼6(中班)：她(妈妈)长得白白的,长头发,她扎辫子。(抓住了关键要素)

幼7(中班)：我的爸爸有点矮。(抓住了关键要素)

在谈话过程中,小班幼儿容易走神,个别幼儿还会离开座位,中班幼儿始终保持谈话状态,注意倾听他人谈话。

（2）谈话学习核心经验及发展目标

在制定目标时,应立足幼儿谈话活动中的核心经验,一是获得良好的倾听习惯和能力,二是掌握并运用交流和表达的规则,三是初步运用谈话策略。根据不同年龄段幼儿的发展水平,每个核心经验对应初始阶段、稳定阶段和拓展阶段的学习与发展目标(见表1-1)。

表1-1　谈话学习核心经验及三个发展阶段[①]

核心经验	学习与发展目标		
	初始阶段	稳定阶段	拓展阶段
• 获得良好的倾听习惯和能力	• 能在较短时间内安静地倾听他人谈话 • 听懂对方的语言,跟随对方谈话内容的变化而转移注意力 • 在教师的提示下不插话或不抢话	• 初步自主地集中注意力倾听他人谈话 • 在谈话中做出目光、表情或口头语言上的回应 • 能根据声音、语气、语调辨别不同的谈话对象 • 理解他人话语中较长的句子,以及根据自己的经验理解一些陌生词汇	• 能充分理解他人意思,初步听懂话语中的隐含意思,比如反语、幽默等 • 关注谈话对象所提到的细节 • 会对他人的谈话内容表达自己的认同与否,对他人的谈话进行评论和提问
• 掌握并运用交流和表达的规则	• 知道发言的时候要示意 • 能大方、清晰地回答他人的问题 • 在成人的提示下会使用礼貌用语	• 在谈话中会通过举手、请求等方式进行示意 • 在教师的提示下会遵守轮流发言的规则 • 会主动地与熟悉的人发起谈话 • 能主动参与到他人的谈话中去	• 在交谈过程中能主动使用礼貌用语 • 会与陌生人主动大胆地发起谈话
• 初步运用谈话策略	• 随机或偶然参与到他人的谈话 • 会借助动作、表情、图画等方式来辅助自己的表达 • 能在短时间内围绕主题谈话,但是不稳定,常常更换主题	• 主动通过观察、表达自己意见等方式参与到他人的谈话 • 通过提问、提议等方式主动发起谈话 • 有意识地运用动作、姿势、表情等方式辅助表达 • 谈话过程中具有多个稳定的谈话主题,但谈话内容主要是幼儿自身态度、经验的表达	• 能初步根据谈话场合、对象的不同,运用不同的语气、语速甚至词汇帮助对方理解 • 谈话过程中初步采用解释、补充等方式对自己的表达方式进行修补 • 会通过观察对方的理解程度,采用追问、重复、回忆以往经验的方式帮助他人理解 • 能够根据指定主题谈话

① 获得良好的倾听习惯和能力。

倾听是沟通的基础,注意听并能听得懂是进行谈话的第一步,也是确保谈话能够顺利进行的保证。因此,良好的倾听习惯和能力是幼儿谈话能力中的首要核心经验。倾听能力有三种表现形式：一是有意识倾听,即有主动倾听他人谈话的愿望、态度和习惯。当他人说话时,能集中注意耐心地倾听,从而去感知、接受他人谈话的信息;二是辨析性倾听,即学习从仔细的倾听中分辨出不同的言语声音,感受说话人声音

---

① 周兢.学前儿童语言学习与发展核心经验[M].南京：南京师范大学出版社,2015：30-31.

的不同特点、声音所表现出的不同情绪等;三是理解性倾听,即能够在倾听时迅速地掌握别人所说的主要内容,把握一段话的关键信息,连接谈话上下文的意思,从而能够获得谈话的中心内容,交流自己的见解。[①] 幼儿的谈话能力发展呈现出从有意识倾听和辨析性倾听逐渐发展到理解性倾听的规律。

② 掌握并运用交流和表达的规则。

谈话活动的推进,离不开谈话过程中谈话对象对交流和表达规则的掌握与使用。谈话过程中的规则主要有使用文明礼貌用语;注意倾听他人发言,及时给予应答和反馈;不随便插话,发言时先示意;注意谈话对象的轮流等。

③ 初步运用谈话策略。

在谈话过程中,口头语言传递主要信息,谈话者有时会通过调节语气、声调、强弱来辅助自己的表达,说话者和听话者也会有意识地通过表情、身姿、手势、目光等要素传递信息,这些辅助方式的运用有助于更好地帮助谈话双方调整谈话内容,保证谈话的流畅推进,增加谈话的丰富性,促进语义更好得到表达。幼儿在谈话过程中往往会不自觉地使用一些辅助方式,如摇头、摆手等,但基本不是主动、有意识地使用。谈话活动的设计应增强幼儿使用辅助策略的主动性,发展幼儿谈话辅助策略的多样性。

教师在选择了谈话话题之后,应在该学习与发展目标指导下,根据本班幼儿的实际情况确定相应活动目标,活动目标尽量涵盖认知、能力和情感三个维度。

中班谈话活动"我最爱的人"活动目标设计[②]

【活动目标】

认知目标:能通过他人举例进一步理解"爱"的含义。

能力目标:能积极与同伴进行谈话互动,并做出回应。

情感目标:喜欢在谈话活动中分享自己的情绪体验。

步骤3　进行活动准备

(1) 知识经验准备

谈话活动前的知识经验准备非常重要,直接决定了幼儿是否有内容可谈,是否能谈得热烈、谈得尽兴。比如,幼儿已有对树木的各种观察经验,并且发现了幼儿园里李子树的新变化,教师就可以建立在这样的知识经验准备上发起谈话活动"变化的李子树"。

变化的李子树[③]

上学期,班里开展了观察树的活动。今天晨间锻炼时,有小朋友发现李子树上有很多黏稠的液体流出来,大家都感觉很好奇,纷纷围上去看。

师:今天晨间锻炼的时候,有小朋友发现我们的李子树有了一些变化,谁能来说一说?

幼1:我发现好多叶子变黄了。

幼2:我发现树又长大了。

幼3:我发现柿子树上结了大柿子。

幼4:我发现李子树上有胶水流出来,黏黏的。

---

(2) 场地材料准备

一般而言,谈话活动对场地的要求不高,但是材料准备应丰富,包括实物、图片、课件、视频、音频等。

① 姜晓燕,郭咏梅. 学前儿童语言教育(第三版)[M]. 北京:高等教育出版社,2019:73.

② 该案例由江西省九江市中心幼儿园李婷老师提供.

③ 王亚. 幼儿参与度高的大班晨间谈话中教师角色定位的个案研究[D]. 南京师范大学,2017.

在幼儿园集体谈话活动的组织中,教师通过提供充足的、适宜的材料,通过有层次地呈现材料,不断调动幼儿已有的生活经验,使幼儿在与环境和材料的相互作用中积极地、愉快地运用语言进行交流。

在材料准备过程中,有三个原则特别值得注意。

原则一:提倡与幼儿共同收集与活动有关的适宜材料。因为幼儿参与了活动准备,更能在正式谈话时引发谈话兴趣,展开谈话话题。共同收集的材料应是幼儿熟悉的、喜欢的和关注的,以保证谈话过程中幼儿能保持浓厚的兴趣。

原则二:精选材料,有的放矢。活动前,教师自己收集或者师幼共同收集了许多与活动相关的材料,教师应该对这些材料进行分析,勇于舍弃那些和目标没有太大关系的材料,做到材料准备有的放矢。

原则三:层层递进呈现材料。材料的呈现应该是层层递进以突出活动的重点与难点,教师应弄明白材料出示的次序及原因。①

步骤4　构思活动过程

根据谈话话题和活动目标,教师对整个活动过程进行构思。首先,创设情境,引出话题;其次,围绕话题,自由交谈;最后,拓展内容,隐性示范。以上为谈话活动过程的一般步骤,并非固定的模式,教师在设计时应根据实际情况灵活构思,鼓励教师在熟练设计的基础上围绕活动目标创造性地构思活动过程。

"我最爱的人"
活动材料投放

小班谈话活动：我的兄弟姐妹②

【活动目标】

① 认知目标:知道围绕自己的兄弟姐妹话题展开讨论。
② 能力目标:能够主动分享自己与兄弟姐妹之间发生的事情。
③ 情感目标:感受谈话活动的乐趣,增进手足之情。

【活动准备】

经验准备:对于"我的兄弟姐妹"这个话题,大部分幼儿拥有充足的生活经验;前期已组织过"我的爸爸妈妈"谈话活动,幼儿有一定的谈话经验。

物质准备:幼儿照片、小黑板、问题图卡、自编律动"家里真热闹"。

【活动过程】

1. 情境导入,引出话题
(1) 出示班级里一位幼儿的婴儿期照片
师:大家猜猜这是谁呢?
幼儿自由发表见解,并说明猜测原因。
(2) 出示该幼儿妹妹的婴儿期照片
师:猜猜这又是谁? 他们长得像不像? 哪里像?
幼儿自由发表见解,并说明猜测原因。
(3) 引出谈话话题
在小黑板上画三格,规定第一组摆放身份为独生子女(包括弟弟妹妹在妈妈腹中)的幼儿照片,第二组摆放身份为哥哥姐姐的幼儿照片,第三组摆放身份为弟弟妹妹的幼儿照片。
师:今天小朋友们都带来了自己和家人的照片,请大家自己把照片贴在小黑板上吧!

---

① 姜晓燕,郭咏梅.学前儿童语言教育(第三版)[M].北京:高等教育出版社,2019:81.
② 该案例由江西省九江市中心幼儿园叶若男老师提供。

师：是不是每个小朋友都和自己的兄弟姐妹很像呢？大家来说一说。

幼儿自由发言，说说第二、三组幼儿是不是和兄弟姐妹长得像，哪里像。

2. 围绕话题，分组交谈

幼儿分三组围坐（在座位位置上注意让表达能力强和表达能力弱的幼儿靠近，发挥带动作用），每组准备问题图卡，进行分组交谈。

（1）第一组

问题图卡：① 你想要妈妈再生一个孩子吗？为什么？ ② 你喜欢弟弟还是妹妹？为什么？

（2）第二组

问题图卡：① 你的哥哥（姐姐）几岁了？长什么样？ ② 你喜欢他（她）吗？为什么？

（3）第三组

问题图卡：① 你的弟弟（妹妹）几岁了？长什么样？ ② 你喜欢他（她）吗？为什么？

由于小班幼儿语言表达能力不足，三组应都有教师进行倾听、记录、引导，及时鼓励不发言幼儿参与谈话。小组谈话结束后，教师对刚才三组的谈话内容进行归纳总结。

3. 拓展话题，碰撞火花

① 师：你们觉得家里是一个孩子好，还是两个孩子好？

幼儿可能会有观点分歧，鼓励持有不同观点的幼儿谈论理由，教师在小黑板上进行记录。

② 师：你们和哥哥、姐姐、弟弟、妹妹在一起都会做什么？开心吗？（可请第一组幼儿谈论自己和表或堂兄弟姐妹之间的故事）

③ 师：你们有没有帮助过自己的哥哥、姐姐、弟弟、妹妹？帮了什么？

小结：哥哥、姐姐、弟弟、妹妹合一起说，就叫作"兄弟姐妹"。兄弟姐妹多，家里就更热闹快乐。大家一起玩耍，互相帮助，相亲相爱。

4. 快乐律动，感受亲情

带领幼儿伴随音乐一起做律动："哥哥带我打篮球，砰砰砰；姐姐带我跳皮筋，噔噔噔；我带弟弟敲小鼓，咚咚咚；我带妹妹唱儿歌，啦啦啦。我的家里真热闹，相亲相爱乐淘淘。"

（二）组织指导

组织指导的步骤：5. 创设情境，引出话题；6. 围绕话题，自由交谈；7 拓展内容，隐性示范。

步骤5 创设情境，引出话题

创设情境的目的在于引出谈话话题，以便幼儿自然进入谈话活动，时间最好控制在 5 分钟之内，不可喧宾夺主。常见的创设情境方式有三种，并且可以组合使用。

（1）通过实物创设谈话情境

实物包括生活中的物品、照片、挂图、墙饰、玩教具、视频、音频、课件等，有助于刺激幼儿的感官通道，启迪幼儿谈话兴趣和思路。比如中班谈话活动"房屋装饰"，教师可以用幼儿之前在建构区的作品照片（见图 1-2）来创设情境，引出话题。

（2）通过语言创设谈话情境

教师可以通过自己说一段话或者提一些问题来唤起幼儿的记忆，调动其生活经验，以便适时切入话题。

（3）通过活动创设谈话情境

谈话是口头语言操作，长时间的谈话显得比较乏味。可以在谈话活动中开展一些其他方式的操作活动，比如游戏、表演等，动静交替地调动幼儿的谈话积极性。这既可以运用在导入环节，也可以运用在正式谈话环节。

图 1-2　建构作品"我的房子"[①]

步骤6　围绕话题,自由交谈

提出谈话话题后,教师要向幼儿提供围绕话题自由交谈的机会,目的在于调动幼儿关于谈话话题的已有经验,相互交流个人见解。例如,在"好吃的糖果"谈话活动中,教师让幼儿选择自己喜欢吃的糖果,边吃边谈论以下内容:糖果的包装纸、形状、颜色、味道等。[②] 自由交谈阶段,需要把握以下三个原则。

（1）紧密围绕中心话题

教师指导幼儿围绕中心话题大胆地与同伴交谈,在幼儿发生跑题的时候及时引回原来的话题。

（2）注重交谈自由

幼儿拥有交谈的内容自由和对象自由。幼儿只要围绕话题进行交谈就可以,教师不必过多地干涉幼儿交谈的内容,相反地要让他们想说、多说。此外,幼儿交谈的对象是自由的,可以两两交谈,也可以分组交谈,或者与教师交谈。教师也不要干涉幼儿转换交谈对象,只要他们在积极地进行交谈,就是达到了教学要求。幼儿在自由交谈的时候,教师如果没有交谈对象,就可以对幼儿进行观察指导。

（3）关注个体差异

自由交谈虽然给幼儿提供了开口说话的大好机会,但有些言语能力较弱的幼儿却恰恰在这个环节中得不到很好的锻炼,他们常常表现出光听不说的现象。因此,教师在坚持"交谈对象自由选择"的原则时,要有意识地将言语能力较弱的幼儿安排在一起,让他们互相促进、互相作用。此外,教师还要重点倾听他们的谈话,提醒其他幼儿注意倾听,经常给予鼓励,增强他们的自信心。[③]

步骤7　拓展内容,隐性示范

在幼儿运用已有的知识经验充分地交谈后,教师要适时地将幼儿集中起来,以提问或启发的方式帮助幼儿学习新的谈话技能和谈话规则,掌握正确的谈话思路和方法。这一过程是谈话活动的重点内容和核心,需把握以下三条原则。

（1）层层递进拓展话题

教师在谈话活动之前应该对从哪些方面来交谈、先谈什么、后谈什么心中有数。一般而言,教师引导幼儿拓展谈话的范围可以遵循以下顺序:对话题对象的描述和基本态度——为什么会有这种态度——对话题对象的独特感受。即先从幼儿生活经验中熟悉的部分谈起,比如吃过什么,玩过什么;再过渡到发表自己的看法,谈论自己的感受,丰富拓展经验,比如喜欢什么,不喜欢什么,你觉得应该怎样,有哪些特别的

---

① 图片来源于九江职业大学张子建老师。
② 姜晓燕,郭咏梅.学前儿童语言教育(第三版)[M].北京:高等教育出版社,2019:82.
③ 张明红.幼儿语言教育与活动指导[M].上海:华东师范大学出版社,2014:91.

地方。

（2）善用提问激发和推进谈话过程

在谈话的推进过程中，提问是激发和推进谈话的重要手段，恰当、合理的提问主要有以下要求：首先，提问要适合幼儿的经验和思维发展水平，具体明确，避免抽象笼统；其次，提问要具有一定的开放性，让每个幼儿对此都有话可说；最后，提问要具有一定的启发性，可以表现为列举不同例子对幼儿观点进行反面质疑，也可以顺着幼儿的想法做出进一步的预设性提问。

一般而言，教师的提问分为六种：

① 回忆性问题。这种问题往往是封闭式问题，主要涉及具体的事物和信息，这些问题通常都是时间（什么时候）、地点（在哪里）、人物（谁）和结果（最后怎么样）等类型的问题。

② 聚合性问题。即要求幼儿比较两种信息的异同或寻找之间的关系。

③ 发散性问题。即要求幼儿预测、推理的问题，如"如果按照这个说法，你觉得结果会怎么样？"

④ 评价性问题。即要求幼儿对谈话对象中他人的观点进行评价，如"你同意他的观点吗？ 为什么？"

⑤ 观察性问题。即要求幼儿观察和描述自己的感受，如"你看到了这个情景，会有什么感受？"

⑥ 解释性问题。即要求幼儿对自己的观点进行原因解释，如"你为什么产生这样的想法？"

回忆性问题往往是封闭式问题，后五种问题则是开放式问题。封闭式问题有助于幼儿的倾听和对谈话内容的理解，但只有开放式问题才能激发更多的幼儿参与到谈话中来，并愿意表达自己的观点，对他人的看法进行评价，从而表达自己的观点。[①]

（3）重视幼儿提出的有价值问题

教师在集体谈话活动中会预设很多问题，提问能保障谈话顺利进行。但是幼儿往往在谈话过程中有一些独特的感受和困惑，会发现一些有价值的问题，教师应该提供机会让幼儿去发现问题，去讨论问题。大班阶段，教师甚至可以尝试用辩论会的形式来引导幼儿展开谈话。[②]

（4）渗透谈话规则、习惯、能力、策略的学习

谈话规则和习惯的掌握需要教师在教学和日常生活过程中提出相应的要求来帮助幼儿了解自己应该怎么做，并通过教师的示范和幼儿的练习来掌握、巩固既定规则和习惯。体现为教师在谈话正式开始之前讲解清楚基本规则，如注意听别人说了什么，等别人说完之后举手示意发言，不能在谈话中批评别人等。在谈话过程中，教师可以用眼神和手势等方式提醒幼儿注意倾听，用言语提示幼儿现在应该轮到谁讲。

谈话能力和策略的掌握是谈话经验提升的高级层面。由于年龄、生活经验的局限，许多幼儿往往更多地采用肢体语言和面部表情来辅助自己的言语表达，还难以有意识地采用声音来辅助表达，仅有个别幼儿可能会采用对对方和自己谈话进行总结和澄清、对他人观点进行质疑和假设等一些策略推进谈话。因此教师应将重点放在引导幼儿使用多种策略来辅助自己的言语表达上，不断提升幼儿的谈话能力。[③]

（5）通过隐性示范，提升幼儿谈话水平

在通过逐层深入拓展幼儿谈话内容的基础上，教师可以通过隐性示范向幼儿提供谈话范例，帮助幼儿掌握新的谈话经验，使幼儿的谈话水平进一步提高。比如在"我喜欢的图书"话题中，可以谈一谈自己喜欢哪一本图书，喜欢的原因是什么。例如："我喜欢这本《科学小常识》。因为它告诉我蝴蝶小的时候是一直专吃植物叶子的害虫，后来把自己包裹在茧里面，出来以后就是漂亮的蝴蝶了。"谈话活动中不要求幼儿使用特定的语言格式进行表达，但是教师的隐性示范可以提示幼儿谈话的思路和方式，提供模仿的样板。[④]

（三） 活动评价

（1）幼儿谈话表现

幼儿是谈话活动的主体，对谈话活动的评价应该首先立足于幼儿在谈话过程中的表现，以此评价活动

---

① 周兢.学前儿童语言学习与发展核心经验［M］.南京：南京师范大学出版社,2015：35 - 36.

② 姜晓燕,郭咏梅.学前儿童语言教育（第三版）［M］.北京：高等教育出版社,2019：83 - 84.

③ 周兢.学前儿童语言学习与发展核心经验［M］.南京：南京师范大学出版社,2015：36 - 37.

④ 张明红.幼儿语言教育与活动指导［M］.上海：华东师范大学出版社,2014：91 - 92.

目标是否达成。教师可以将集体谈话活动录制成视频进行回放,或者请其他教师协助对幼儿个体在谈话活动中的表现进行观察记录(见表1-2),以此了解每个幼儿在谈话活动中的参与程度、倾听能力、谈话规则遵守、谈话策略等情况。该表格既可以针对全班幼儿,也可以针对部分幼儿进行记录,通过表格记录可以了解班级幼儿的谈话能力发展水平,帮助老师及时发现某些幼儿存在的不足,为下一步计划制订做准备。

表1-2 幼儿谈话活动观察记录

幼儿姓名	倾听别人谈话时的表现	谈话发言的次数	每次谈话发言的情境和内容	对谈话规则的遵守情况	谈话策略的运用

在充分了解全班幼儿在集体谈话活动中的表现的基础上,就可以从宏观角度分析此次谈话活动的目标达成程度(见表1-3),对活动效果进行评价。

表1-3 幼儿谈话活动目标达成程度

活动目标		目标达成程度		
目标维度	目标表述	完全达标	基本达标	未达标
认知目标				
能力目标				
情感目标				

(2)教师谈话表现

教师在谈话活动中的口语表达、体态语表达对于幼儿谈话活动进程起着引领、启发、肯定等作用,恰当的谈话表现有助于促进幼儿谈话能力发展,不恰当的谈话表现也会对幼儿产生消极影响。因此,在谈话活动结束后应该对教师的谈话表现进行评价(见表1-4)。

表1-4 教师谈话活动观察记录

序号	谈话内容	表情和姿势	谈话情境	幼儿回应	作用评价

(3)活动整体评价

在充分了解幼儿和教师谈话表现后,可以对此次集体谈话活动进行整体评价,包括活动目标、活动内容、活动方法、活动过程、活动环境创设和材料投放、活动中的师幼互动、活动效果等。

案例分析

案例一　小班谈话活动：我的早餐吃什么

设计者、执教者：夏庆俐 江西省九江市中心幼儿园

【设计意图】

吃早餐是人们的日常生活环节,幼儿有着丰富的生活经验。小班幼儿对有关食物的话题尤为感兴趣,由于丰富的早餐种类给人带来各种美好的味觉体验,围绕该话题的谈话可以充分调动幼儿的积极情绪和谈话热情。基于此,我设计了此次谈话活动"我的早餐吃什么"。该话题容易营造出一种轻松的谈话氛围,不仅能让幼儿有话可说,也能发展幼儿有意识倾听的能力、轮流表达观点的能力。

【活动目标】

① 认知目标：知道早餐的常见品种名称和干湿搭配。
② 能力目标：能有意识倾听他人谈话,轮流表达自己的观点。
③ 情感目标：体验分享早餐经验的谈话乐趣。

【活动准备】

小黑板、各类早餐的打印图片。

【活动过程】

1. 提问导入,引发回忆

师：小朋友们,今天早上我听到你们和老师打招呼的声音特别响亮,是不是早餐都吃得饱饱的,所以浑身充满了力量？ 你们告诉我,今天你们的早餐都吃了些什么呀？

幼1：吃了稀饭。

师：还吃了什么呢？

幼1：我还吃了两块南瓜饼。

师：谁做的南瓜饼啊？

幼1：是我和妈妈做的啊！

师：真棒！别的小朋友还吃了什么？

幼2：我喝了牛奶,我吃了包子。

师：谁做的包子给你吃？

幼2：我在外面买的包子。

师：你今天吃的包子,里面是什么馅儿的？

幼2：包子里面有豆腐,还有青菜。

师：是甜的还是咸的？

幼2：咸的,很香很香的。

师：看看下面的图片中有没有你们早上吃过的早餐？

教师根据幼儿的回答,挑出事先打印的图片,贴在小黑板上,根据幼儿的回答总结"我们班上的小朋友今天早上都吃了什么"。

2. 围绕话题,展开讨论

(1) 包子都有什么馅儿？ 你最喜欢吃什么馅的包子？ 为什么？

师(拿出包子图片)：小朋友们都吃过包子吗？

幼(多名)：吃过。

师：你们吃过什么馅儿的包子？

幼 1：肉包子。

师：是什么味道的？咸咸的还是甜甜的？

幼 1：咸咸的。

师：除了吃过肉馅儿的包子，还吃过什么馅儿的包子不？

幼 2：豆腐，还有青菜。

师：你早上就是吃的这个包子对吧？非常好！是菜包子。大家有没有吃过那种甜甜的包子啊？

幼 3：吃过豆沙包子。

师：是的，豆沙包是甜甜的。

师：那你们最喜欢吃什么样的包子？

幼 4：什么样的？有花朵的那样。

师：什么馅儿的包子呢？看一看图片。

幼 4：我最喜欢的是这个。

师：里面是什么馅儿的？肉的还是菜的？

幼 4：肉的。

师：你为什么喜欢吃肉馅的包子呢？

幼 4：因为它很好吃啊，也不辣，也不酸。我就喜欢它呀，我就吃呀。

(2) 早餐都吃过什么蛋？怎么做的？最喜欢吃哪一种？为什么？

师：小朋友们，早餐都吃过鸡蛋吗？

幼(多名)：吃过。

幼 5：我还吃过鹌鹑蛋。

师：你刚刚说到了鹌鹑蛋。你知道还有什么蛋可以吃吗？

幼 5：还有鸡蛋。

师：哦，你还吃过鸡蛋呢？鸡蛋和鹌鹑蛋有什么差别吗？

幼 5：一个大一个小。

师：哪个大哪个小啊？

幼 5：鸡蛋大，鹌鹑蛋小。

师：奶奶怎么做给你吃啊？

幼 5：煮的，然后剥壳儿，白水煮的，整个吃的。

师：除了吃过剥壳的蛋，大家还吃过别的蛋吗？

幼 6：打散了吃。

师：把蛋打散以后，是蒸着吃呢，还是炒着吃呢，还是煎着吃呢？

幼 6：都有的。

师：那你们能说说看吗？蒸鸡蛋、煮鸡蛋、煎鸡蛋，最喜欢吃哪一种？(同时出示图片)

幼 7：蒸蛋。

师：蒸蛋里面有没有放什么？

幼 7：鱼。

师：鱼蒸蛋啊，哇，营养这么丰富，这么香呀！

幼 7：是呀，还有虾呢！

师：还可以放虾呢，真的搭配得很好哦！

幼 7：就是鱼虾蛋。

师：就是鱼虾蛋合在一起，蒸着吃是吗？

幼7：是呀，又好香。

师：对对对，嗯，我听着都觉得好香哦！还有小朋友说一说最喜欢吃哪种蛋吗？

幼8：蒸蛋。

师：为什么呢？

幼8：因为它煮了，然后就烫。

师：哦，煮鸡蛋很烫是吗？所以你喜欢吃蒸蛋。

幼8：嗯，烫手，把手给烫了。

（3）早餐都吃过什么饼？最喜欢吃哪种饼？为什么？

师：你们早餐吃过饼吗？

幼9：手抓饼。

师：你的手抓饼里面放了什么吗？

幼9：火腿肠。

师：你是最爱吃火腿肠的是吗？

幼9：是呀，我好喜欢吃。

师：还有没有别的小朋友说一说自己最喜欢吃哪种饼？

幼10：我喜欢的饼子摆了鸡蛋，然后就挤上蜂蜜还有果酱。

师：哦，这是一种很好吃的鸡蛋饼对不对？

幼10：嗯，都摆好，还有柠檬，还有蔬菜。

师：那真的是味道很好呀！

3. 快乐分类，拓展话题

师：请小朋友们在图片里挑出自己早上吃的早餐有哪些，分一分，哪些早餐干干的，没什么水在里面？哪些早餐湿湿的，里面有水？（黑板上画两个大碗，碗上分别画有"干""湿"的图画标志。）

幼儿举手发言，依次进行摆放操作，并说明这样摆放的原因。在教师的引导下，最终黑板上两个碗里分别摆放的图片有：

干食物：包子、馒头、花卷、煎饺、拌面、油条、饼、鸡蛋、鹌鹑蛋、炒粉、拌粉等；

湿食物：粥、馄饨、水饺、奶、豆浆、汤粉、煮面、蒸蛋等。

师：请大家数一数，自己的早餐里有几种食物？哪些是干的？哪些是湿的？

师：我们的早餐要搭配起来吃，吃干干的食物时，配上一点喝的，比较容易吞下去，也非常健康营养。每天的早餐不一样，身体才能长得壮！

【活动评价】

1. 话题具有即时性

本次谈话活动是在幼儿早晨入园后开展的，幼儿刚刚在家吃过早餐，对于"今天的早餐吃了什么"还有非常清晰的记忆，能够积极参与到话题当中。

小班谈话活动视频"早餐吃什么"

2. 注重提问技巧

小班幼儿的口语表达能力有限，对于教师的问题往往只能用简单的话语进行回应，有的时候甚至不能很好地理解教师的问题。此次谈话活动中，教师根据不同幼儿的回应，及时调整提问内容，最大限度地引发幼儿的准确表达。比如，教师问："你们最喜欢吃什么样的包子？"幼儿的回答是："什么样的？有花朵的那样。"教师马上反应出来，由于自己的提问方式不准确导致幼儿回答方向偏离，于是进行了补充提问："什么馅儿的包子呢？看一看图片。"

3. 根据幼儿年龄特点定位目标

本次谈话活动的目标是"能有意识倾听他人谈话，轮流表达自己的观点"，而小班幼儿彼此之间很难形成交流互动。在本次活动中教师注重在过程中规范幼儿的倾听习惯，引导幼儿轮流表达自己的观点，谈话秩序井然。

4. 简化早餐分类标准

早餐分为面食、粥类、蛋类、奶类、粉类,但是幼儿无法清晰划分早餐种类。因此在这一次的谈话活动中,教师简化了分类标准,只进行"干""湿"分类,符合小班幼儿认知特点。

另外,在活动中存在个别幼儿极少参与谈话的现象,教师还需要多了解此类幼儿的生活经验,从其熟悉的事件出发引发和鼓励其参与谈话。

案例二　大班谈话活动：化装舞会

设计者、执教者：陈晶晶 江西省九江市中心幼儿园

【设计意图】

前段时间我班开展了艺术领域活动"化装舞会",即幼儿选择特定角色,和家长共同准备材料进行自我装扮,在舞会上进行走秀和游戏。活动结束后幼儿意犹未尽,谈兴正浓。因此,我紧接着开展了谈话活动"化装舞会",让幼儿谈论自己的设计思路、自己和他人的舞会表现、下一步改进的策略等。希望通过此次谈话活动充分调动幼儿的前期经验和谈话兴趣,重点发展幼儿采用不同策略进行谈话的能力。

【活动目标】

① 认知目标：知道按一定逻辑顺序进行谈话。
② 能力目标：能通过解释、补充的方式阐述自己的装扮思路,明确表达对他人谈话内容的认同与否。
③ 情感目标：乐于用语言对化装舞会表现进行反思和评价。

【活动准备】

经验准备：幼儿已有化装舞会的活动经验;已有丰富的谈话经验。
物质准备：化装舞会小视频、每位幼儿的装扮照片、磁力白板和磁贴、问题提示卡、纸质表格。

【活动过程】

1. 情景回忆,引出话题
师：老师给你们播放一个小视频,看看你们还有没有印象?（播放幼儿化装舞会当天的精彩集锦小视频。）
幼1：当然有啊！我还和曦曦手拉手表演呢！
幼2：我记得芮芮穿的是一件美国队长的衣服,但是他却像女孩子一样在跳舞。
幼3：我记得熹熹扮奥特曼的时候,用蔬菜当头发,好可笑！呵呵……
师：你在化装舞会上玩得开心吗？ 为什么？
幼1：开心呀！那是我和我妈妈一起做的衣服。
幼2：我的衣服上有好多的钻石呢！很喜欢。
幼3：我和熹熹一起玩奥特曼游戏,那是个厉害的打怪物游戏呢！
幼4：有点不高兴,因为我记得那天有的小朋友的爸爸妈妈来了,但是我的爸爸妈妈没有来。
2. 角色分析,投票发言
师：你还记得那天自己扮演了什么角色吗？
幼1：我记得自己扮演的是一只小兔子,小猪佩奇里面也有一只小兔子,她叫瑞贝卡,我喜欢她,但是我还加了眼镜,这样更厉害了。
幼2：我记得自己扮演的是美国队长,那是我和我妈妈在她的单位里做的。
幼3：我扮演的是奥特曼,他是个战士,坏蛋都怕他,帅呆了。
师：你记得最清楚的别的小朋友扮演的角色是什么？ 为什么记得清楚？

幼：我记得小兔是香香,因为我也喜欢小猪佩奇。

幼：东东是清洁工人,是他自己告诉我的。

幼：我记得南南扮演的是阿拉伯人,因为那天班上就是我和他是外国人装扮。

教师拿出幼儿提到的装扮照片,用磁贴把照片贴到白板上。

师：小朋友们有的扮演了动物,还有的扮演了大人。那现在请举手的小朋友帮我把照片分分类,贴在不同的组里。

教师用思维导图(如图1-3)帮助幼儿归纳总结,每一组有哪些角色,每一种角色有几个人扮演。

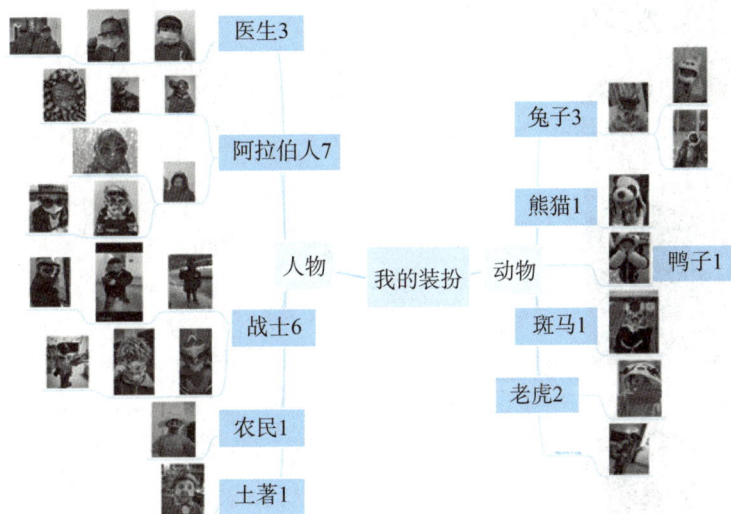

图1-3 幼儿装扮形象①

师：这些照片里,大家最喜欢谁? 我们选出前五名。

幼儿进行投票,自由发言说明理由。

幼1：医生很了不起,他能帮助很多人,这次的新型冠状病毒就是医生消灭的。(幼儿自以为已消灭病毒)

幼2：我在电视上看到很漂亮的小姐姐就是这样把围巾戴在头上,披下来像长长的头发,好喜欢。

幼3：我和哥哥玩游戏都戴面具,哥哥是孙悟空,我是奥特曼。

幼4：我最喜欢小兔子了,我感觉我就是瑞贝卡,很可爱呢! 所以我很喜欢。

3. 分组交谈,分享思路

将幼儿分为五组(投票前五名获得者分别为组长),根据装扮照片,围绕问题提示卡进行讨论,内容如下：

(1) 针对组长的问题：你为什么选择这个角色?

第三组组长：医生很厉害,可以给人治病,我想当医生。

(2) 针对组长的问题：你用了什么材料装扮自己? 为什么?

第三组组长：我装扮的是医生,医生少不了口罩和护目镜呢! 这样讲究卫生呢!

(3) 针对组员的问题：你喜欢这样的装扮吗? 为什么?

第三组组员1：××扮演的医生,能救很多的人,就像钟南山爷爷一样。

(4) 针对组员的问题：你觉得下次哪里可以做得更好?

第三组组员2：医生有点儿不像,因为医生是要穿白色衣服的,××穿的是红衣服,有点不对。

教师在小组谈话时注意倾听,进行记录和必要的引导,重点引导幼儿通过解释、补充的方式阐述自己的装扮思路,引导幼儿明确表达对他人谈话内容的认同与否。

① 图片来源于江西省九江市中心幼儿园。

4. 归纳总结，评价表现

教师在白板上张贴纸质表格（如下）：

组别	装扮照片	❓	💄❓	🙂❓	💪
1					
2					
3					
4					
5					

师：刚才每个组都讨论得很热烈，下面我们请每一组派一个小朋友来说一说你们刚才讨论的内容，老师帮你们记录。

教师对本次活动中幼儿的谈话表现进行评价，重点表扬运用了多种谈话策略的幼儿。

【活动评析】

1. 话题新鲜有趣

幼儿对之前参加的"化装舞会"活动回味无穷，经常在日常谈话活动中提及，教师在第一时间内抓住了幼儿谈话的兴趣点，活动中幼儿表达欲望强烈。

大班谈话活动
视频"化装舞
会"

2. 立足幼儿谈话能力发展

在活动中,教师紧扣大班幼儿谈话能力发展的核心经验组织活动。教师引导幼儿按逻辑顺序进行谈话,比如"装扮的是谁? 为什么选择这个角色? 装扮得好不好? 下次可以怎么改进?"教师还引导幼儿通过解释、补充的方式阐述自己的装扮思路,明确表达对他人谈话内容的认同与否,比如"你的护目镜有什么作用? 是不是每个医生都会戴护目镜?""你同意他的说法吗? 为什么?"

3. 活动材料投放合理

在活动开始使用小视频唤起幼儿前期经验,活动中使用思维导图帮助幼儿归纳总结,使用记录表帮助幼儿进行大段表述,这都为其语言发展提供了材料支持。

本次谈话活动也有一些存疑,比如对于将角色分成人物和动物是否简单? 调整为动画片装扮、职业装扮、其他族裔装扮、动物装扮等会不会更有助于大班幼儿的认知能力发展? 这些都值得进一步思考。

✎ 项目实践

(一) 实训项目

教师提供一个完整的集体谈话活动视频,学生观看视频,并根据前文中表1-2、表1-4对谈话活动中的幼儿和教师表现进行观察记录,小组讨论如下问题:

● 谈话过程中幼儿整体的倾听能力表现如何? 遵守了哪些谈话规则? 运用了哪些谈话策略? 幼幼互动质量如何?

● 谈话过程中教师的发言分别起到了什么作用? 师幼互动质量如何?

● 本次谈话活动的亮点有哪些? 不足有哪些?

根据小组讨论的结果,由小组代表在班集体前进行语言阐述,教师现场打分。

表1-5　谈话活动视频分析评分表(总分100分)

班级: _____　　组员: _____　　视频名称: _____　　总得分: _____

项 目	评 分 内 容	分值	得分
对幼儿的分析	合理分析幼儿在集体谈话活动中关键核心经验的学习与发展	25	
对教师的分析	合理分析教师在谈话活动中的语言作用和师幼互动质量	25	
活动整体评价	合理分析活动目标、过程、方法、环境和材料、效果等整体情况	30	
现场阐述表现	口语表述清晰,体态得当	20	

(二) 模拟演练

1. 多选题。

(1) 下列哪些话题适合作为小班幼儿的谈话话题(　　　)。

A. 我的妈妈　　　　　B. 好吃的水果　　　　C. 上学路上　　　　D. 书展

(2) 集体谈话活动的材料准备遵循的原则是(　　　)。

A. 发动幼儿参与准备　　　　　　　　　B. 材料丰富,多多益善

C. 材料要有层次性　　　　　　　　　　D. 材料注重激发幼儿生活经验

2. 请自选主题设计一个大班谈话活动方案。

(三) 课外研读

1. 周兢.学前儿童语言学习与发展核心经验[M].南京:南京师范大学出版社,2015.

2. 姜晓燕,郭咏梅.学前儿童语言教育(第三版)[M].北京：高等教育出版社,2019.

3. 张明红.幼儿语言教育与活动指导[M].上海：华东师范大学出版社,2014.

4. 朱春华.农村幼儿园大班"晨间谈话"的行动研究[D].南京师范大学,2015.

5. 王亚.幼儿参与度高的大班晨间谈话中教师角色定位的个案研究[D].南京师范大学,2017.

项目二 幼儿辩论活动

（一） 辩论活动的内涵

幼儿辩论活动，是指在一定的竞争压力下，辩论的双方或多方运用一定的方法，围绕一个相互对立的话题进行解释说明、论证反驳的语言活动。[①] 辩论可以分为广义和狭义两种。广义的辩论包括讨论和辩论，在幼儿园更适合从讨论开始，逐渐过渡到辩论；狭义的辩论，是指针对对立的观点进行论证和辩驳，"论证"是解释清楚自己的观点，"辩驳"是分析和反驳别人的观点。

图2-1　幼儿辩论活动现场[②]

（二） 辩论活动的特点

辩论活动的特点主要表现在辩论的表述、辩论的逻辑和辩论的语言三方面。[③]

1. 辩论的表述要求简洁清晰、客观准确

辩论的表述表现在两个方面：一是用词造句简洁，表意清晰明白；二是辩论中要传递客观准确的信息，不可因为辩论中不能自圆其说而编造事实。辩论的一方观点再正确，如若不能做到论据客观准确，也不能赢得大家的认同。

2. 辩论的逻辑要求严密有序

辩论过程是一个充满逻辑推理、演绎论证的过程。辩论的逻辑表现在两方面：一是思维的逻辑性，已

① 周兢.学前儿童语言学习与发展核心经验[M].南京：南京师范大学出版社,2015：43.
② 本项目图片均来源于江西省九江市中心幼儿园。
③ 龚贤武.辩论的语言艺术[J].文学教育,2007(6)：140.

方能运用清晰的逻辑论述自己的观点,条理有序地找出对方论点、论据和论证的不足;二是语言的逻辑性,幼儿能运用条理清晰的语言表述己方观点和反驳对方观点。

3. 辩论的语言要求生动活泼

辩论的语言不是枯燥的说理,也不是语气蛮横地指责对方,这是学龄前儿童较难把握的。辩论的语言要求生动活泼表现在:一是辩论的语言应是幼儿运用丰富多样的语言的一个机会,如除了使用陈述性语言外,幼儿可以使用假设性语言、对比性语言、反问性语言、举例语言等。二是可以借助身势语言,如辩手的神态、姿势、动作和表情等都会极大提高辩论的效果。

(三) 辩论活动的类型

从不同的语言运用情境来说,幼儿辩论活动可分为两种类型:一种是正式的辩论活动,一种是融入一日活动中的非正式辩论活动。

1. 正式的辩论活动

正式的辩论活动是指围绕辩论学习核心经验而设计与实施的集体教学活动。正式的辩论活动是教师根据预先确定的辩题以及设计的活动方案,有目的地组织幼儿进行辩论。正式的辩论活动对幼儿的语言能力和思维能力有较高的要求,通常适合在大班开展。

2. 非正式的辩论活动

辩论是一种口头语言形式,教师应积极为幼儿创设积累辩论经验的机会。非正式辩论活动具有如下特点:辩论的话题丰富多样,既可以是教师预定的,也可以是幼儿生成的,最好是幼儿日常生活中的情境性辩题;辩论的时空灵活多变,可以随时随地开始或结束,不受时间、空间限制;辩论的目的指向更开放,主要是引导幼儿在宽松的环境中自如地表达自己的观点;辩论的对象不受限制,这种辩论形式在三个年龄段都适用,教师可以在小班就开始有意识地培养。常见的非正式辩论活动有日常生活中的辩论和教学活动中的延伸辩论两种。

第一,日常生活中的辩论。在幼儿的日常生活中,教师可以有意识地捕捉幼儿感兴趣的且有辩论价值的话题。比方说面向小班幼儿入园时需要成人抱着,教师可以组织小型辩论"走路上幼儿园好,还是被抱着上幼儿园好";针对中班幼儿喜欢带玩具到幼儿园来,教师可以组织辩论"带玩具到幼儿园好不好";由于大班幼儿即将升入小学,教师可以组织辩论"幼儿园好还是小学好"。

第二,教学活动中的延伸辩论。在幼儿园教学活动中,经常会遇到幼儿针对某个问题持不同观点的现象,教师应该延伸有价值的话题鼓励幼儿表达自己的观点。如开展故事活动"小青蛙卖泥塘",故事活动中幼儿生成了许多观点,有幼儿认为"青蛙应该卖掉泥塘,因为泥塘太脏了,没法生活",有幼儿认为"青蛙不应该卖掉泥塘,泥塘是最适合青蛙生活的地方,搬到城里就没有朋友了"。因此,生成了辩论活动"青蛙该不该卖泥塘"。

(四) 辩论活动的价值

《指南》中指出:"幼儿的语言是在交流和运用的过程中发展起来的。"辩论活动不仅蕴含丰富的语言表达机会,且能有效提升幼儿的口头语言表达质量和提高幼儿的批判性思维能力。[1]

1. 平等对话的环境为幼儿提供丰富的言语表达机会

辩论活动中,幼儿互为对话的双方,彼此熟悉,经验相当,心理放松。无论是大胆积极的,还是胆怯被动的,每个幼儿都有机会成为言语的发动者和主动参与者,自主地表达内心深处最真实的想法和看法。与此同时,由于观点的对立,彼此之间在言语上相互碰撞,还不断催生新的话题,使话题迅速往来、转换,此起彼伏,延绵不断,为幼儿提供多种多样的语言运用机会。

2. 辩论语言的要求能有效提升幼儿口语表达质量

为了在辩论中阐明自己的观点,或据理力争说服对方,幼儿要让自己的语言具有"辩论性"。不仅在用

---

① 王翠霞. 幼儿辩论活动的价值与组织策略[J]. 学前教育研究,2014(5):70-72.

词造句上要有所选择,以使表述清晰准确,更要使用一定的逻辑思维,以使语言严密有序,能够给对方以压力,这为提高幼儿口语表达的准确性、逻辑性和感染力都具有独特的意义。

3. 辩论的过程有助于提高幼儿的批判性思维能力

在幼儿的日常语言运用中,叙述性语言较多,辩论性语言运用较少。辩论的过程是一个充满逻辑、演绎论证的过程,以语言的形式呈现出来,然后质疑、反驳别人的观点,都需要幼儿经历分析、推论、解释、说明、评估等一系列内部思维过程,这一系列过程有助于提高幼儿的批判性思维。

工作过程

（一）活动设计

> 活动设计的主要步骤:1. 选择适宜辩题;2. 确定活动目标;3. 进行活动准备;4. 构思活动过程。

步骤1 选择适宜辩题

适宜辩题是进行有效辩论的基础。辩题的选择应整体考虑趣味性、经验性、争议性、多样性。

（1）趣味性

一个有趣的辩题能引起幼儿热烈的讨论、争辩,甚至辩论,更能激发幼儿对身边事物的了解和深入思考。辩题的趣味性表现在:一是辩题本身具有趣味性,能激发幼儿的辩论兴趣,如"男孩好还是女孩好""青蛙该不该卖泥塘""做大人好,还是做小孩好""胆大好还是胆小好""上幼儿园好还是在家好"等;二是辩题是幼儿自身感兴趣的,有些辩题是幼儿自然生成的话题,如开展主题活动"有趣的昆虫"后,有幼儿发出这样的感慨——"做昆虫真好啊,还可以飞呢",自然生成"做动物好还是做人好""动物该不该穿鞋子"等辩题。

（2）经验性

辩题的选择要充分考虑幼儿的年龄特征和心理特征,辩题要尽可能与幼儿的生活经验相结合,幼儿才能做到想说、敢说并有话可说。如天气的话题是最贴近幼儿的生活的,"晴天好还是雨天好""夏天好还是冬天好"等话题幼儿有丰富的生活经验。又如"城里好还是乡下好"这样的话题需要教师课前了解幼儿的家乡状况,若是班里大部分幼儿都没有乡下生活的经验抑或乡村幼儿没有城里生活的经验,很难引发深入的辩论。

（3）争议性

争议性是一个好辩题的重要标准,如果一个辩题没有争议性,那就没有辩论性可言。但值得注意的是,在选择辩题时,避免选择一些在是非、难易、输赢等方面具有不对称性的辩题。[①] 如辩论活动"多喝水好还是少喝水好""读书好还是看电视好",在辩论过程中,"多喝水好""读书好"一方找到了许多有力的证据,导致辩论活动偏向一方而无法进行下去。

（4）多样性

随着幼儿辩论经验的不断积累与辩论水平的不断提高,教师在选择辩题时要注意多样性,即所选择的辩题可以从多角度促进幼儿的发展。例如,可以选择社会类、科学类或人文类等不同内容的辩题,以拓展幼儿的知识面。[②] 如社会类辩题"该不该使用一次性筷子""树能不能砍",科学类辩题"雨水多好还是雨水少好",人文类辩题"开车上班好还是走路上班好""高楼好还是矮楼好"等。

步骤2 确定活动目标

为了符合幼儿的语言发展规律,更加清晰、有针对性地确定辩论活动的活动目标,本书引用周兢教授总结的辩论学习活动核心经验及其发展阶段(见表2-1)。幼儿辩论学习核心经验归纳为三条:解释并坚持自己观点的经验;运用恰当方法进行辩论的经验;理解和尊重别人观点的经验。根据不同年龄段幼儿的

---

① 曾艺惠. 谈幼儿园辩论中辩题不对称性的三大副作用[J]. 新课程(综合版),2019(6):89.

② 张政,李传江. 幼儿园开展辩论活动的问题与思考——以大班辩论活动"大人好还是小孩好"为例[J]. 幼儿教育(教育科学),2017(6):19-23.

发展水平,每条核心经验对应初始阶段、稳定阶段和拓展阶段的学习与发展目标。

表2-1 辩论活动核心经验及三个发展阶段①

核心经验	学习与发展目标		
概念	初始阶段	稳定阶段	拓展阶段
解释并坚持自己观点的经验	· 理解讨论的话题并对此有自己的判断 · 用比较清楚的方式表达自己的观点	· 有坚持自己的观点的态度倾向 · 尝试找出不同的理由来解释证明自己的观点	· 在有质疑、有反驳的情况下,多角度地坚持自己的观点 · 针对不同的观点进行反驳
运用恰当方法进行辩论的经验	尝试着用个别方法解释自己的观点或反驳别人的观点	开始比较熟练地运用各种辩论方法	能有意识地运用和积累各种辩论方法,产生敏锐辩说的效果
理解和尊重别人观点的经验	· 认真倾听别人的发言 · 知道别人的观点和自己的观点不一样	· 交流时不随意地插话、抢话 · 仔细地倾听并明白别人的观点	· 尊重别人的不同观点 · 学习按照一定的规则进行辩论 · 说话语气不蛮横,使用文明用语发表不同意见

教师在确定辩论活动目标时,要充分考虑幼儿已有的认知水平及辩论经验,结合具体的活动内容,以幼儿辩论核心经验的学习与发展目标为指导,从幼儿的认知、能力、情感态度三方面确定具体的活动目标。《小青蛙卖泥塘》是幼儿喜闻乐见的一则故事,故事活动后幼儿生成了许多观点,因此教师将其改编为一个辩论活动,结合幼儿辩论活动核心经验以及该班幼儿已有的辩论基础,确定如下活动目标:

大班辩论活动: 青蛙该不该卖泥塘②

【活动目标】

认知目标:明确自己的观点,并尝试找出不同的理由来解释、证明自己的观点。

能力目标:初步尝试运用陈述、对比、假设、反问等辩论方法。

情感目标:仔细倾听对方讲话,对辩论活动感兴趣。

正式的辩论活动是一种极具挑战性的语言活动形式,通常适合在大班开展。教师在确定活动目标时要紧紧围绕本班幼儿已有的认知水平和辩论经验。"青蛙卖泥塘"是在大班幼儿经过第一阶段的故事活动后生成的一个辩论活动,幼儿在故事活动中已经积累了初始阶段的经验,即理解了讨论的话题并能尝试解释自己的观点。因此,在辩论活动中教师将目标定位于辩论核心经验发展的稳定阶段。

步骤3 进行活动准备

为了提升幼儿辩论的兴趣以及让幼儿有一种身临其境的感觉,教师需做好充分的辩论准备。辩论活动的准备包括物质环境的准备和知识经验的准备。

(1)布置辩论活动的物质环境③

辩论是一种特点鲜明的活动,教师在活动前应创设好辩论的物质环境,让幼儿对辩论的形式产生直观、深入的了解,对作为辩手的角色产生更真实、更独特的体验,进而更好地激发幼儿的主观能动性,使其积极地投入到辩论活动中。

第一,布置辩论活动场地。辩论的场地需要稍宽敞的空间,根据班级幼儿人数而定;准备辩论双方不同颜色的座位,如正方为"红色"座位,反方为"绿色"座位,另外需要准备评委席;准备计时器,用于提醒幼儿注意发言的时间;准备分别表示支持("√")和反对("×")的牌子。每次开展辩论活动前,幼儿可以商讨

---

① 周兢. 学前儿童语言学习与发展核心经验[M]. 南京:南京师范大学出版社,2015:53.

② 该案例由江西省九江市中心幼儿园张芸老师提供。

③ 周兢. 学前儿童语言教育[M]. 北京:高等教育出版社,2015:79-81.

并自行决定场地的布置形式(见图2-2)。

第二,增添活动环境的现场感。幼儿是以直觉思维为主的,而辩论是以高度抽象的、概括为主的思维方式,所以教师尽可能多地提供便于幼儿直观感受的环境。如开展开辩论活动"做人好还是做动物好"前,教师先是收集了与动物和人类相关的故事书放在图书区,然后师幼共同收集了许多事实图片垂吊在活动室,便于辩论活动开展时幼儿随时展开联想。

第三,创建辩论的论据板。教师在活动现场可以提供一个专门的论据板,即辩论论据展示区(见图2-3、图2-4)。板面分两板块:正方板块和反方板块。辩论前幼儿可以将本方搜集的资料放进相应的板块里;辩论中双方会新

图2-2 辩论活动场地布置

生许多想法,将双方的新论据放入板块;辩论后双方可以整理、总结两方观点。这样可以促进幼儿思考,也是帮助幼儿学会积累。

图2-3 "幼儿园好"论据板

图2-4 "小学好"论据板

第三,设计辩论活动的道具。为了在辩论过程中更直观地解释和呈现论据,幼儿往往需要一定的凭借物。辩论的道具可以是:正、反双方辩论题牌、支持或反对的观点牌(见图2-5、图2-6)、辩论方法字卡(包括陈述卡、对比卡、反问卡、假设卡等)、幼儿的论据资料(可以是视频、图片、图画等)。辩论中的道具可以由双方幼儿自行设计,鼓励幼儿采用摄像、绘画、手工等多种方式呈现。

图2-5 "幼儿园队"观点牌

图2-6 "小学队"观点牌

(2) 重视幼儿的经验准备

第一,辩论活动前,幼儿需具备与辩论话题相关的知识经验。要求幼儿对辩论话题有一定的知识储

备,是为了便于幼儿在辩论中做到言之有物、言之有据。以下是大班开展辩论活动"跟旅游团旅游好不好"前幼儿所做的知识经验准备:

> 教师:在我们班角色区,幼儿近段时间正在开展"旅行社"的游戏。随着对旅行社、旅游过程的深入了解,幼儿对旅行社职能、导游工作有了进一步的认识。许多幼儿有与家长外出旅游的经历,并且亲身体验到旅行社、导游的服务,也有一些幼儿体验到自助旅游的快乐与自由。因此,在辩论活动前,我请幼儿回家与家长一起搜集资料、观点。

第二,辩论活动前,幼儿需积累一定的辩论经验。[1] 在开展辩论活动前,可组织幼儿观看辩论赛,可以观看一些学生辩论的录像,知道辩论的基本形式,感受辩论氛围。观看完后,可引导幼儿学习一些辩论技巧:技巧一,善于倾听。辩论前的准备工作中,最重要的一点是指导幼儿学会倾听,理解别人表达的意思,如果没有听清别人的观点就发言,便失去了辩论的价值。技巧二,清楚表达。教师在准备过程中,引导幼儿说话控制节奏,放慢语速,保证思路清晰、语言通畅。技巧三,文明言语。辩论是为了阐明自己的观点,不是为了攻击、击败对方,幼儿不仅要学习文明的语言习惯,还要养成良好的交流习惯,如"与别人讲话时,眼睛要看着对方""轮流讲话,不插嘴""安静地倾听别人说话"等。技巧四,理解、应用辩论方法。在辩论前,教师可以用幼儿理解的语言对辩论方法进行分析、示范。

(3) 让准备的过程成为幼儿主动发展的过程

幼儿参与辩论活动的准备过程也是对辩论内容的预认知过程。以下是大班开展辩论活动"跟旅游团旅游好不好"时幼儿的参与准备过程:

> 教师:在开展"跟旅游团旅游好不好"活动前,我请幼儿与家长共同收集资料、整理观点。同时邀请幼儿与教师一起布置辩论活动的场地、共同设计辩论道具等。

步骤4 构思活动过程

活动过程的设计应依据选择的辩论话题和确定的活动目标进行总体构思。辩论活动的过程一般可依循"激发兴趣,引出辩题""明确观点,轮流阐述""自由辩论,有效反驳""回顾总结,提升经验"四个步骤。

> #### 大班辩论活动:做大人好还是做小孩好[2]
>
> 【活动目标】
>
> ① 坚持自己的观点,并清楚地知道喜欢或不喜欢做大人、做小孩的观点。
> ② 能够运用多种辩论方法并尝试有依据地辩驳对方的观点。
> ③ 仔细倾听并明白对方的观点,体会有序辩论的乐趣。
>
> 【活动准备】
>
> 物质准备:记分牌两块(大人队、小孩队)、计时器一个、黑板一块、每队抢答按铃一个、裁判口哨一个;布置辩论赛场地——设置选手席、裁判席、观众席。
>
> 经验准备:提前了解当大人、当小孩的优势,准备证据卡,收集大人好、小人好的证据(前书写方式制作)。

---

[1] 林丽红.幼儿园大班辩论活动的指导策略[J].幼儿教育研究,2017(6):30-33.
[2] 该案例由江西省九江市中心幼儿园熊文婷、吴丽娜老师提供。

【活动过程】

1. 激发兴趣，引出辩题

播放两段视频，分别是大人一日生活片段和小孩一日生活片段。

师：你们觉得做大人好，还是当小孩好？如果可以选择，你愿意做大人还是愿意做小孩？请说明为什么？（幼儿举手发言，表明立场）

2. 明确观点，交代规则

师：小朋友们都有自己的观点，那么今天我们就来一场辩论赛，一方是"做大人好"，一方是"做小孩好"，请小朋友们选择自己支持的观点卡片。

（1）辩手分组，选派辩论代表

在持有"做大人好"观点卡片幼儿中选出6名幼儿入座"大人队"辩手席，另外在持有"做小孩好"观点卡片的幼儿中选6名幼儿入座"小孩队"辩手席。老师当裁判，其他幼儿入座观众席。

（2）交代辩论规则

师：辩论时间为35分钟，分为三个环节。

第一环节为双方论述环节。要求清楚地说出自己最想说的理由，表现大方自信、观点明确每人计1分。

第二环节为抢答环节。教师抛出问题，各队小朋友以按铃抢答方式回答，回答问题论据充分、语言表达完整者计1分。

第三环节为自由辩论环节。一方提出自己的观点，另一方认真倾听后进行辩驳，辩驳证据合理的一方计1分，如果提出的观点无人辩驳或者辩驳不合理，提出观点方计1分。

3. 激烈角逐，各自论述

（1）双方论述（每队5分钟）

哨声响，比赛开始，"大人队"辩手首先发言："我认为做大人好，因为大人可以……"，接着"小孩队"辩手发言："我认为当小孩好，因为小孩可以……"，裁判员（教师）根据双方辩论过程中的有效辩词进行计分。

教师在幼儿辩论过程中应该有意识帮助各队梳理逻辑，明晰观点。

（2）抢答（7分钟）

裁判员（教师）提出发散性问题，引发幼儿发散性思考。例如，引导幼儿用"虽然当大人也很好，但小孩可以……大人不可以……"这类句式表述观点，示范辩论方法。裁判员（教师）根据幼儿有效观点及时计分。

（3）自由辩论（10分钟）

"大人队"提出本方的观点，认真倾听后，"小孩队"针对对方的观点进行反驳；接着"小孩队"提出本方的观点，认真倾听后，"大人队"针对对方的观点进行反驳。

此处教师应有意识地引导幼儿运用多种方式进行辩驳，比如举例、对比、假设等。

（4）观众助力

台下观众可以积极表达自己的观点，提出合理观点的给其支持一方计1分。

4. 回顾总结，评价效果

幼儿一起看比分牌分数，得数高的一方为最佳辩方。幼儿以贴星星的形式选出本次比赛"最佳辩手"，并说明评选理由，获得星星最多的幼儿为"最佳辩手"。

（二）组织指导

组织指导的步骤：5. 激发兴趣，引出辩题；6. 明确观点，轮流阐述；7. 自由辩论，有效反驳；8. 回顾总结，提升经验。

步骤 5　激发兴趣,引出辩题

　　辩论是难度比较大的一类语言活动,需要教师采用丰富多彩的形式激发幼儿的兴趣和积极性,使幼儿在宽松自由的环境下,自然而然地投入辩论话题中。教师应根据所选择的辩题精心设计辩论活动的导入环节,既能激发幼儿的辩论兴趣,又能自然引入辩论话题中。常用的引导方式有创设情境、故事形式、音乐律动、情景视频等。

　　在大班辩论活动"夏天好还是冬天好"第一环节前,教师已带领幼儿到户外感受过夏天或冬天,并在活动开始时播放夏天与冬天的课件,让幼儿回忆夏天和冬天的情景,身临其境地感受和体验,让幼儿明确自己的看法和态度,进而引出本次活动的辩论话题。

步骤 6　明确观点,轮流阐述

　　在提出了论题之后,幼儿需要"明确观点、轮流阐述、举手发言"。

　　"明确观点"环节,幼儿需要经过思考再判断,并根据自己的意愿选择辩论方;

　　"轮流阐述"环节,教师需着重关注提升幼儿"解释并坚持自己观点的经验"。该环节让幼儿阐述最想说的理由,给予每个幼儿均等的话语机会,同时也赋予每个幼儿适度紧张的信号,促使他们积极调动已有经验参与辩论,在轮流阐述环节,教师应鼓励幼儿从最富自信的话语开始,有意降低幼儿说话的门槛,以增强其辩论的信心;

　　"举手发言"环节,教师需着重关注提升幼儿"多角度坚持自己观点的经验"。该环节让幼儿说说不一样的理由,鼓励幼儿拓宽思路,调动更多的已有经验,从不同角度寻求论据并组织语言表达出来。在举手发言环节,需要给幼儿留一定的相互交流时间,既给经验丰富的幼儿梳理语言的时间,也为缺乏经验的幼儿提供启发和借鉴。

　　在辩论活动"夏天好还是冬天好"第二环节,幼儿先"明确观点",再"轮流阐述"。

　　1. 明确观点

　　① 出示两队标识牌。

　　② 明确观点,分队入座。请幼儿根据自己的意愿选择,觉得夏天好的为"太阳队",觉得冬天好的为"雪花队",根据自己的观点进入座席。

　　2. 轮流阐述

　　第一场辩论:轮流阐述。

　　师:现在请"太阳队""雪花队"轮流阐述本队最想说的理由。

　　太阳队:我是太阳队的 1 号辩手,我认为夏天好,因为……。我是太阳队的 2 号辩手,我认为夏天好,因为……。

　　雪花队:我是雪花队的 1 号辩手,我认为冬天好,因为……。

　　第二场辩论:举手发言。

　　① 鼓励幼儿相互交流,说说自己不一样的理由。

　　师:除了刚才本队说过的理由外,还有其他的理由来证明你们队的观点吗?现在给大家两分钟的时间,先和你旁边的小朋友讨论一下。

　　② 鼓励幼儿举手说出更多不一样的理由,并对幼儿的现场言语及时梳理、反馈,提升言语的质量。

　　③ 提示幼儿遵守"举手发言、安静倾听"的辩论规则。

步骤 7　自由辩论,有效反驳

　　前面的辩论幼儿多是用陈述的方式阐述自己的观点。进入自由辩论环节后,教师需着重引导幼儿去关注、分析对方的观点,初步尝试进行对辩,并且鼓励幼儿以"抓对方漏洞"和"找出充分的理由"两种策略反驳对方,推进辩论从本能的反驳,向有意识的、有针对性的、交锋式的反驳发展。

在自由辩论环节,教师一方面需有意识地引导幼儿"运用恰当的方法进行辩论"。除常用的陈述外,可以引导幼儿掌握如假设、对比、反问、举例等基本的方法,使表达更准确、思维更严密。另一方面需有意识地引导幼儿"理解和尊重别人的观点",辩论的时候,既要据理力争,也要有接纳不同观点的胸襟,心理上尊重不同观点,态度上尊重每位对手。

> 在辩论活动"夏天好还是冬天好"第三环节,幼儿进行了自由辩论。
>
> 第三场辩论:自由辩论
>
> ① 引导幼儿讨论:什么是自由辩论?
>
> 师:自由辩论就是说服对方,可以有很多方式说服对方,比方说他的理由没有道理就抓住这个理由说服他,如太阳队说:"夏天可以游泳,吃西瓜。"雪花队就可以反驳:"冬天可以堆雪人,过新年。"
>
> ② 幼儿自由辩论。教师重点鼓励、引导幼儿关注对方的观点并用多种方法进行反驳。
>
> ③ 教师根据幼儿现场表现,从阐述观点、遵守规则两方面给予积极评价。

步骤8 回顾总结,提升经验

回顾总结是辩论赛的收官之笔,对整个活动有画龙点睛的作用,但幼儿辩论赛的总结又不同于成人赛的总结,幼儿辩论赛总结由师幼共同完成。教师作为活动的支持者、鼓励者和引导者,主要是对幼儿在辩论过程中阐述的内容、使用的方法、辩论规则进行梳理、总结与提炼。幼儿作为辩论活动的参与者,主要表达自己的辩论感受和总结辩论经验。

> 在辩论活动"夏天好还是冬天好"第四环节,师幼共同回顾总结,提升幼儿的辩论经验。
>
> 师(阐述内容):今天"太阳队""雪花队"的小朋友都非常勇敢、大方、清楚地在大家面前讲述了自己的观点,这是老师最希望看到的。
>
> 师(使用方法):小朋友们使用了许多方法来辩论,如小朋友说:"我喜欢夏天,因为夏天出汗可以排毒。"说得很完整、清楚,这种方法叫"陈述"。也有小朋友反对说:"冬天难道不可以游泳吗?"这种方法叫"反问"。还有小朋友说:"夏天有蚊子,冬天没有蚊子。"这种方法叫"对比"。
>
> 师(辩论规则):你们都能遵守规则,轮流阐述的时候知道看着对方,知道轮流、举手发言;自由辩论的时候,能够运用文明的语言、尊重对方辩手,等对方辩手说完再站起来讲话。

(三) 活动评价

(1)幼儿辩论表现

幼儿是辩论活动的主体,对辩论活动的评价应立足于幼儿在辩论过程中的表现,来评价活动目标是否达成。评价是建立在观察的基础之上,所以在整个辩论活动的过程中,教师应整体观察全班幼儿的辩论表现,同时对部分幼儿的辩论表现进行记录,便于教师在总结评价时做到客观、准确、全面。评价幼儿的辩论表现主要从辩论的内容、方法、规则三方面展开。评价时可以是教师评价,也可以是幼儿互评(包括"观众"评价)。

(2)教师的表现

教师在辩论活动中起着引领、启发、推动等作用,在评价教师时重点关注三个方面。

① 帮助幼儿围绕话题展开辩论。

在辩论前教师应做到两点:一是当选定一个辩题后,教师可以根据本班幼儿的已有认知经验,先预测幼儿可能从哪些角度进行辩论;二是教师自身对辩题的组织步骤做到心中有数。如辩题"夏天好还是冬天好",教师先让幼儿讨论喜欢夏天和冬天的理由,接着讨论不喜欢夏天和冬天的理由,然后再让幼儿想办法来应对夏天和冬天的不足,这样的逻辑性很强,可以让教师随时做到帮助幼儿围绕话题进行辩论。

② 在辩论活动中的中立引导者身份。

在辩论活动中,教师应是作为中立的示范者与引导者。教师的中立态度是辩论双方幼儿坚持自己的观点以保障辩论活动顺利进行的前提,同时也是教师公平公正对待幼儿的体现。教师可以"煽风点火",即启发、引导幼儿从不同角度发散地思考辩题,但同时又要"稳定军心",即肯定、表扬一方的时候要注意火候,不能过度,以免影响幼儿对自己观点的坚持。

③ 有效修补可能中断的辩论过程[①]。

在辩论的过程中,幼儿可能会出现辩手话语中断、辩手改变观点、话题转移、"一边倒"等局面。如出现"一边倒"的现象,原因有:幼儿的观点选择受已有经验的影响;幼儿的观点选择在很大程度上受同伴的影响。可以通过以下方法解决以上现象或局面。第一,请人少的一方邀请对方的朋友参加;第二,完全一边倒,教师可以作为对方辩手;第三,告诉幼儿这是一个好玩的游戏,只有一方玩不起来,愿意挑战的可以加分或者得到奖励。

(3) 活动整体评价

在充分了解幼儿和教师的辩论表现后,可以对此次辩论活动进行整体评价,包括活动目标、活动内容、活动方法、活动过程、辩论环境创设和材料投放、活动中的师幼互动、活动效果等。

案例分析

大班辩论活动: 幼儿园好还是小学好

设计者:张 芸 江西省九江市中心幼儿园
　　　　范文娟 江西省九江市德安县第二幼儿园
　　　　王贤润 江西省九江市永修县新城幼儿园
执教者:张 芸 江西省九江市中心幼儿园

【设计意图】

随着在幼儿园生活的最后一个夏天的到来,大班的孩子们即将开始一段新的旅程——进入小学学习和生活。他们开始准备毕业纪念册、进行毕业典礼节目的排练,对于幼儿园生活,他们有着太多的不舍。同时,他们还要去参观小学,在区角里开展学系红领巾、整理小书包等幼小衔接的活动,对于小学,他们怀着兴奋的心情期待着。所以,我们听到了这样的声音:"我喜欢幼儿园,幼儿园好""我喜欢小学,小学好"。于是"幼儿园好还是小学好"这样的辩论主题应运而生。

【活动目标】

① 清晰地知道自己喜欢或不喜欢幼儿园或小学的不同理由,多角度地坚持自己的观点。
② 能运用陈述、假设、对比、反问、举例等辩论方法。
③ 能尊重别人的不同观点,并遵循轮流发言、举手示意、有序抢答等规则进行辩论。

【活动准备】

经验准备:
① 幼儿观看过成人辩论的视频,简单了解了辩论的基本过程以及方法与规则,并尝试过辩论活动。
② 在活动前收集了幼儿园和小学相关的一些图片,了解了一些信息。

① 周兢. 学前儿童语言学习与发展核心经验[M]. 南京:南京师范大学出版社,2015:57.

物质准备：

辩论的场地布置——一张主席台、两张长条桌辩论席、椅子若干；辩论队标志牌——小学队、幼儿园队；"陈述""对比""反问""假设"的字卡各1张；"幼儿园好""小学好"的思维导图模板；小黑板2块；助力星星榜和助力小星星卡片若干。

【活动过程】

1. 引出辩题，激发兴趣

播放幼儿在幼儿园一日生活和参观小学的视频，幼儿观看后教师组织他们进行简单谈话，引出辩题。

师：看了刚刚的视频，谁来说说，我们在幼儿园里做了什么？去小学看到了什么呢？

师：你觉得幼儿园好还是小学好呢？

小结：小朋友们的观点不一样，有的说幼儿园好，有的说小学好，你们一定有自己的理由。

2. 创设环境，分组准备

师：现在我们就来进行一项非常有趣的活动——辩论。（出示字卡"辩论"）

师：辩论就是大家有两种不同的观点，每个人都来说说自己的理由，最重要的是要让对方觉得有道理，说服对方，这就是辩论。

师：看看，今天老师给你们把辩论的场地布置好了，你们可以根据自己的想法进行选择，分为"幼儿园队"和"小学队"。现在，请你们分别选择自己想去的队伍吧。

幼儿选择队伍，教师根据情况进行调整。

3. 明确观点，辩论阐述

（1）第一场辩论：轮流发言，表达观点

师：现在请各队轮流发言，说出理由。

① 幼儿可以边说边选择提前收集的幼儿园或小学的相关图片，贴在小黑板的思维导图上，把自己的观点用语言和图片相结合的方式清晰地进行呈现。

② 鼓励幼儿运用"我认为……，因为……"这样固定的句式有逻辑性地表达。

小结：你们都说出了幼儿园好还是小学好的理由，表现得非常自信，而且说得很清楚。

（2）第二场辩论：举手发言，观点升级

① 鼓励幼儿相互交流，说说更多的理由。

师：除了刚才说过的理由，你还能想出更多的理由来证明你的观点吗？现在给大家1分钟的时间，先和你的队友互相说一说，讨论一下。

② 鼓励幼儿举手说出更多的理由，并对幼儿的现场表达进行反馈，提升语言的质量，并提示幼儿遵守"举手发言，安静倾听"的辩论规则。

师：现在进入辩论的第二环节——举手发言。我是主持人，想发言的小朋友请积极举手，看谁能说出更多不一样的理由来。我这里有一张记录表，谁举手发言说出一个不一样的理由，我就在他的小头像后面贴一个助力小星。

小结：在举手发言的这个辩论环节，你们说出了很多不一样的理由来证明自己的观点，而且还用到了一些方法和对方辩论，继续加油哦！

（3）第三场辩论：自由辩论，进行反驳

师：下面我们到了自由辩论的环节了，在这个环节，你们要仔细听听对方说的是什么，他的理由有没有道理，如果没有道理就抓住这个理由说服他；如果你的理由很有道理，也可以说服他，这些都是好办法。下面听辩论的小观众在听完这个环节的辩论之后，也可以把你们手里的助力小星星贴在辩手的头像后面，并说说自己的理由。

幼儿自由辩论：教师重点引导幼儿倾听对方的观点并学会反驳。在自由辩论中，教师应有意识地引导幼儿建立有序抢答的规则。

4. 总结辩论，提升经验

（1）根据现场表现，给予积极评价

师：在今天的辩论活动中，你们所有人都能非常清楚并很勇敢地说出自己的理由，非常棒！而且，你们都能遵守规则，比如知道轮流、举手发言。在自由辩论的时候，一个站起来，其他的小朋友都不讲话，认真倾听他的发言，让我们的辩论活动非常有秩序，这样，是不是每个人说话都能听清楚呢？

图 2-7　辩论方法字卡

（2）出示方法字卡，提升辩论经验（见图 2-7）

师：你们在辩论的时候用到了很多方法，比如大家在轮流发言的时候，有的小朋友说："我认为幼儿园好，因为幼儿园里有很多玩具，还可以天天做游戏。"说得非常清楚、完整，（出示字卡"陈述"）用到了"陈述"的方法。有的小朋友用到了"如果"这个词，"如果我们去上小学了，就看不到老师和小伙伴了"，（出示字卡"假设"）用到了"假设"的方法。还有的小朋友用到了第三种方法，"幼儿园不用写作业，小学要写作业"，把幼儿园和小学比一比，（出示字卡"对比"）用到了"对比"的方法。

（3）汇总助力小星星，评出最佳辩方和辩手（见图 2-8、图 2-9）

图 2-8　"幼儿园队"星星助力榜

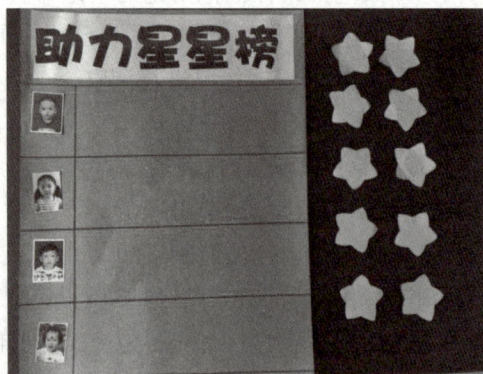

图 2-9　"小学队"星星助力榜

师：现在激动人心的时刻到了，在这场辩论中，获胜的是哪一队呢？谁的助力小星星最多呢？我们一起来数一数。

【活动评析】

1. 选择与幼儿当下紧密相关的生活话题

"幼儿园好还是小学好"是大班幼儿本学期最关注的一个话题，尤其是在参观了小学之后，时常听到大家讨论小学的生活，而且班级中开展了许多幼小衔接的活动。这时，教师选择"幼儿园好还是小学好"这个辩题，无疑是打开了幼儿的话匣子。

2. 实施递进策略，推动辩论深入

该活动分三场辩论：轮流阐述、举手发言和自由辩论。在轮流阐述环节，给予每个幼儿均等的话语机会，目的在于激发幼儿从最富自信的话语开始，以增强其辩论的信心；在举手发言环节，说说不一样的理由，意在拓宽幼儿的思维，促进幼儿"多角度坚持自己观点"这一核心经验的发展；在自由辩论环节，引导幼儿关注对方，初步尝试对辩，促进幼儿"运用恰当的辩论方法"这一核心经验的发展。

3. 总结辩论过程，提升辩论能力

在最后环节，一是以视频回放的方式评价幼儿的辩论规则，主要从积极的方面评价；二是教师利用字卡的方式帮助幼儿总结辩论方法，直观形象易理解。

大班辩论活动视频"幼儿园好还是小学好"

✎ 项目实践

（一）实训项目

分成若干小组,每组选择一个辩题,辩题内容可以多样化,包括生活类、社会类、科学类、人文类等。然后,根据辩题设计活动方案并组织辩论赛。

表2-2 辩论活动设计与组织评分表(总分100分)

班级_____ 组员_____ 辩题名称_____ 总得分_____

项 目	评 分 内 容	分值	得分
辩题选择	辩题的选择具有趣味性、生活性、经验性、创意性	10	
方案设计	活动目标合理,能准确反映幼儿年龄特点和辩论核心经验	10	
	活动准备内容详实、科学	5	
	活动过程步骤清晰,层层递进	15	
现场组织	辩论场地布置合理	10	
	辩论道具准备适宜	10	
	辩论过程组织完整、有序、高效	30	
反思总结	反思总结内容到位,表述清晰	10	

（二）模拟演练

1. 多选题。

(1) 学前儿童辩论活动组织与指导的基本结构为(　　　)。

A. 激发兴趣,引出辩题　　　　　　　B. 明确观点,轮流阐述

C. 自由辩论,有效反驳　　　　　　　D. 回顾总结,提升经验

(2) 学前儿童辩论学习核心经验包括(　　　)。

A. 解释并坚持自己的观点　　　　　　B. 运用恰当方法进行辩论的经验

C. 理解和尊重别人观点的经验　　　　D. 有效赢得辩论的经验

2. 请设计一个完整的大班辩论活动"底楼好还是顶楼好"。

（三）课外研读

1. 周兢. 学前儿童语言学习与发展核心经验[M]. 南京:南京师范大学出版社,2015.

2. 汤杰英. 儿童辩论核心经验的发展及教育建议[J]. 幼儿教育(教育教学),2014(3):14-16.

项目三 幼儿讲述活动

讲述活动作为幼儿园语言领域的一种重要活动类型,在幼儿园语言教育中占据重要地位。本项目主要介绍两类幼儿讲述活动,分别为幼儿叙事性讲述活动和幼儿说明性讲述活动。

子项目一 幼儿叙事性讲述活动

活动认知

(一) 叙事性讲述活动的内涵

叙事性讲述活动是指用口头语言讲述人物的经历、行为或事情发生、发展的过程的语言教育活动,讲述中既要说清楚人物、时间、地点,又要说明白事情发生、发展的先后顺序。[①]在谈话活动中包含许多叙事性的内容,但两者存在区别,下面通过"春天"这一主题内容来说明:

> 例句1:我看到小草发芽了,才露出一点点绿的颜色,嫩嫩的有一点好闻。
>
> 例句2:春天来了,冰雪融化了,小草透出一点点绿色,柳树发出了新芽,春风轻轻地吹过⋯⋯

例句1是谈话活动中的语言,语言具有较大的随意性,语言环境宽松自由;例句2是叙事性讲述活动的语言,用词造句须做到正确、准确、合乎规范,语言环境比较正式。谈话活动与讲述活动是有区别的,具体如表3-1所示。

表3-1 谈话活动与讲述活动的区别

维度	类型	
	谈话活动	讲述活动
活动目标	注重创设幼儿运用口头语言与他人交流的机会	侧重提高幼儿清楚、完整、连贯表述的能力
活动方式	在幼儿已有经验的基础上进行交流	组织幼儿针对一个凭借物进行独立讲述
语言表达要求	比较宽松自由,语言形式不拘,以说明想法为目的	要求语言规范严谨,有条理,旨在锻炼幼儿的独白语言
凭借物的运用	为了创设一种谈话情境,以引出有趣的话题	凭借物有限定幼儿讲述范围的功能
运用场合	宽松自由,能够畅所欲言的语言运用情境(个别、伙伴)	语言运用情境相对正式、严肃(集体、公众)

[①] 周兢.幼儿园语言教育活动设计与组织[M].北京:人民教育出版社,1996:122.

（二） 叙事性讲述活动的特征

1. 有一定的凭借物

叙事性讲述活动中要借助凭借物，是基于两方面考虑：一是幼儿思维和语言发展的需要。幼儿的思维带有具体形象性，长时记忆能力有限。二是讲述活动的集体参与性需要。讲述活动要求幼儿就相同的内容进行构思并表述个人的见解，凭借物就为全班幼儿参与确定了讲述的中心内容。

2. 有相对正式的语境

叙事性讲述活动为幼儿提供的是一种相对正式、规范的语言运用情境，表现在：一是环境规范，一般是在专门的教育活动中和正式的语言学习环境中开展活动；二是语言规范，幼儿在经过比较完善的构思后运用较为完整、连贯、清楚的语言进行表达，讲述中的遣词造句要准确，讲述的语言要合乎语法规则。例如"冬天"的主题，幼儿在谈话活动中可以自由交谈："光秃秃的树干""白白的雪""小朋友穿着厚厚的棉袄，很暖和"……而在叙事性讲述活动中，幼儿要根据图片内容有条理地组织线索和语言："冬天来了，天空下起了大雪，大雪落到了光秃秃的树上，落到了小朋友的身上，整个世界白茫茫一片"……

3. 锻炼幼儿的独白语言

叙事性讲述活动的独白语言是要求幼儿在教师的启发、引导和提示下，独自完成一段完整话语的过程。即幼儿凭借所提供的材料和相关的语境，经过自己大脑的独立构思，组建语言，按照自己的理解将所见所闻进行加工、整理，然后选用恰当的词句连贯而有条理地叙述出来。

4. 需要幼儿运用多种能力

在叙事性讲述活动中，需要调动幼儿多种能力。仔细看图时需要用到观察能力；完整讲述时需要幼儿回忆画面内容，考验幼儿的记忆力；拓展讲述内容时，幼儿要展开想象，发挥创造力；排图讲述时，幼儿要运用逻辑思维将内容合理地串联在一起等。每一次完整、有序的讲述，幼儿都需要综合运用多种能力。

（三） 叙事性讲述活动的类型

从不同的语言运用情境来说，叙事性讲述活动可分为两种类型：一种是正式的叙事性讲述活动，另一种是非正式的叙事性讲述活动。

1. 正式的叙事性讲述活动

正式的叙事性讲述活动主要是指围绕叙事性讲述核心经验发展而精心设计与实施的集体教学活动。依据凭借物的特点，可以将叙事性讲述活动分为看图讲述、情境讲述、生活经验讲述、续编故事讲述、读信等类型，本书重点介绍以下三种类型。

（1）看图讲述活动

看图讲述活动是指幼儿在教师的启发和引导下观察图片、理解图意，并运用恰当的语句完整、流畅地表达图意的语言教育活动。[①] 在幼儿园的看图讲述中有多种类型，常见的有描述性的看图讲述、创造性的看图讲述、排图讲述、拼图讲述、绘图讲述等。看图讲述的凭借物是图片，可以是照片、印刷挂图、教师绘制的图片、教师边讲边勾画的半成品图片、幼儿的绘画图片等。看图讲述一般在小、中、大班都可以开展，但同时需要考虑不同类型的难易程度，如排图讲述对幼儿语言、思维能力要求较高，比较适合大班幼儿。

（2）情境讲述活动

情境讲述活动是指幼儿在教师的启发和引导下观看情境表演并完整、流畅地讲述情境表演内容的活动。[②] 这里的情境表演可以是教师或幼儿现场的情境表演，包括真人表演、木偶表演或真人与木偶共同表演；也可以是已录制的情境视频，如一段情境事件、动画片段等。情境表演包括场景、人物、情节，表演过程中有动作、表情，有时还有对话，使幼儿看得见、听得着、摸得到，富有强烈的直观性。这类讲述要求幼儿在观看情境表演中集中注意力、观察力，开动记忆力和一定的想象、思维能力，感受人物的内心情绪情感和心

---

① 姜晓燕，郭咏梅. 学前儿童语言教育（第三版）[M]. 北京：高等教育出版社，2019：140.
② 姜晓燕，郭咏梅. 学前儿童语言教育（第三版）[M]. 北京：高等教育出版社，2019：143.

理动态,并能准确地讲述出来。情境讲述难度较大,通常在小班后期开始进行,中、大班开展较多。

(3)生活经验讲述活动

生活经验讲述活动是指幼儿在教师的启发和引导下利用凭借物,围绕一个生活经验主题流畅、完整地进行讲述的教学活动。[1] 生活经验讲述的主题可以是教师预设的,也可以是幼儿生成的。这种讲述需要幼儿有较为丰富的生活经验,能够根据自己的理解对自己的经历进行思考、加工,最后用恰当的词句将其完整、连贯地讲述出来。生活经验讲述对幼儿思维的概括能力要求较高,比较适合在中、大班开展。

2. 非正式的叙事性讲述活动

除集体教学活动外,在幼儿园的一日活动各环节中都可以发展幼儿叙事性讲述能力。

(1)游戏活动中的叙事性讲述

"叙事首先出现在装扮游戏中,伴随及指导游戏的进行,然而其最终独立出来发展为口头或书面的故事。"[2]大部分的创造性游戏,是幼儿运用叙事语言的重要情境。以角色游戏为例,幼儿对游戏的角色、时间、地点、情节等内容进行协商,以假想的角色身份运用叙事性语言共同建构故事,教师可以为幼儿创设丰富的角色游戏情境并适当地引导幼儿游戏,为幼儿创造在游戏中进行叙事讲述的机会。[3]

(2)专题活动中的叙事性讲述

教师可以选择幼儿感兴趣的、与幼儿生活经验相关的话题,利用幼儿园一日活动中的过渡环节,如晨间、就餐前后、午睡后、离园前等,开展叙事性讲述专题活动。如"报告最新发现""每日趣闻""有趣的旅行""图书推广会""故事大王比赛"等。

(3)图画书阅读中的叙事性讲述

图画书阅读对幼儿叙事性讲述能力的发展有积极影响。在阅读过程中,教师可以鼓励和引导幼儿独自叙述图画书中的故事内容,如说出故事中的人物及其关系,描述人物的动作、表情和对话,猜测人物的心理感受,叙述故事情节,表达对故事中人物或事件的观点,续编或创编故事等。此外,还可以鼓励幼儿讲述自编图画书中的故事内容,以促进幼儿叙事性讲述经验的获得。

(4)日常交流中的叙事性讲述

在幼儿一日生活中,许多交流环节都是幼儿叙事性讲述的好时机。例如,早上入园时问问幼儿在家里发生的事情,自由活动或区域活动时与幼儿聊聊正在做的事情,幼儿前来寻求教师帮助时请他描述事情的发生经过,进餐前让幼儿说说最近发生的趣事、新鲜事或重要事,午睡前请幼儿说说故事书的内容等。

(四) 叙事性讲述活动的价值

1. 促进幼儿认知能力的发展

认知事物是幼儿讲述活动的基础与前提。叙事性讲述时幼儿需要交代清楚角色、事件背景或前因后果等,在大脑中用准确的词汇对其进行概括。在这个过程中,幼儿不仅需要直接感知讲述对象,还需间接、概括地认识非直接感知的事物,从而提高语言概括能力和认知事物的能力。

2. 培养幼儿独白表述的能力

叙事性讲述活动中,幼儿需要独立构思讲述的内容、顺序、重点,考虑别人是否理解和怎样让别人理解自己讲述的内容等。因此,讲述活动能够帮助幼儿掌握讲述的方法,促使幼儿运用连贯、完整、清楚的语言讲述某一事物,独白表达能力逐步得到发展。如中班生活经验讲述活动"我最喜欢的季节",幼儿讲述前需要思考讲述哪一个季节,先讲什么,再讲什么,并重点讲述喜欢这个季节的原因以及用什么句子来描述这个季节等。

3. 发展幼儿的思维能力和想象力

叙事性讲述活动中,幼儿需要观察和分析事件发生的顺序、原因,领会人物在不同状态下的思想感情。如看图讲述时,图片中的人物、事物之间都有一定的因果关系或者存在前后顺序,幼儿要经过一定的分析、

[1] 姜晓燕,郭咏梅. 学前儿童语言教育(第三版)[M]. 北京:高等教育出版社,2019:142.

[2] Susan Engel. The narrative worlds of what is and what if [J]. Cognitive Development,2005:514-525.

[3] 周兢. 学前儿童语言教育[M]. 北京:高等教育出版社,2015:99-100.

推理、判断,才能了解自己所要讲述的内容,然后再组织语言,连贯地表述出来。此外,在看图讲述中,幼儿还要对画面以外的事物展开丰富联想,这也有助于培养幼儿的想象力和创造性思维能力。

4. 提升幼儿日后的阅读能力

幼儿脱离语境的口语叙事能力与其日后的阅读能力有着密切的关系。我国台湾学者张鉴如(2000)对台湾地区幼儿叙事能力所做的纵向研究发现,叙事结构较完整、叙述顺序较清楚,并会在故事中陈述自我观点和表达故事意义的幼儿,在故事理解、下定义、图片描述和中文阅读理解能力上表现较好;叙事内容简短、叙事结构不完整、叙述顺序不清楚的幼儿,在故事理解、下定义、图片描述和中文阅读理解等能力上则表现较差。这表明,幼儿脱离语境的口语叙事讲述很可能为今后直接运用抽象语言符号进行阅读活动提供了重要的经验基础。

(五) 叙事性讲述活动的发展目标

幼儿叙事性讲述核心经验可归纳为三条:使用丰富多样的词句讲述;有条理地组织讲述的内容;感知独白语言的语境。根据不同年龄段幼儿的发展水平,每条核心经验对应初始阶段、稳定阶段和拓展阶段的学习与发展目标(见表3-2)。

表3-2　叙事性讲述核心经验及发展阶段[①]

核心经验	发展阶段		
	初始阶段	稳定阶段	拓展阶段
使用丰富多样的词句讲述	· 在讲述中说出事件中相关的人、事、物名称 · 使用常见的动词讲述人、事、物之间的简单关系	· 在讲述中注意运用一些生活中习得的形象的词句 · 在讲述中使用几种不同的句式	· 运用较丰富的词句,如用不同的词句讲述相近的意思 · 概述一些细节让讲述更生动
有条理地组织讲述的内容	围绕主题讲述一些相关的内容,可能包含一两个行动事件	· 围绕主题讲述几个相关的行动事件 · 会使用常用的连接词表明事件发生的顺序	· 围绕主题讲述清楚几个行动事件及其之间的关系 · 重点详细地描述印象最深刻的行动事件
感知独白语言的语境	知道在集体面前讲述与日常谈话有所不同并愿意在集体面前讲话	· 借助于凭借物,能够围绕叙事主题进行简单构思并在集体面前讲述 · 讲述时借助一些简单的表情、动作进行形象表现	· 借助于凭借物,围绕叙事主题进行较完整的构思并在集体面前讲述 · 讲述时会表达自己的一些观点和评价以增强叙事的情感色彩

🔨 **工作过程**

◇◇◇◇◇◇◇◇◇◇◇◇◇◇◇◇◇◇◇◇◇◇ **类型一　看图讲述活动** ◇◇◇◇◇◇◇◇◇◇◇◇◇◇◇◇◇◇◇◇◇◇

(一) 活动设计

> 活动设计的主要步骤:1. 选择讲述内容;2. 确定活动目标;3. 进行活动准备;4. 构思活动过程。

步骤1　选择讲述内容

看图讲述活动的内容载体是图片,图片内容对幼儿讲述能力的发展和提高具有直接的影响。

---

① 周兢. 学前儿童语言学习与发展核心经验[M]. 南京:南京师范大学出版社,2015:80-81.

（1）选择适宜的图片

第一，选择主题健康、符合时代要求、有利于培养幼儿积极情感和发展幼儿社会性的图片内容。如小班的"小老鼠运鸡蛋"、中班的"小兔家的窗"、大班的"没有牙齿的大老虎"等，都是内容较好的图片。

第二，选择主题明确、形象突出、色彩鲜艳协调、线条清晰的图片。

第三，选择有利于培养幼儿观察力、想象力和创造力的图片，使幼儿在教师的指导下，能够联想静止画面之外的活动形象和情节，讲出事物的发展和因果关系，从而有利于促进幼儿的观察能力、思维能力和语言表达能力。

第四，教师要为不同年龄段幼儿选择适宜的图片。[①]

例如：

小班（见图 3-1）：图片主题明确，线索单一，角色不宜太多；画面大，画面中角色的动作、神态、表情明显，背景简单，色彩鲜艳，突出主要角色特征；图片篇幅少，一般为 3～4 幅。

中班（见图 3-2）：图片主题明确，线索较复杂；前后图之间要有一定的联系，角色较小班增多，形象突出，有一定的动作和表情，幼儿能从图片中了解角色的心理活动；可选择多幅图。

大班（见图 3-3）：图片主题鲜明、生动；图与图之间有一定的衔接性，画面内容能为幼儿提供想象的空间，角色的心理活动能从画面中反映出来，幼儿通过观察分析，能讲出画面上各个事物之间的相互关系；可用多幅图进行看图讲述或排图讲述。

图 3-1　小老鼠运鸡蛋[②]　　　图 3-2　小兔家的窗[③]　　　图 3-3　没有牙齿的大老虎[④]

（2）分析图片的内容

第一，理解图片内容。首先，教师要观察图片中的主要线索，如时间、地点、人物、情节（人与人、人与事、人和环境间的关系）。其次，根据画面中各人物角色之间的动态变化，揣测角色的言语对话与心理活动过程，进而在正确理解图片内容的基础上，提炼出主题思想。例如，在小班看图讲述活动"蚂蚁搬豆"中，教师先遮住第一幅图，请幼儿观察事件发生的时间、地点，然后根据情节和角色的动态发展，引导幼儿想象角色、事物之间的关系，想象蚂蚁会怎么想、怎么做，表情如何，动作是怎样的，为什么是这种表情和动作等。

第二，分析图片重难点。对于重点图片，应引导幼儿抓住图片的主题和主要情节；对于难点图片，要指导幼儿观察细节并发现图片之间的逻辑关系；对于次要图片，要确定应该讲述的内容和可以"一笔带过"的

① 周燕.幼儿园语言教育与活动指导［M］.南京：南京师范大学出版社，2018：70.
② 艾琳.幼儿园看图讲述（小班上）［M］.武汉：武汉出版社，2014：3.
③ 艾琳.幼儿园看图讲述（中班上）［M］.武汉：武汉出版社，2014：13.
④ 艾琳.幼儿园看图讲述（大班上）［M］.武汉：武汉出版社，2014：23.

内容。总体上,根据主次关系给每幅图片分配相应的讲述时间,以更好地突出重点。例如,小班看图讲述活动"蚂蚁搬豆"中共四幅图,转折点在第二幅图片"一只蚂蚁搬不动,它会怎么做呢",可根据图片内容引导幼儿重点讲述蚂蚁搬豆的方法。

第三,明确需要掌握的词句。在分析图片内容时,应考虑幼儿通过本次讲述活动,在语言培养上应达到什么新的要求。如在看图讲述活动中,幼儿已掌握了哪些词汇和句式,应引进哪些新的词汇和句式,在进一步促进幼儿语言表达方面有何新要求等。在小班看图讲述"蚂蚁搬豆"中,幼儿需掌握词汇"搬、抬、推、拉"和句子"团结就是力量"等。

步骤2 确定活动目标

教师在确定看图讲述的活动目标时,要充分考虑幼儿已有的认知水平以及讲述经验,结合具体的活动内容,以幼儿叙事性讲述核心经验的学习与发展目标为指导,从认知、能力以及情感态度三方面设定具体的活动目标。

大班看图讲述活动: 蚯蚓的日记[①]

【活动目标】

认知目标:感知理解蚯蚓日记中的内容,如时间、地点、主角、主角的动作、语言、情绪等。

能力目标:能用丰富的词汇有顺序地讲述蚯蚓日记中的事件。

情感目标:乐于富有感情色彩地在集体面前讲述。

步骤3 进行活动准备

活动准备是教学活动得以顺利、有效开展的前提,活动准备通常包括知识经验准备和物质材料准备。

(1)应重视幼儿的知识经验准备

为了充分激发幼儿在讲述时对画面之外情节的联想,在看图讲述活动前应让幼儿进行必要的经验准备,如事先阅读图画书来了解相关的知识,开展与讲述内容相关的活动,以此增加幼儿的生活经验与体验。以下是开展大班看图讲述活动"蚯蚓的日记"前幼儿所做的经验准备:

教师:开展看图讲述前,我们带领幼儿到户外种植区观察蚯蚓;接着开展了科学活动"蚯蚓的秘密",幼儿了解了蚯蚓的生活习性等;在阅读区提前投放了绘本《蚯蚓的日记》,为幼儿了解蚯蚓日记中的事件做了丰富的知识铺垫。

---

(2)物质材料准备要考虑周到、适宜

第一,教师教具准备。看图讲述活动的主体教具是图片,图片的准备可以是教师精心准备的,也可以是幼儿创作的,还可以是师幼共同设计的。除主体教具外,教师亦可提供与图画相关的视频、课件等,丰富幼儿的直观想象。

第二,幼儿学具准备。为了让幼儿在活动中更好地直观感知讲述对象,活动前,教师须根据活动内容的需要准备数量适宜的小图书、图卡以及幼儿创造性表现的游戏材料,如表演道具、头饰等。以下是开展大班看图讲述活动"蚯蚓的日记"前所做的物质准备:

教师教具:《蚯蚓的日记》大挂图四幅、课件、图画结构提示图卡、背景音乐。

幼儿学具:《蚯蚓的日记》中的事件顺序图卡。

---

① 该案例由江西省九江市委机关幼儿园岑怡、黄英老师提供。

步骤4 构思活动过程

活动过程的设计应依据选择的讲述内容和确定的活动目标进行总体构思。看图讲述的活动过程一般包括四个环节:感知理解图片内容;运用已有经验讲述;引进新的讲述经验;巩固、迁移新的讲述经验。

值得注意的是,看图讲述的前提是幼儿观察图片、理解图意,而幼儿观察图片和理解图意需要一定时间,因此通常情况下很难在一个课时内完成四个环节。建议教师根据图片内容和活动目标适当调整,可将感知理解图片内容与运用已有经验讲述作为第一课时,引进新的讲述经验与巩固、迁移讲述经验作为第二课时。

小班看图讲述活动: 蚂蚁搬豆[①]

【活动目标】

① 在按顺序观察图片的基础上理解图意,知道图中的基本情节。
② 尝试用简单、准确的语句讲述蚂蚁搬豆的过程。
③ 安静倾听,并愿意在集体面前表达。

【活动准备】

《蚂蚁搬豆》教学挂图,小图卡每人一份,蚂蚁头饰、豆豆道具,背景音乐《蚂蚁搬豆》。

【活动过程】

1. 语言导入,引发幼儿兴趣
"今天,老师请来了一位小客人,是谁呢? 我们一起来看看图片就知道了。"

2. 引导幼儿观察图片,感知理解讲述对象
(1) 出示第一幅图
师:你们看谁来了? 它看见了什么? 看看图片上发生的事情可能是什么时候、什么地点呢? 请你们猜猜小蚂蚁会怎么做呢?
(2) 出示第二幅图
师:小蚂蚁在干什么? 它搬起来了吗? 为什么? 它的表情怎么样?(见图3-4)

3. 激发幼儿帮助小蚂蚁的愿望,幼儿运用已有经验讲述
① 师:这只小蚂蚁搬不动香喷喷的豆豆,它的心情会怎样?
师幼归纳第二幅图片内容:小蚂蚁用力搬也搬不动,小蚂蚁真着急。
师:我们一起帮它想办法好吗? 如果你是小蚂蚁,你会用什么方法呢?
② 幼儿自由讨论,启发幼儿大胆想象,想出与别人不一样的方法。
③ 幼儿在集体面前表达自己的想法,教师鼓励幼儿大胆、大声、准确地表达,然后老师与其他幼儿一起分析方法的可行性与有效性。
④ (出示第三幅图)师:你们想知道小蚂蚁想了什么好办法吗? 看看这两张图片就知道了。

图3-4 《蚂蚁搬豆》插图一与插图二[②]

---

① 该案例由江西省九江市委机关幼儿园岑怡、黄英老师提供。
② 艾琳.幼儿园看图讲述(小班下)[M].武汉:武汉出版社,2014:9.

师：小蚂蚁是怎么做的？它们在干什么？

师幼归纳第三幅图片内容：小蚂蚁想了想，赶紧回洞叫上它的朋友们来帮忙。

请幼儿再次观察第三幅图片，师："小蚂蚁触角翘得高高地在说话，猜猜小蚂蚁在和它的朋友们说什么？"

⑤（出示第四幅图片）师：豆豆搬起来了吗？为什么？香喷喷的豆豆搬起来了，小蚂蚁的心情怎样？小蚂蚁会对朋友们说什么？蚂蚁朋友们帮助小蚂蚁，它们的心情怎样？

师幼归纳第四幅图片内容：看，许许多多的蚂蚁出了洞口，大家一起用力抬，终于抬起香喷喷的豆豆高兴地回家啦！（见图 3 - 5）

图 3 - 5   《蚂蚁搬豆》插图三与插图四①

4. 教师引进新的讲述经验

① 教师完整讲述图片的全部内容，并且引导幼儿一起归纳讲述思路。

师：先讲第一幅，再按顺序讲第二、三、四幅。先讲小蚂蚁发生了什么事情，再讲朋友们怎样帮助小蚂蚁，结果如何。

② 幼儿操作小图卡进行看图讲述。

师：老师为小朋友们也准备了一张图卡，请小朋友轻轻地拿起来放在桌子上。（教师注意仔细倾听，以插话、提问的方式引导幼儿的讲述思路。）

③ 请个别幼儿在集体面前准确讲述，教师围绕幼儿讲述的思路、用词的准确性进行及时评价与指导。

5. 巩固和迁移新的讲述经验

教师出示道具小蚂蚁头饰、豆豆等，请幼儿上台大胆表演并讲述。

（二） 组织指导

组织指导的步骤：5. 感知和理解图片内容；6. 运用已有经验讲述；7. 引进新的讲述经验；8. 巩固、迁移新的讲述经验。

步骤 5   感知理解图片内容

感知理解图片内容是幼儿针对图片进行讲述的前提，该步骤包括感知图片和理解图意。

（1）感知图片

感知图片即观察图片。在感知图片环节，首先，引导幼儿观察图片的画面内容，接着引导幼儿感知画外情节。其次，引导幼儿按一定顺序进行观察。观察的顺序可以是：按图片内容从上到下、从左到右、由近及远进行观察；从整体到局部进行观察；从主要情节到次要情节进行观察；从具体人物的形象、动作、表情到人物的抽象内心活动进行观察；按人物、时间、地点、事件发生发展的先后顺序进行观察。以哪种顺序观察图片，由图片内容和活动目标来决定。

（2）理解图意

教师在引导幼儿观察图片时会运用启发性的提问帮助幼儿理解图意，提问的质量将影响幼儿讲述的质量。提问的设计应遵循中心性、顺序性、启发性、针对性原则。提问一般分为四种类型。

① 描述性提问：图片上有什么？是什么样的？有谁？在做什么？是什么表情？这类问题主要指向画面外在的内容，描述画面的人物、景物、动态等，是对画面的初步的、基本的感性认识。

② 判断性提问：什么时候？在什么地方？是什么关系？怎么样？什么一样？什么不一样？这类问题

① 艾琳.幼儿园看图讲述（小班下）[M].武汉：武汉出版社，2014：9.

是综合判断性的,是在对画面分解的基础上进行综合判断。

③ 推理性提问:在想些什么? 会说什么? 像什么? 之前是怎样? 后来会怎样? 画面是无声的、静止的,要回答这些问题,需要根据对画面外在内容的分析与判断进行推想,它是由画面内容想到画外情节的讲述,是创编性、发散性的。

④ 分析性提问:为什么? 怎么知道的? 是什么道理? 这类问题是追究性的,是对分析、判断、推想的追究,是说出依据的讲述,是由表及里的讲述。

在看图讲述活动中,教师应注意先提问人物、时间、地点的信息,接着提问人物间、人物与环境的关系,最后再涉及人物心理活动方面的问题。这样的提问比较符合幼儿的认知发展特点,因而也就有助于幼儿一步步地认识、理解图片内容,并在此基础上进行讲述。

例如,在大班看图讲述活动"会想办法的乌龟"中,教师这样引导幼儿感知理解图片:

① 出示图片,引导幼儿观察讨论,了解图中发生的事,帮助幼儿进入图中情景。

师:图中有谁? 它们在什么地方? 发生了一件什么事? 结果怎么样呢?

② 幼儿初步了解图意后,教师引导幼儿仔细观察,理解图片中主要角色和次要角色的神态、动作。

师:乌龟看见狗熊来追它们,脸上露出什么样的表情? 狗熊看见了乌龟是怎么想的? 脸上有什么样的表情? 乌龟想了什么办法来对付狗熊? (见图 3-6)

图 3-6 会想办法的乌龟①

步骤 6 运用已有经验讲述

幼儿在感知理解图片之后,教师应尽量提供机会让幼儿运用自己的语言自由讲述对图片的理解。

运用已有经验讲述的主要方式是自由讲述,包括分组自由讲述、集体中自由讲述和个别自由交流讲述。第一,分组自由讲述,即根据本班幼儿的口语表达能力、个性特征等方面的差异,有针对性地将幼儿分成人数相等的几个小组(4~5 人一组或 5~6 人一组),引导幼儿以小组为单位进行自由讲述。教师在分组时应注意:每个小组中,都应有口语表达能力较强的、一般的、较弱的幼儿,从而以强带弱;个性特征等方面也要尽量做到互补。第二,集体中自由讲述,即教师请在分组自由讲述中讲得有特色的幼儿到集体中进行讲述,中、大班可以以小组为单位,每个小组推荐一名幼儿到集体中进行讲述。第三,个别自由交流讲述,可以是教师与个别幼儿之间、幼儿与幼儿之间、幼儿对着图画进行讲述。第三种讲述方式对胆小、不够自信的幼儿来说,具有特殊的教育价值。

此环节的指导要点是:第一,幼儿自由讲述前,需交代清楚讲述的要求,提醒幼儿要围绕图片并按照要求进行讲述。考虑到幼儿处于具体形象思维阶段,教师最好把抽象的要求分解成具体的做法,便于幼儿理解。第二,认真倾听,巡回指导。在幼儿讲述时,教师要仔细倾听,发现幼儿讲述的闪光点以及存在的问题,尤其要关注能力较弱幼儿的讲述。第三,积极提示,帮助幼儿厘清讲述思路。可以通过提示、提问或插话等形式,为幼儿提供线索,搭桥引路,指引幼儿思考的方向,帮助幼儿更好地讲述。

在看图讲述活动"会想办法的乌龟"中,教师引导幼儿运用已有经验讲述:

---

① 艾琳.幼儿园看图讲述(大班上)[M].武汉:武汉出版社,2014:21.

① 将幼儿分成若干组,让幼儿结伴讲述。

教师交代讲述的要求:小朋友们先整体讲述图片中的人物、时间、地点以及发生了一件什么事情,在讲述的时候小朋友还可以描述乌龟和狗熊的表情、动作。

② 请个别幼儿到集体面前讲述图片内容。

步骤7 引进新的讲述经验

此环节是看图讲述活动的重点,目的是帮助幼儿学习新的讲述经验,进一步提高讲述水平。新的讲述经验主要包括:第一,讲述的思路。教师在示范新的讲述经验时,须注重帮助幼儿厘清讲述的思路,确保讲述的条理性。如在看图讲述活动"捉迷藏"中,教师示范讲述思路——小熊来草地上干什么,后面谁来了,它们在一起做什么,发生了什么事,后来怎么样了。第二,讲述的基本要素。在看图讲述活动中,帮助幼儿认识讲述的基本要素,包括人物(动作、对话和内心感受)、时间、地点、事件。看图讲述中往往会忽视地点、人物对话和内心感受等,引进新的讲述经验时须注重加强幼儿易忽略的讲述要素,力求讲述得全面。第三,讲述的基本方法。主要是指观察、理解图片的哪些部分是重点内容,需多讲;哪部分是次要内容,可少讲。讲述的基本方法一般在中班后期开始培养。

教师引进新的讲述经验的方法大致有三种:第一,教师示范新的讲述经验。在幼儿自由讲述的基础上,教师针对同一讲述对象进行示范,供幼儿参考和模仿。第二,教师通过提示引进新的讲述经验,如通过提问、插话等方式帮助幼儿厘清讲述思路。第三,教师和幼儿一起讨论新的讲述思路。教师可以依托个别幼儿的讲述内容或思路,引发其他幼儿的讨论,与幼儿一起分析、归纳、梳理,形成新的讲述思路。[①]

例如,在看图讲述活动"会想办法的乌龟"中,教师引进了新的讲述经验:

① 教师示范完整讲述图片内容,并对比老师与小朋友讲述的不同之处,引导幼儿不仅要关注画面整体,还要描述画面细节。

② 帮助幼儿梳理讲述思路:乌龟在什么地方游玩?它们遇见了谁?心里怎么想的?狗熊到树林里干什么?它看见乌龟是怎么想的?怎么做的?乌龟怎么逃脱了狗熊的追捕?乌龟和狗熊最后怎么样了?

③ 鼓励幼儿结合图片内容为图片取名。

④ 幼儿在集体面前完整讲述图片内容。

步骤8 巩固、迁移新的讲述经验

巩固和迁移新的讲述经验的方式主要有:一是在教师完整示范讲述图片内容后,让幼儿再次分组自由讲述,给幼儿提供实际操练新经验的机会,教师应提醒幼儿运用新学的经验进行讲述;二是在活动延伸部分,通过表演游戏、亲子活动等形式,鼓励幼儿创造性地运用新的讲述经验,从而达到巩固、迁移新经验的目的。

此环节的指导要点:一是多种形式迁移新经验。在看图讲述活动中,教师可以通过更换图片的人物角色或故事场景,也可改编图片情节,亦可通过联想画面外的内容进行创造性的讲述。二是科学合理地评价。教师要紧紧围绕活动目标进行评价,有效诊断幼儿在活动中的语言以及思维能力的发展;同时,评价应体现个体差异性,不能用统一标准衡量所有幼儿;评价的主体可以是教师,也可以是幼儿。

例如,在看图讲述活动"会想办法的乌龟"中,教师这样引导幼儿巩固和迁移新的讲述经验:

教师创设情境,引导幼儿讲述"假如你是小乌龟,你还会想出什么办法呢?"鼓励幼儿运用所学讲述经验完整讲述图片内容。

[①] 周燕.幼儿园语言教育与活动指导[M].南京:南京师范大学出版社,2018:69.

（三） 活动评价①

（1）对幼儿的评价

第一，评价幼儿讲述能力的发展水平。教师在评价幼儿讲述能力的发展水平时，可以参照叙事性讲述核心经验及其发展目标评价表。例如，小班幼儿只要能将图片的主要特征描述清楚完整即可，而中、大班幼儿不但要针对图片进行充分的讲述，还要学习如何利用凭借物进行创造性的讲述。

第二，评价幼儿在讲述活动中的参与程度。幼儿参与程度主要从幼儿的注意力集中程度、情绪表现、活动持续性三方面进行。参与程度可以分为三个等级，即主动参与、一般参与、未参与。

（2）对教师的评价

在讲述活动中对教师的评价主要集中在两个方面。

第一，能否给幼儿提供规范的讲述范例。讲述活动的目的在于发展幼儿的独白语言能力，而教师是幼儿模仿的重要对象，教师的言语示范是否规范直接决定幼儿的讲述是否规范。

第二，提问是否有针对性。讲述活动的类型丰富多样，针对不同的类型，教师要采用不同的提问方式。以看图讲述活动为例，教师应根据幼儿的不同发展水平采用四种不同的提问类型（详见步骤5）。

（3）讲述活动的整体评价

对讲述活动的整体评价，可以从凭借物、活动环节、讲述形式三个方面进行评价。

类型二　情境讲述活动

（一） 活动设计

> 活动设计的主要步骤：1. 选择情境内容；2. 确定活动目标；3. 进行活动准备；4. 构思活动过程。

步骤1　选择情境内容

第一，选择情境内容。教师应本着生活性、简单性、趣味性、教育性等原则选择情境内容，即不论是情境表演、视频播放，还是动画片，其表现事件都应该基于幼儿的生活。同时，做到选择的情境内容情节简单、动作性强、人物角色较少（2～3人表演）、有适当的对话。

第二，情境呈现方式。教师可采用不同方式呈现情境以方便幼儿观察、理解、记忆。方式一：完整观看与分段回放，多用于视频或动画片播放，幼儿能够对情节先有概括的认识，然后再分段观看与讲述就比较容易。方式二：分段观看与回放，将情境表演、视频或是动画片分成若干段落呈现给幼儿，可以帮助幼儿一部分一部分地解决理解上的难点，也可方便幼儿先讲述小的片段，然后将小的片段连起来讲述。方式三：采取"消声"观看的方式，在播放视频或动画片时把声音关掉，或是选取没有台词的动画片，使得幼儿在观看时能够把注意力集中在对画面的观察上，依据自己的理解，通过配音的方式进行讲述，既有趣又有挑战性。

步骤2　确定活动目标

教师在确定情境讲述的活动目标时，要充分考虑幼儿已有的认知水平以及讲述经验，结合具体的活动内容，以幼儿叙事性讲述核心经验的学习与发展目标为指导，从认知、能力以及情感态度三方面设定具体的活动目标。

> **大班情境讲述活动： 谁来帮帮我**②
>
> 【活动目标】
>
> 认知目标：在熟悉表演内容的基础上，领会表演的主题"保护环境，热爱自然"。

---

① 此处"活动评价"的内容适用于其他讲述活动类型。
② 该案例由江西省九江市委机关幼儿园史欣玉、程娟老师提供。

　　能力目标：幼儿观察角色的动态表情，并能用恰当的词句连贯地讲述表演内容。

　　情感目标：乐于在集体面前自然大方地讲述表演内容。

步骤3　进行活动准备

活动准备是教学活动得以顺利、有效开展的前提，活动准备通常包括知识经验准备和物质环境准备。

（1）应重视幼儿的知识经验准备

为了幼儿更好地理解活动中的情境，教师可以在活动前让幼儿进行必要的经验准备，如事先阅读图画书来了解相关的知识，开展与讲述内容相关的活动，以此增加幼儿的生活经验与体验。例如，开展大班情境讲述活动"老鼠嫁女"前，教师请幼儿阅读绘本《老鼠嫁女》，并请幼儿与家长一起查阅资料，通过视频、图片、实物等形式让幼儿了解中国的嫁娶习俗。

（2）物质材料准备要考虑周到、适宜

情境讲述活动的主体材料是情境，分录制的情境视频和现场情境表演两种。

第一，录制的情境视频。根据活动内容选择适宜的、有针对性的情境视频，如一段情境事件、动画片段等；所选视频必须画面清晰、声音清楚，便于幼儿整体把握情境；可以是教师选择的视频，也可以是幼儿推荐的视频。

第二，现场情境表演。现场情境表演的准备工作包括组织排练和准备道具。

组织排练。现场情境表演需要经过多次排练，重点表演角色的动作、神态和对话，表演的质量直接影响讲述的结果。表演形式可以是教师表演、幼儿表演、师生合演、木偶表演。

准备道具。情境表演排练好后，还要布置表演场景和准备表演道具。真实的表演场景、生动的人物装扮、逼真的道具模型都能够使情境表演达到生动直观、引人入胜的效果。

步骤4　构思活动过程

活动过程的设计应依据选择的讲述内容和确定的活动目标进行总体构思。情境讲述的活动过程一般为：感知、理解讲述对象；运用已有经验讲述；建立新的讲述经验；巩固、迁移新的讲述经验。

（二）组织指导

　　组织指导的步骤：5. 感知、理解讲述对象；6. 运用已有经验讲述；7. 建立新的讲述经验；8. 巩固、迁移新的讲述经验。

小班情境讲述活动方案"熊先生生病了"[①]

步骤5　感知、理解讲述对象

在感知、理解讲述对象环节，首先，教师介绍角色、场景，引起幼儿的兴趣。在情境讲述开始时，教师用富有吸引力的语言介绍表演的内容、场景、主要人物和情节，引起幼儿观看的兴趣，提醒幼儿重点关注表演者的表情、动作和对话，以便在观看后讲述。其次，幼儿观看表演。要求表演者面向全体幼儿，语速适中，根据具体情况采用完整表演或分段表演的形式。最后，教师根据表演内容提问。可以按照表演的人物、地点、事件进行提问，也可以从角色的动作、对话、心理变化等方面提问。

　　在大班情境讲述活动"老鼠嫁女"中，教师先引导幼儿感知理解讲述对象。

　　①播放课件，介绍主角。

　　师：今天的新娘是谁？新娘的名字叫"美叮当"，她是老鼠村村长的女儿，长得很漂亮。村里的小伙都想娶她当新娘，可是，村长想让她嫁给世界上最强的新郎，到底选谁做新郎呢？

　　②幼儿观看情境表演（见图3-7）。

图3-7 木偶表演"老鼠嫁女"①

师：村长想给女儿找个最强的新郎，他先后找了谁？（教师根据幼儿的回答将相应的"新郎"图片贴在黑板上。）

师：你们觉得谁最强？为什么？（教师带领幼儿体会动词"照、遮、吹、挡、打洞、抓"的不同。）

师：最后谁是新郎？为什么是他？

步骤6　运用已有经验讲述

首先，教师可以采用提问的方式引导幼儿运用已有经验讲述表演内容；其次，幼儿要根据观察到的表演内容，有顺序地组织讲述语言，这样的讲述既易于幼儿接受，又可以让幼儿的逻辑思维能力得到训练。

例如，在情境讲述活动"老鼠嫁女"中，教师这样引导幼儿运用已有经验讲述：

① 请幼儿两两结伴讲述。

要求：两人轮流讲述；按顺序讲清楚谁比谁强；可以将学到的动词用到讲述里。

② 请幼儿看着黑板上的线索图，在集体面前有顺序地讲述。

步骤7　建立新的讲述经验

教师可以完整连贯地示范讲述，帮助幼儿建立新的讲述经验；教师也可以根据幼儿的讲述情况，围绕表演情节再提出一些线索性的问题，启发幼儿思考和想象，丰富并完善幼儿的讲述内容。

例如，在情境讲述活动"老鼠嫁女"中，教师这样帮助幼儿建立新的讲述经验：

① 刚才请小朋友上台讲述了表演内容，现在老师来分享。

师：刚刚老师讲的和前面小朋友讲的有哪些地方不同呢？

② 幼儿比较老师与自己讲述的不同之处。

步骤8　巩固、迁移新的讲述经验

教师可以变换情境表演中的场景或角色的对话、动作、神态等，让幼儿重新观看表演，然后引导幼儿再用上述类似的讲述经验进行迁移讲述，从而提高幼儿思维的灵活性。如果幼儿的生活经验比较丰富，还可以让幼儿根据自己的理解自编自演，进一步发展幼儿的讲述能力和表演能力。

（三）活动评价

情境讲述活动的活动评价同其他讲述活动类似，主要是对幼儿的评价、对幼儿教师的评价、对讲述活

① 图片来源于江西省九江职业大学学前教育专业学生实训作品。

动整体的评价。

◇◇◇◇◇◇◇◇◇◇◇◇◇◇◇◇◇◇◇◇ 类型三　生活经验讲述活动 ◇◇◇◇◇◇◇◇◇◇◇◇◇◇◇◇◇◇◇◇

（一）活动设计

> 活动设计的主要步骤：1. 选择讲述主题；2. 确定活动目标；3. 进行活动准备；4. 构思活动过程。

步骤1　选择讲述主题

第一，生活经验讲述的主题必须是幼儿熟悉的、亲身体验或经历过的，如参观、旅游、游戏等。

第二，主题应具有新鲜感，能引起幼儿的兴趣，能调动幼儿参与的积极性，如"祖国妈妈七十岁"。

第三，主题是幼儿在生活中共同关心的内容，能引发幼儿的共鸣，可以是幼儿共同经历过的事情或个人生活中有趣的事情，如"春游""走进图书馆"等。

第四，主题要具体。一般是围绕某些事、某个人、某项活动进行的讲述，如"快乐的六一""夸夸我的好妈妈"等。

步骤2　确定活动目标

教师在确定生活经验讲述的活动目标时，要充分考虑幼儿已有的认知水平以及讲述经验，结合具体的活动内容，以幼儿叙事性讲述核心经验的学习与发展目标为指导，从认知、能力以及情感态度三方面设定具体的活动目标。

> **大班生活经验讲述活动：生日愿望**[①]
>
> 【活动目标】
>
> 认知目标：知道身体健康、平安快乐等表达生日愿望的话语。
>
> 能力目标：能够用连贯的语句在集体面前讲述自己的生日愿望。
>
> 情感目标：乐于在集体面前表达自己的心愿。

步骤3　进行活动准备

在生活经验讲述活动前，教师应事先了解幼儿对所选主题的生活经验和词语积累情况，以及幼儿对该主题的看法和态度。教师可以提前把题目告诉幼儿，让幼儿做好讲述准备；同时可根据本班幼儿的发展水平，预约个别幼儿发言。例如，有的幼儿生活经验比较丰富，可以先预约发言；有的幼儿胆子较小或语言表达较弱，可适当引导幼儿先把意思表达清楚，再鼓励其大胆讲述。

需要注意的是，教师事先预约发言的幼儿必须是该幼儿讲述自己的话，切不可教幼儿背诵教师或是家长代为准备的发言。

步骤4　构思活动过程

生活经验讲述活动的过程一般是：感知、理解讲述对象；运用已有经验讲述；建立新的讲述经验；巩固和迁移新的讲述经验。同时，鼓励教师围绕活动目标创造性地构思活动过程。

（二）组织指导

> 组织指导的步骤：5. 感知、理解讲述对象；6. 运用已有经验讲述；7. 建立新的讲述经验；8. 巩固和迁移新的讲述经验。

大班生活经验讲述活动方案"我最喜欢的活动区"[②]

---

① 该案例由江西省九江市委机关幼儿园刘颖、杨倩老师提供。

② 该案例由江西省九江市委机关幼儿园杨倩、刘颖老师提供。

步骤5 感知、理解讲述对象

感知理解讲述对象旨在通过有趣生动的形式,唤起幼儿生活中相似的记忆,激发幼儿讲述的兴趣。为此,教师可通过谈话、出示相关的教具,或创设生动的情境,引出讲述的主题。

引出讲述主题后,教师可通过提问启发幼儿从多角度感知、理解讲述对象。教师的提问要具体明确,内容要完整清楚,可按照事情发生发展的顺序引导幼儿对讲述对象进行充分、细致的观察。

在大班生活经验讲述活动"超市购物"中(见图3-8),教师这样引导幼儿感知理解讲述对象:

图3-8 超市购物①

教师出示家乐福超市的标志,引导幼儿回忆购物的经历:这是什么地方的标志?你去过家乐福吗?和谁一起去的?购物时要怎么做?

步骤6 运用已有经验讲述

首先,教师交代清楚讲述的要求,如按照某种顺序来讲述,或讲述时要具体生动,或要求清楚地表达自己的态度和情感。

其次,幼儿运用已有经验讲述时,教师应注意倾听每位幼儿的讲述,着重指导幼儿讲述的完整性、逻辑性、连贯性。对于讲述思路不清晰的幼儿,教师可通过插话、提问等方式帮助幼儿具体、清晰地讲述一件生活中的事。

在生活经验讲述活动"超市购物"中,教师这样引导幼儿运用已有经验讲述:

① 幼儿组内自由结伴讲述,要求认真倾听他人讲述,能够做到轮流讲述。
② 教师巡视并倾听幼儿讲述,适时提供帮助。

步骤7 建立新的讲述经验

教师的示范有助于幼儿获得新的讲述经验。在示范性讲述中,教师要做到:明确交代时间、地点、人物、事件,重点在人物活动和事件的发展上;示范要简洁、明了、生动有趣,引起幼儿的兴趣和共鸣。示范性讲述可以放在幼儿讲述之前,便于激发幼儿发言的积极性;也可以放在启发提问之后,通过提问引导幼儿理解教师是怎样组织讲述内容的。例如,"老师刚才讲了一件什么事情?它发生在什么地方?什么时间?有什么人?他们做了什么?"

对于已经掌握讲述方法的班级,教师不必提供讲述范本,以免幼儿受到教师示范的影响,限制了创造力和想象力。

---

① 图片来源于江西省九江市修水县中心幼儿园。

在生活经验讲述活动"超市购物"中,教师通过示范帮助幼儿建立新的讲述经验:

师:前几天,老师也去了家乐福超市购物,下面我来说说我的购物经历。

① 教师一边讲述一边在画板上以"流程图"的形式画出自己的购物经历。

② 利用图画的形式,直观形象地帮助幼儿梳理讲述思路。

步骤8　巩固和迁移新的讲述经验

为了使幼儿更好地掌握生活经验讲述的思路和方法,在每一次讲述活动的结束部分,教师可以采取其他生动活泼的形式,让幼儿巩固和迁移新的讲述经验。

在生活经验讲述活动"超市购物"中,教师这样引导幼儿巩固和迁移新的讲述经验:

① 教师出示讲述线索,提出讲述要求:你和谁一起去超市购物? 什么时间,去了哪个超市? 说说逛超市的具体经过,在哪个区买了什么? 逛超市过程中发生了什么事? 你是怎么解决的? 你当时逛超市的心情怎么样?

② 幼儿上台讲述自己的购物经历。

(三) 活动评价

生活经验讲述活动的活动评价同其他讲述活动类似,主要是对幼儿的评价、对幼儿教师的评价、对讲述活动整体的评价。

案例分析

案例一　中班看图讲述活动: 小松鼠的大尾巴

设计者:岑怡 黄英 江西省九江市委机关幼儿园

执教者:黄英　江西省九江市委机关幼儿园

【设计意图】

《小松鼠的大尾巴》是一篇深受幼儿喜欢的散文,文字间洋溢着欢快热烈的气氛和充满关爱的情感基调。老师在查找散文资料的过程中找到了四幅图画,图画主题明确、形象突出,利于发展幼儿的观察、思维和语言能力,于是生成了本次看图讲述活动。

【活动目标】

① 知道小松鼠尾巴的特点和作用。

② 能根据图片内容以及教师的语言提示,完整讲述画面的主要内容。

③ 愿意帮助别人,体验帮助别人的快乐。

【活动准备】

PPT 图片四幅,角色及对话框贴图,松鼠头饰和松鼠大尾巴道具,小鸡、小蜗牛和小兔子头饰,背景音乐《帮助别人真快乐》。

【活动过程】

1. 谜语导入,引起幼儿兴趣

① 教师提出谜语,引出话题。

师:"尾巴大得像扇子,窜来窜去采果子。夏天树上来乘凉,到了冬天洞里藏。"请小朋友猜猜是什么动物?

揭晓谜底:小松鼠(出示小松鼠图片)。

② 师幼讨论小松鼠尾巴的特点和作用。

师:小松鼠有一条毛茸茸的大尾巴,你们觉得小松鼠的大尾巴像什么?

师:小朋友,你们知道小松鼠的尾巴有什么作用吗?

③ 鼓励幼儿大胆地讲述自己知道的小松鼠大尾巴的作用。

④ 教师根据幼儿的回答进行小结。

师:原来小松鼠的尾巴有那么多的作用,今天让我们一起来看看图画中的小松鼠用它的尾巴做了什么事。

图 3-9 《小松鼠的大尾巴》插图一①

2. 出示插图一(见图3-9),感知、理解图片内容

① 教师引导幼儿整体观察,理解图3-9的内容。

师:小朋友们,在图片中,你们看到了什么?

师:有小朋友看到漂亮的小花,请问这些漂亮的小花是什么季节开放的? 图中的天气怎么样? 你是怎么看出来的?

② 教师有针对性地提问。

师:小松鼠遇见了谁? 小鸡它怎么了?(引导幼儿看图感受小鸡被淋湿的状态,感知理解画面的基本内容。)

③ 教师开放性地提问。

师:小松鼠为什么帮助小鸡挡雨? 你们觉得小鸡的心情怎么样? 为什么很开心?(引导幼儿看图感受小松鼠热心助人的品行,判断、猜想画面的深层内容。)

小结:接受别人的帮助很开心,遇到小松鼠这么热心的小动物是一件很温暖的事情。

3. 出示插图二(见图3-10),幼儿继续理解图片内容

① 引导幼儿整体观察,理解图中内容。

师:在图中,你们又看到了什么?

师:图中太阳是怎么样的? 看到这么大的太阳你们有什么感觉? 什么季节到了?

② 教师引导性地提醒幼儿观察小蜗牛,理解图中情节。

师:看看谁热出了汗? 小松鼠在干什么呢?

③ 教师请幼儿联想图3-9的内容,引导幼儿完整讲述图3-10的情节。

图 3-10 《小松鼠的大尾巴》插图二

4. 出示插图三(见图3-11),幼儿根据已有经验自由讲述插图三的画面

① 出示图3-11,请幼儿用自己的语言自由讲述图中的主要情节。

② 幼儿在教师的语言提示下到台前讲述图中情节。讲述时,教师须注重引导幼儿不仅要关注画面内容,也要讲述画外情节,如接受他人帮助和帮助别人的感受。

---

① 《小松鼠的大尾巴》组图由江西省九江职业大学学前教育学院18学前5班向苗苗绘制。

图 3-11 《小松鼠的大尾巴》插图三

图 3-12 《小松鼠的大尾巴》插图四

③ 幼儿把插图一、插图二和插图三的内容完整串联起来讲述。

5. 出示插图四(见图 3-12),幼儿观察图中情节,建立新的讲述经验

① 师幼回顾导入的谜语,启发幼儿讲述。

师:我们在猜谜语的时候就描述过小松鼠,"尾巴大得像扇子,窜来窜去采果子。夏天树上来乘凉,到了冬天洞里藏"。那么,冬天来临了,天气冷了,小松鼠要藏到洞里,小松鼠会用它的大尾巴来干什么呢?

② 观察插图四,鼓励幼儿讲述小松鼠在冬天用自己的大尾巴当被子盖身体的情节。

③ 教师出示角色及对话框贴图(见图 3-13),进行示范讲述,一边讲述一边指点相应图示,帮助幼儿一起归纳讲述思路。

教师示范:春天,小松鼠出门去,看见小鸡被雨淋湿了。小松鼠说:"小鸡,我来帮助你吧!"小松鼠用大尾巴帮小鸡挡雨,小鸡非常开心,小松鼠帮助了别人自己也很开心。

图 3-13 角色及对话框贴图

④ 请个别幼儿在集体面前完整讲述,教师围绕幼儿语言的完整性、讲述的思路、用词的准确性进行及时评价与指导。

6. 巩固和迁移新的讲述经验

教师播放背景音乐《帮助别人真快乐》,并出示松鼠头饰和松鼠大尾巴道具,小鸡、小蜗牛和小兔子头饰等,幼儿戴上头饰上台大胆讲述图中情节。

【活动延伸】

将图片投放至表演区,幼儿利用剪纸皮影表演并讲述图片内容。

中班看图讲述活动视频"小松鼠的大尾巴"

【活动评析】

1. 活动目标指向看图讲述核心经验

在本活动中教师关注的是幼儿"有条理地组织讲述内容"这一核心经验,同时依据中班幼儿的年龄特点,教师让幼儿通过逐幅观察理解图片,围绕主题讲述几个相关的行动事件,逐步过渡到完整讲述。

2. 支架搭建,让幼儿有据可讲

首先是教师善于追问,通过一连串的问题引导幼儿细致地观察理解图片内容;其次是教师提供角色及对话框贴图,为幼儿的讲述提供可见的线索。

3. 层层递进,让幼儿有备而讲

首先在观察的方法上,教师重点引导幼儿观察插图一,从整体到局部再到心理过程,引导幼儿将此方法运用到观察后面的图片中;其次在讲述的方式上,从插图一主要让幼儿运用已有经验讲述,到插图二的完整讲述,到插图三将前三幅图串起来讲述,再到插图四引入新的讲述经验,有利于幼儿逐步递增新的讲述经验。

整个活动中,需要注意的是教师在四个季节变化的引导上,如何更明显地体现季节特点,须再探索。

案例二　中班情境讲述活动：三只小猪

设计者：程娟　史欣玉　江西省九江市委机关幼儿园
执教者：程娟　江西省九江市委机关幼儿园

【设计意图】

绘本《三只小猪》是本学期幼儿反复接触的文学作品,教师在语言区投放了此绘本,并借助绘本内容改编成了幼儿表演游戏,幼儿经常在表演区借助服装、道具进行表演。经过多次的表演,教师发现幼儿的语言组织能力和表达能力都有很大的进步,但也发现幼儿在讲述时,条理性不够清晰,经常漏讲某些环节。基于此,教师多次排练表演,生成了此次情境讲述活动,幼儿被这种情境表演与语言讲述的形式深深地吸引了。

【活动目标】

① 了解观看表演、讲述情境内容的方法。
② 能够认真地观看表演并有序地讲述"三只小猪盖房子"的情境内容。
③ 体验情境表演与语言讲述相结合的形式乐趣。

【活动准备】

稻草房子、木头房子、砖头房子的道具;小猪的服装三套、猪妈妈服装一套、大灰狼服装一套;选好表演情景剧的老师,并提前排练《三只小猪》的情境内容(一位老师扮演猪妈妈,三位老师分别扮演三只小猪,一位老师扮演大灰狼)。

【活动过程】

1. 谈话导入,激起幼儿兴趣

师:小朋友们,我给你们带来了三位朋友,先来认识一下它们(三只小猪)。今天三只小猪要到我们班上表演情景剧,你们都是非常棒的小观众,小观众们应该怎么做呢?

2. 分段观看情境表演,幼儿自由讲述

① 幼儿观看情境表演第一段:三只小猪离开妈妈各自去盖房子(猪妈妈、三只小猪上场,表演第一段情境)。

表演结束,教师提问:在这一段情境中猪妈妈说了什么? 小猪们是怎么做的呢?

引导幼儿自由讲述,重点指导幼儿讲述清楚猪妈妈和三只小猪的对话,并请一名幼儿到台前讲述情境表演第一段内容。

② 幼儿观看情境表演第二段:三只小猪盖房子(三只小猪上场,表演盖房子的情境,见图3-14)。

图3-14 情境表演"三只小猪"①

表演结束,教师提问:老大用什么材料盖房子? 花了多长时间? 老二用什么材料盖房子? 花了多长时间? 老三用什么材料盖房子? 花了多长时间?

引导幼儿自由讲述,重点指导幼儿有序地讲述三只小猪盖房子的过程,并请一名幼儿到台前讲述情境表演第二段内容。

③ 幼儿观看情境表演第三段:大灰狼来了(大灰狼上场,表演想要吃掉三只小猪的情境)。

表演结束,教师提问:房子盖好后,谁来了? 老大的房子怎样了? 它怎么办? 老二的房子怎样了? 它们怎么办? 最后它们躲在谁的房子里? 结果怎么样?

引导幼儿自由讲述,重点指导幼儿有序地讲述大灰狼想要吃掉三只小猪,三只小猪如何应对的过程,并请一名幼儿到台前讲述情境表演第三段内容。

3. 围绕整体情境内容讲述,教师逐个进行指导

① 引导幼儿回忆整个表演情境并且讲述情境内容。

② 教师巡回倾听并指导,了解并记录幼儿的讲述思路与方式。

4. 引进新的讲述经验,丰富讲述内容

① 围绕表演情境提出更多线索性的问题,丰富完善情境讲述的内容。

② 教师示范讲述情境内容,注重情境过程顺序及情境中角色所说、所做、所想。

5. 巩固和迁移新的讲述经验

教师指导幼儿用情境中的对话进行角色表演,并讲述情境内容。

【活动评析】

1. 选择适宜的情境讲述凭借物

本次情境讲述的对象改编于幼儿十分喜爱的故事《三只小猪》,情境内容非常符合生活性、简单性、趣味性和教育性的特点,能充分引起幼儿观看的兴趣,并能较好地引发幼儿的联想与想象,有利于幼儿的理解与记忆。

中班情境讲述
活动视频"三
只小猪"

————————
① 图片来源于江西省九江市委机关幼儿园。

2. 情境呈现的方式符合中班幼儿的年龄特点

在情境呈现的方式上,教师采取分段表演的方式,幼儿一段一段地观看、理解并讲述,然后再连起来讲述,从而避免了幼儿由于记忆障碍而无法顺利讲述这一问题。在分段讲述的基础上,幼儿对情境内容与新的讲述经验逐渐熟悉,从而在最后的情境表演中也能充分地表现自己的讲述水平。

3. 幼儿对情境内容的拓展性讲述须加强

在情境讲述中,教师可以引导幼儿丰富讲述内容,如拓展情境中角色的表情、神态、动作、心理过程等,从而拓宽幼儿的讲述经验。

案例三 大班生活经验讲述活动:旅游见闻

设计者:杨倩 刘颖 江西省九江市委机关幼儿园
执教者:刘颖 江西省九江市委机关幼儿园

【设计意图】

经过一个长长的暑假,小朋友们回到了幼儿园。暑期旅行是幼儿特别感兴趣的话题,他们会从谈论去哪里旅行,聊到游玩中遇到的各种趣事。

《指南》中提出,5～6 岁幼儿"能有序、连贯、清楚地讲述一件事情""能结合情境理解一些表示因果、假设等相对复杂的句子"。旅游见闻是幼儿有一定生活经验,同时又能有效发展其讲述能力的一个话题,非常适合在大班开展。

【活动目标】

① 了解讲述生活中一件事情的方法。
② 能有重点地讲述印象最深刻的旅游地点及旅行趣事。
③ 乐意把自己的旅游见闻在集体面前讲述。

【活动准备】

① 收集幼儿和家人外出旅行的照片或视频。
② 每位幼儿准备一张自己印象最深刻的旅行地点图片。
③ 收集幼儿在景点购买的纪念品或土特产等。

【活动过程】

1. 生活情境导入

播放幼儿与家人旅游的图片或视频,引发幼儿对旅游的回忆。

师:小朋友们,这图上都有谁? 你们在哪里旅游? 旅行中你都看到了什么? 发生了哪些让你印象深刻的事情呢?

2. 自由讲述旅游见闻

① 幼儿自由讲述。幼儿与同伴自由讲述自己去的旅游地点以及旅游中遇到的一些趣事。

② 教师倾听幼儿的讲述,了解幼儿的旅行经历,并重点记录幼儿讲述时使用的词句和讲述内容的组织方式。

③ 请个别有代表性的幼儿在集体面前讲述自己的旅游见闻(见图 3-15)。

3. 建立新的讲述经验

① 教师介绍自己的旅游经历,示范讲述。

② 教师引导幼儿梳理讲述一件生活中事情的方法。

你到哪里旅游的? 你觉得印象最深刻的事情是什么? 这件事情发生在什么时间? 什么地点? 经过是

图 3-15　幼儿自由讲述"旅游见闻"①

什么？后来怎么样呢？你为什么觉得这件事情让你印象最深？

③ 请幼儿讲述自己的旅游经历。请幼儿将准备好的旅游图片以及旅游时购买的纪念品或土特产等在同伴间展示，并有重点地讲述自己印象最深刻的一件旅游趣事。

④ 教师围绕幼儿用词的准确性、讲述的思路、语言的完整性进行及时评价与指导。

4. 巩固和迁移讲述经验

师：九江有美丽的旅游景点庐山，今天，老师就带着大家通过视频（或图片）的形式重游庐山吧！

① 观看风景旅游视频（或 PPT 图片），师幼共同讨论旅游行程路线。

② 做小小旅行家。每到一个景点，停下来，有重点地讲述自己游庐山时的经历。讲述完，同伴可以根据旅游经验对该幼儿的讲述进行补充，丰富和拓展讲述内容。

【活动延伸】

收集有关幼儿旅游的其他景点的图片投放至语言区，供幼儿讲述。

【活动评析】

大班生活经验
讲述活动视频
"旅游见闻"

1. 讲述对象新鲜有趣

教师结合大班幼儿的年龄特点，选取了幼儿最近热议、感兴趣的话题，活动前收集了幼儿旅游的视频或图片、旅游纪念品等，在导入环节请幼儿自由讲述自己的旅游趣事，讲述氛围浓烈。

2. 立足幼儿讲述能力的发展

采用教师示范讲述、幼儿讨论的方式，帮助幼儿梳理讲述一件生活中事件的方法，每位幼儿讲述完教师都帮其梳理讲述的思路，并重点围绕印象最深刻的事情讲述。

3. 采用情境游戏的方式巩固讲述经验

在情境游戏中幼儿讨论行程路线并模拟"小小旅行家"，在熟悉的情境中巩固讲述生活中一件事情的方法。

✏ 项目实践

（一）实训项目

每组设计一个叙事性讲述活动，可以是看图讲述、情境讲述、生活经验讲述，根据选择的内容设计活动方案并组织模拟试教。

① 图片来源于江西省九江市委机关幼儿园。

表3-3 叙事性讲述活动设计与组织评分表(总分100分)

班级_____组员_____活动名称_____总得分_____

项 目	评 分 内 容	分值	得分
方案设计	讲述活动内容选择合理	10	
	活动目标合理,准确反映幼儿年龄特点和叙事性讲述核心经验	10	
	活动准备内容详实、科学	5	
	活动过程步骤清晰,层层递进	15	
现场组织	试教场地布置合理	10	
	讲述活动的教学具准备适宜	10	
	讲述活动过程组织完整、有序、高效	30	
反思总结	反思总结内容到位,表述清晰	10	

(二) 模拟演练

1. 多选题。

(1) 根据凭借物的特点,以下属于叙事性讲述活动类型的是( )。

A. 看图讲述 B. 情境讲述

C. 生活经验讲述 D. 续编故事

(2) 儿童叙事性讲述核心经验包括( )。

A. 使用丰富多样的词句讲述 B. 有条理地组织讲述的内容

C. 感知独白语言的语境 D. 能够使用客观准确的词句

2. 请根据下图设计一个小班看图讲述活动"小鸡和小鸭"(见图3-16①)。

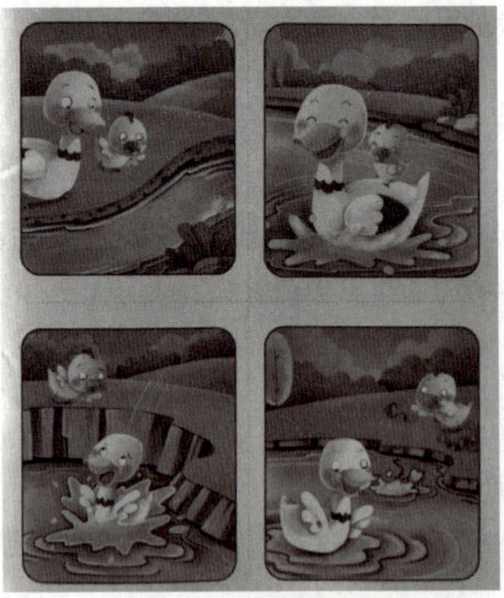

图3-16 小鸡和小鸭

(三) 课外研读

1. 周兢.学前儿童语言学习与发展核心经验[M].南京:南京师范大学出版社,2015.

2. 李林慧.幼儿叙事性讲述的核心经验与教育指导策略[J].幼儿教育,2014(1):23-25.

① 艾琳.幼儿园看图讲述(小班上)[M].武汉:武汉出版社,2014:9.

子项目二 幼儿说明性讲述活动

活动认知

（一）说明性讲述活动的内涵

说明性讲述活动是指用简洁明了、规范准确的独白语言，解释与说明事物的特征、功用或操作过程的语言教育活动。说明性讲述较少使用生动形象的形容词，讲述时不需要丰富的感情色彩，而是从客观的角度表述明白事物的状态，交代清楚事物的特点、来源或操作过程。[①]

（二）说明性讲述活动的特征

1. 语言要求客观、简洁、规范、准确

说明性讲述活动中并不要求幼儿使用生动形象的语言，而是要求幼儿使用客观、简洁、规范、准确的语言进行表达。为了更直观地了解说明性讲述活动的语言特点，下面通过两位幼儿讲述"苹果"的例子来对比说明。

> 幼儿1：苹果外面有一层皮，中间是肉肉，里面有一个芯子，上面有一根杆子。
>
> 幼儿2：苹果由果皮、果肉、果核、果柄组成。

幼儿1使用了生动形象的词汇，属于叙事性语言，常见于叙事性的书面语言或讲述语言中；幼儿2使用了简洁明了、规范准确以及客观平实的词汇，属于说明性语言，常用于说明性的书面语言或讲述语言中。

2. 表述要求条理清晰、结构有序、重点突出

说明性讲述活动中的表述，首先要求条理清晰，即内容表述条理分明、层次清晰。如幼儿讲述海豚时，可引导其条理清晰地讲述海豚的外形特征、生活环境、喜好等。其次要求结构有序，即按照一定的结构顺序进行讲述。如幼儿讲述海豚的外形特征时，可以按照海豚身体从头部到尾部的顺序一一讲述。最后要求重点突出，即分主次、详略得当地讲述。如讲述海豚时，可以将海豚的外形特征作为讲述的重点，生活环境和喜好作为讲述的次要部分。幼儿在说明性讲述活动的学习过程中，能够逐步做到从有内容地表述到有顺序地表述，最后发展到有重点地表述。为了更直观地呈现说明性表述的要求，下面呈现一个大班幼儿参观小学教学楼后的表述。

> 幼儿：我参观的是华明小学的"启航楼"，这栋楼一共有四层，每一层有八间教室，每间教室里都有讲台、黑板、桌椅。"启航楼"的外墙上有一个钟表，它是圆形的，用来记录时间。

3. 重心是锻炼幼儿的独白语言

说明性讲述活动中使用的是独白性的语言，它要求幼儿按照说明性讲述的语言特点和内容组织方式独立构思，并且独自完成一段完整的话语（见图3-17）。值得注意的是，说明性独白语言与叙事性独白语言不同。叙事性独白语言与日常生活中的口头语言较为接近，幼儿接触的机会也较多；而说明性独白语言使用的场合较少，幼儿很少依赖情境线索讲述，讲述难度较大。因此，在说明性讲述活动中，教师的启发、

[①] 周兢. 学前儿童语言学习与发展核心经验[M]. 南京：南京师范大学出版社，2015：99.

引导和适时恰当的提示,对幼儿顺利完成独白讲述显得至关重要。[1] 以下是中班幼儿在讲述"苹果"时教师的提示与引导,教师既引导了幼儿讲述的内容,又对内容的组织提出了具体的要求。

> 师(在大屏幕上展示一个从中间纵向剖开的苹果图片):苹果的外面是什么?中间是什么?里面是什么?谁来说说看?按照从外到里的顺序说说看。

图 3-17　说明性讲述活动现场[2]

(三) 说明性讲述活动的类型

从不同的语言运用情境来说,幼儿园说明性讲述活动可分为两种类型:一种是正式的说明性讲述活动,另一种是非正式的说明性讲述活动。

1. 正式的说明性讲述活动

正式的说明性讲述活动是教师根据预先选择的讲述内容以及设计的活动方案,有目的地组织幼儿进行的集体教育活动。正式的说明性讲述活动有其独特的语言特点和内容组织方式,因此难度较大,通常适合在中、大班开展。

2. 非正式的说明性讲述活动

除正式的说明性讲述活动外,在幼儿园的一日活动中都可以创设机会来发展幼儿的说明性讲述能力。

（1）其他教学活动中的说明性讲述

图 3-18　图画书《海豚》

说明性讲述经验除了通过讲述活动获得外,还可以通过其他教学活动促进这类核心经验的形成,此处重点介绍科学知识类图画书阅读活动和科学探索活动中的说明性讲述。幼儿在阅读科学知识类图画书的过程中,不仅可以获得科学知识,同时也能提高其说明性讲述能力。[3] 首先,科学知识类图画书可以丰富幼儿的说明性词句,如图画书《海豚》介绍了海豚的种类、数量、大小、游泳的动作等,幼儿积累了大量的说明性词汇(见图 3-18);在图画书《小瓢虫》中,幼儿积累了翅鞘、卵、幼虫、蛹等相关的科学性词汇。其次,科学知识类图画书可以帮助幼儿直观地理解说明性讲述的内容组织方式,如在图画书《大自然的珍贵礼物》中,幼儿可以借助直观形象的植物结构图,按照图画呈现的空

---

① 姜晓燕,郭咏梅.学前儿童语言教育(第三版)[M].北京:高等教育出版社,2019:136.

② 图片来源于江西省九江市委机关幼儿园。

③ 郑晓峰.科学知识类图画书阅读对幼儿说明性讲述能力的影响——以大班阅读《大豆! 变身!》活动为例[J].幼儿教育研究,2019(5):29-31.

间位置顺序进行讲述。

在科学探索活动中,幼儿可以边操作边讲述,也可以先操作再讲述,还可以讲述后再操作。如中班科学活动"转动"中,幼儿先操作材料再讲述:"我用扭的方法让方形的积木转起来了。"幼儿在探索和体验的基础上,使用了扭、搓、转、跑、吹、拍、拧、搅拌等不同的动词准确地表达了自己的探索经验,提升了说明性讲述能力。

（2）生活活动中的说明性讲述

幼儿园一日生活环节中存在大量的说明性讲述的时机。如晨间谈话时,幼儿可以用简洁规范的词句讲述最近观察记录的教室气温变化;晨间锻炼时,幼儿用有序的语句讲述体操的动作或投球的规范方式等;盥洗环节,幼儿边洗手边讲述"七步洗手法"等;进餐环节后,幼儿讲述食品的制作方法;午睡环节,幼儿讲述穿脱衣服、鞋子的基本步骤等;离园环节,幼儿讲述背书包的一系列操作动作等。

（3）区角活动中的说明性讲述

幼儿园许多的区角都可以为说明性讲述所用,包括自然角、科学区、益智区、数学区、美术区等。

自然角的科学素材可以作为说明性讲述的凭借物。例如,某幼儿园在自然角种植了草莓,教师将草莓各阶段的生长过程拍成照片贴在墙上,鼓励幼儿独立讲述草莓的生长过程:播种—发芽—长叶—开花—结果。幼儿园自然角里饲养了小金鱼、小仓鼠、蚕宝宝等,幼儿在交流动物的外形特征、生活习性等基础上,教师可以有意识地引导幼儿进行说明性讲述,如仓鼠在笼子里是如何爬行的、爪子长什么样、如何进食等。

美术区的手工活动也可以作为创设说明性讲述的机会。在开展手工活动时,教师可鼓励幼儿讲述手工作品的制作过程。如开展"交通工具"的活动,老师和幼儿可以先商量好制作的方法和步骤,然后请幼儿边制作边讲述交通工具的制作过程。另外,在美术区的折纸活动、剪纸活动等中,都可以请幼儿边制作边进行说明性讲述。

（4）游戏活动中的说明性讲述

游戏活动可以为幼儿提供说明性讲述的机会。如在建构游戏中,游戏前请幼儿根据自己绘制的设计图讲述建构的计划,游戏中讲述建构的方法,游戏后讲述建构的步骤等。在体育游戏中,为了让幼儿明确游戏规则或是动作要领,可以请幼儿在集体面前条理清晰地讲述游戏规则,有序地讲述体育游戏的动作要领。

（四）说明性讲述活动的价值

"说明"不仅是学校主要的教育话语,也是讨论体育和政治、解释复杂的社会关系、分析世界事件等常用的话语。它作为成人在教育、社交和职业背景下均需要具备的一种话语表达方式,服务于人们的学业发展和社会交流。[①] 在幼儿阶段培养幼儿说明性讲述能力不仅具有短期价值,更具有长期价值。

1. 说明性讲述活动对幼儿语言发展的价值

首先,说明性讲述活动有助于发展幼儿的口头语言。在说明性讲述活动中,幼儿需要独立理解讲述对象、构思讲述内容、组织讲述顺序、凸显讲述重点以及考虑用合适的说明性词句表述等。如在说明性讲述活动"钟表"中,幼儿在讲述时需要注意有序地讲述钟表的基本结构,先讲述什么,再讲述什么,重点讲述什么,用什么样的词汇来描述。所以,说明性讲述活动有助于幼儿掌握口头语言表达的一般方法和特殊方法。

其次,说明性讲述活动有助于发展幼儿的书面语言。在说明性讲述活动中,可以使幼儿对说明性文体这种书面语言有一定的认知。说明性文体要求具有较强的客观性、精确性、逻辑性,这种语言形式在小学中高年级以后,甚至终身的学习、工作中都是广泛使用的。如在讲述活动"我喜欢的玩具"中,要求幼儿用客观、简洁、规范、准确的语言说明玩具的特征、使用的材料、具体的玩法等。所以,说明性讲述对幼儿今后书面语言的发展有着极其重要的作用。

① Nippold M A, Scott C M. Expository discourse in children, adolescents, and adults: Development and disorders[M]. New York: Psychology Press, 2010: 191－214.

2. 说明性讲述活动对幼儿认知与思维发展的价值

首先,说明性讲述活动有助于发展幼儿的认知能力。幼儿在进行说明性讲述前,需要了解、认识事物的特点、性质或操作过程,才能有内容、有顺序、有重点地讲述。如讲述"海豚",幼儿需要了解海豚的外形特征、习性、喜好、游泳的动作等。在讲述中,幼儿不仅了解了讲述对象的相关科学知识,还提升了认知水平。

其次,说明性讲述活动有助于发展幼儿的思维能力。幼儿要表述明白事物的状态,交代清楚讲述对象的特点、来源或操作过程,须按照一定的逻辑顺序组织讲述内容,甚至还须加入幼儿自身的判断、分析、重组、推理。如讲述"食品的食用方法",幼儿需先了解食品包装袋上的图示信息,包括标注的品牌、口味、净含量、垃圾入箱标志、条形码、生产日期和保质期等,然后将食品包装袋上的信息与食品食用方法联系起来分析、推理,独立讲述食品食用说明上的操作步骤。[①]

工作过程

(一) 活动设计

活动设计的主要步骤:1. 选择讲述内容;2. 确定活动目标;3. 进行活动准备;4. 构思活动过程。

步骤 1 选择讲述内容

在说明性讲述活动中,选择合适的讲述内容尤为重要,在选择讲述内容时须注意以下两点。

（1）选择恰当的讲述凭借物

由于幼儿思维水平、表象存储能力有限,无法做到完全脱离情境讲述,需要借助适宜的讲述凭借物。说明性讲述凭借物选择时需要考虑凭借物是健康的、正面的、便于解释与说明的;说明性讲述凭借物种类丰富,可以是实物、图片、相关视频、图画书、事件、自己动手操作的材料等(见表3-4);说明性讲述凭借物应依据不同的讲述活动目标、组织方式进行选择。

表3-4 说明性讲述凭借物的种类[②]

种 类	具 体 内 容
实物	各种生活用品、玩具、食物、服装、动物、植物等
图片	打印或印刷的图片、照片、说明书等
相关视频	动画片、科普视频等
图画书	绘本、连环画、制作的操作书等
事件	参观、游览、探访、亲子活动等
材料	成品操作材料、自己动手制作的操作材料等

（2）依据幼儿的年龄特点选择讲述内容

在幼儿园中,不同年龄段幼儿讲述活动的内容应有所区别。小班幼儿因为讲述经验不足,对各类事物表象的积累不够丰富,口语表达能力较弱,教师选择的讲述内容应以幼儿的生活中常见的事物为主,如提供直观形象的实物、数量不多的图片等。中、大班的幼儿随着年龄的增长,各类经验越来越丰富,语言表达能力逐步提升,选择的讲述内容难度应有所增加。除了实物、图片外,还可以是事件、材料等更为复杂的内容。

步骤 2 确定活动目标

幼儿说明性讲述核心经验可归纳为三条(见表3-5):使用规范准确、简洁明了的说明性词句;以独白

---

① 王津. 大班说明性讲述活动"食品的食用方法"及评析[J]. 幼儿教育,2014(Z1):20-22.
② 邹敏. 幼儿园语言教育理论与实践[M]. 北京:化学工业出版社,2014:214.(有改编)

语言的形式进行说明性讲述;理解说明性讲述的内容组织方式。根据不同年龄段幼儿的发展水平,每条核心经验对应初始阶段、稳定阶段和拓展阶段的学习与发展目标。核心经验从纵向上指明幼儿说明性讲述核心经验应涉及的三个维度,从横向上体现了幼儿说明性讲述能力发展的阶段性和连续性。

表3-5 说明性讲述核心经验及三个发展阶段①

核心经验	学习与发展目标		
	初始阶段	稳定阶段	拓展阶段
使用规范、准确、简洁明了的说明性词句	在讲述中能使用事物的规范名称,而非口语化的、不规范的名称	• 用准确恰当的词汇讲述直观的事物特征或现象 • 学习用简单句概括事物的特征	• 准确运用名词、形容词、方位词等讲述事物的各种特征 • 感知说明性语言与日常用语、叙事性语言的差别,体会其简洁明了的语言特点
理解说明性讲述的内容组织方式	能够讲述直观的事物特征,如某事物的外形特征	能够按照一定的顺序讲述某一事物的特征,讲述顺序根据讲述对象不同而有所不同	能够根据讲述要求或讲述对象的特点分主次讲述
以独白语言的形式进行说明性讲述	愿意在熟悉的人面前独立讲述自己熟悉或喜欢的事物	在有凭借物的情况下能够在集体面前独立讲述,但如何构思讲述内容尚需成人指导与辅助	在有凭借物的情况下能够独立构思讲述内容,并在集体面前讲述

教师在确定说明性讲述活动目标时,要充分考虑本班幼儿已有的认知水平以及讲述经验,结合具体的活动内容,以幼儿说明性讲述核心经验的学习与发展目标为指导,从认知、能力以及情感态度三方面设定具体的活动目标。

中班说明性讲述活动: 好看的图画书②

【活动目标】

认知目标:了解图画书的组成部分,掌握图画书各部分的书面名称。

能力目标:使用准确恰当的书面词汇,按顺序介绍图画书的结构。

情感目标:在活动中积极参与,体验独立讲述的乐趣。

说明性讲述活动有其独特的语言特点和内容组织方式,其难度较大,通常适合在中、大班开展。从上面的案例可以看出,教师将目标重心定位于核心经验发展的稳定阶段。案例中,认知目标着眼于掌握准确恰当的说明性词汇;能力目标注重幼儿在运用准确恰当的词汇基础上,按照一定的顺序讲述,以此理解说明性讲述的组织方式;情感目标落脚于鼓励幼儿使用说明性语言进行富有挑战的独立讲述,在活动中获得成就感,积极参与并体验活动的乐趣。

步骤3 进行活动准备

活动准备是教学活动得以顺利、有效开展的前提,活动准备通常包括知识经验准备和物质材料准备。

(1)应重视幼儿的知识经验准备

第一,说明性讲述活动前,幼儿须具备一定的与讲述对象相关的知识经验。说明性讲述需要对客观事物的真实特点准确地认知,具有较强的科学性、规范性,幼儿需要具备一定的科学认知,才能做到言之有物、言之有序,因此幼儿可借助图画书、图片、视频、电视媒体等多种手段来了解讲述对象。以下是开展大

---

① 周兢.学前儿童语言学习与发展核心经验[M].南京:南京师范大学出版社,2014:111-112.
② 该案例由江西省九江市委机关幼儿园徐书画、赵从姝老师提供。

班说明性讲述活动"特种汽车"前幼儿所做的认知准备：

> 师：我们借助主题活动"汽车"，请幼儿搜集各种各样的特种汽车的图片、模型和相关资料，同时带幼儿参观过特警队。还在绘本馆投放了特种汽车的图画书，在晨间谈话时请幼儿讨论过特种汽车的结构、功能等。

第二，说明性讲述活动前，幼儿须积累一定的说明性讲述经验。说明性讲述这种语言类型，幼儿在日常生活中接触得较少。活动前，可组织幼儿观看相关视频，如解说操作步骤的视频；也可以是教师的说明性讲述示范等，能使幼儿直观地了解说明性讲述的基本形式。另外，可引导幼儿积累一些说明性讲述的经验，包括三方面：一是了解说明性词句的使用，如"汽车镜子"规范的名称为"后视镜"。二是了解基本的说明性讲述的组织方式，如讲述"汽车"时，幼儿能初步做到按一定顺序介绍车子的结构或是主要介绍车子结构，次要介绍车子的功能。三是了解独白语言的形式。在活动前，幼儿尝试过在集体面前独立地讲述熟悉的事物。

（2）物质材料准备要考虑周到、适宜

第一，教师教具准备。说明性讲述活动的主体教具是凭借物，凭借物的选择可以是教师精心准备的，也可以是幼儿提供的，还可以是师幼共同设计的。除主体教具外，为了让幼儿更直观、具体地感知、理解讲述对象，教师可以将抽象的信息制作成图片、视频、课件等。

第二，幼儿学具准备。为了让幼儿在活动中直观感知讲述对象，活动前，须根据活动内容的需要准备数量适宜的幼儿操作材料。以下是开展大班说明性讲述活动"特种汽车"的物质材料准备：

> 教具："特种汽车"课件、背景音乐、各种各样的特种汽车模型或图片若干。
>
> 学具：不同类型特种汽车的拼图材料。

（3）让准备的过程成为幼儿主动发展的过程

幼儿参与说明性讲述活动准备的过程也是对讲述内容的预认知过程，以下是开展大班说明性讲述活动"特种汽车"时幼儿参与准备的过程：

> 师：在开展"特种汽车"活动前，我请幼儿与家长共同收集不同的汽车信息，如救护车、消防车、警车等，同时请幼儿根据汽车结构裁剪不同类型特种汽车的拼图。

步骤4　构思活动过程

活动过程的设计应依据选择的讲述内容和确定的活动目标进行总体构思。说明性讲述的活动过程一般为：感知和理解讲述对象；运用已有经验讲述；引进新的讲述经验；巩固和迁移新的讲述经验。以上为说明性讲述活动过程的一般步骤，并非固定的模式，教师在设计时应根据实际情况灵活构思，鼓励教师在熟练设计的基础上围绕活动目标创造性地构思活动过程。

大班说明性讲述活动方案"各种各样的车子"[1]

（二）　组织指导

> 组织指导的步骤：5. 感知和理解讲述对象；6. 运用已有经验讲述；7. 引进新的讲述经验；8. 巩固和迁移新的讲述经验。

---

[1] 该案例由江西省九江市委机关幼儿园赵从姝、徐书画老师提供。

步骤5 感知和理解讲述对象

此环节的目的是激发幼儿参与活动的兴趣,帮助幼儿对说明性讲述对象产生充分的了解和认知,为后面的环节做好铺垫。

感知和理解讲述对象的主要方法是观察。第一,调动幼儿多种感官观察讲述对象,除了通过视觉观察讲述对象之外,还可以通过听觉、触觉等多种感官丰富幼儿的感性认识;第二,通过针对性、启发性的提问引导幼儿观察图片、实物、图画书、操作材料等的特点,充分理解讲述内容。

此环节的指导要点是:第一,指导幼儿根据说明性讲述的特点感知理解讲述对象。说明性讲述的重点是感知理解讲述对象的主要特征,应重点引导幼儿观察讲述对象的特征、功用或是操作过程等。第二,根据凭借物的特点感知理解讲述对象。不同的凭借物观察方式不同,如进行实物讲述时,重点引导幼儿观察实物的基本特征、用途、使用方法等。第三,根据具体活动的目标引导幼儿感知理解讲述对象。不同年龄段幼儿说明性讲述活动的目标要求不同,有的活动目标侧重于有中心、重点地讲述,有的侧重于有顺序地讲述。

例如,在中班说明性讲述活动"好吃的西瓜"中,教师这样引导幼儿感知理解讲述对象:

① 教师出示摸箱,请幼儿用手摸一摸(圆圆的、硬硬的、光滑的)。

② 教师出示实物西瓜,请幼儿看一看(有的大有的小,有的深绿有的青绿,有的圆有的椭圆)。

③ 教师切开西瓜,请幼儿尝一尝(有的籽黑,有的籽白;有的肉脆,有的肉粉)。

步骤6 运用已有经验讲述

此环节的目的是鼓励幼儿运用自己的语言进行讲述。

运用已有经验讲述的主要方式是自由讲述,包括分组自由讲述、集体自由讲述和个别交流讲述。其中,在说明性讲述活动中,采用先分组自由讲述再请个别幼儿在集体面前讲述的方式较多。

此环节的指导要点:第一,尽量放手请幼儿自由讲述,教师了解幼儿的说明性词汇及说明性内容组织的情况;第二,在自由讲述前交代清楚讲述要求,以引导幼儿有针对性地围绕凭借物讲述,避免跑题;第三,教师要倾听、了解幼儿的讲述情况,发现幼儿讲述的优点和不足,但不可过度干扰,可通过插话、讨论、提问等方式引导幼儿讲述。

例如,在说明性讲述活动"好吃的西瓜"中,教师这样引导幼儿运用已有经验讲述:

① 提问:你们喜欢吃西瓜吗? 西瓜的外面是怎么样的? 里面又是怎样的呢?

② 让幼儿先与小组内同伴自由交流西瓜的结构。

③ 请个别幼儿在集体面前讲述。教师倾听并记录幼儿自由讲述的情况,如幼儿的语言较为口语化,描述事物时较为片面、不完整或使用不规范的语言。

步骤7 引进新的讲述经验

此环节是说明性讲述活动的重点,目的是帮助幼儿学习新的讲述经验,进一步提高幼儿的讲述水平。学习新的讲述经验包括两方面:第一,说明性讲述思路。指厘清讲述的条理和顺序,确保讲述重点内容,如帮助幼儿厘清先说什么、再说什么、最后说什么。第二,说明性讲述方式。主要包括按顺序讲述和分主次讲述两种。其一,按顺序讲述,不仅可以方便讲述者组织讲述内容,也可以让听者能够明白讲述内容。讲述的顺序根据讲述对象的不同而有所差异,如讲述事物的结构,可以按照空间位置顺序讲述;讲述某事物的操作过程,可以按照操作的先后顺序讲述;讲述事物的外形,可以按照事物从上到下、从左到右、从前往后的顺序讲述。其二,分主次讲述,即幼儿学会有重点地讲述,主要的内容多讲或详细讲,次要的内容少讲或简略讲。

教师引进新的讲述经验的方法大致有三种:一是教师示范新的讲述经验;二是教师通过提示引进新

的讲述经验;三是教师和幼儿一起讨论新的讲述思路。其中,教师示范新的讲述经验在幼儿说明性讲述活动中运用得较多。

此环节的指导要点:第一,教师的示范是一种启发,而不能成为幼儿机械复述的模板,应根据幼儿的语言表述能力提出不同的要求,鼓励幼儿讲述的积极性和创造性;第二,要根据讲述对象的具体情况做到表述内容的完整、全面,同时又要做到重点突出,详略得当。

> 在说明性讲述活动"好吃的西瓜"中,教师引进了新的讲述经验,活动中可选用方式一,亦可选用方式二或方式三。
>
> 方式一:教师示范新的讲述经验。首先教师介绍西瓜,幼儿倾听教师所说的句式,学习按一定的顺序介绍西瓜。如教师介绍道:"西瓜是一种水果,它的外面是瓜皮,瓜皮分绿色和青绿色两种;它的中间是瓜瓤,瓜瓤分脆脆的和粉粉的两种;它的里面含有瓜籽,成熟的瓜籽偏黑色,未熟的瓜籽偏白色。"接着师幼共同梳理讲述思路:"老师刚才是怎么介绍西瓜的?我先介绍什么?然后介绍什么?最后介绍了什么?"
>
> 方式二:教师通过提示引进新的讲述经验。如提示幼儿讲述西瓜结构时,结合西瓜剖面图采用从里到外或是从外到里的顺序来讲;提示幼儿讲述各部分的特点时,抓住主要特征来描述。
>
> 方式三:教师与幼儿一起讨论新的讲述思路。教师可以请个别幼儿讲述后,和全班幼儿一起讨论可以从哪些方面讲述西瓜,可以按什么顺序讲述西瓜,如何组织讲述语言等。

步骤8　巩固和迁移新的讲述经验

此环节的目的是练习和巩固前面步骤学得的新的讲述经验。

巩固和迁移新经验的方法有三种:第一,由A及A,即教师示范迁移新的讲述经验,帮助幼儿厘清讲述思路后让幼儿尝试利用该经验和方式讲述同一内容;第二,由A及B,即当幼儿学习了一种新的经验后,教师提供同类内容,让幼儿用讲述A的方式去讲述B,即举一反三;第三,由A到A1,即教师在原有讲述内容的基础上,给幼儿提供发散或延伸原有内容的讲述机会。[1]

此环节的指导要点是:避免幼儿机械地复述前面的讲述方式,鼓励幼儿创造性地运用新的讲述经验。

> 例如,在说明性讲述活动"好吃的西瓜"中,为帮助幼儿巩固和迁移新的讲述经验,活动中选用了方式二,亦可选用方式一或方式三。
>
> 方式一:由A及A。教师按外部形态和内部结构讲述了西瓜后,幼儿采用同样的方式进行讲述。
>
> 方式二:由A及B。幼儿学会了按一定顺序讲述西瓜后,教师提供同类内容,让幼儿用讲述西瓜的方式去讲述其他水果。如教师说:"刚才我们介绍了西瓜,请小朋友们用介绍西瓜的方式来给大家介绍一些其他常见的水果(如苹果、梨、火龙果等)。"接着请幼儿在集体面前按照顺序介绍其他水果的结构及基本特点。
>
> 方式三:由A到A1。教师在幼儿原有讲述的基础上,提供给幼儿发散拓展和延伸拓展的机会,如可以延伸讲述"与西瓜相关的手工活动""榨西瓜汁"等内容。

(三)　活动评价

说明性讲述活动的活动评价同其他讲述活动类似,主要是对幼儿的评价、对教师的评价、对讲述活动整体的评价。

---

[1] 杨晓萍.学前儿童语言教育[M].重庆:西南师范大学出版社,2018:171.

案例分析

大班说明性讲述活动：蚕宝宝的一生

设计者：赵从姝 徐书画 江西省九江市委机关幼儿园

执教者：赵从姝 江西省九江市委机关幼儿园

【设计意图】

最近在班级自然角里,小朋友带来了各种各样的小动物,有一位小朋友带来的蚕宝宝格外引人注目。蚕宝宝是小朋友较少接触的动物,孩子们每天喂养蚕宝宝,见证着蚕宝宝的成长变化,"蚕宝宝又长大了,变白了""蚕宝宝变胖了"。孩子们每天自由地交流着自己的发现,但同时教师注意到孩子们并不能用准确的词句表述蚕宝宝每个阶段的生长过程,于是,自然生成了"蚕宝宝的一生"这一说明性讲述活动。

【活动目标】

① 通过查阅资料,了解蚕的生长顺序和各阶段的外形特征。

② 能使用说明性语言和尝试使用连词,有序地讲述蚕的生长过程。

③ 乐于在集体面前大胆地讲述。

【活动准备】

① 幼儿有过养蚕的经历或通过图书资料等提前了解蚕的相关知识。

② 蚕的生长过程图片：蚕卵、幼虫、蚕蛹、蚕蛾。

③ 课件"蚕宝宝的一生"、背景音乐。

【活动过程】

1. 谜语导入,感知和理解蚕宝宝的生长顺序

① 游戏：猜谜语。

师：今天老师带来一个谜语,请小朋友猜一猜它是什么,并说说你的猜测理由。

谜语：小时穿黑衣,大时换白袍,造间小屋子,变个飞仙女。

② 师幼共同进行图与谜的对应,即一张图片对应蚕的一个生长阶段。

③ 教师向幼儿展示图片(蚕卵、幼虫、蚕蛹、蚕蛾)。

2. 图卡演示,自由讲述蚕宝宝各阶段的外形特征(初步尝试使用说明性词句)

① 幼儿自由交流蚕宝宝的生长阶段及外形特征。

师：刚刚我们认识了蚕宝宝,它的生长经历了哪几个阶段？ 让我们一起来认识蚕宝宝每一个阶段的外形特征吧。

② 依次出示蚕卵、幼虫、蚕蛹、蚕蛾的图片,引导幼儿主要从颜色、形状、大小等角度观察并自由描述外形特征(见图3-19)。

蚕卵——淡黄色或紫黑色,形状是扁圆形,中间凹下去,大小和米粒差不多；

幼虫——白色,形状呈圆筒状,分头、胸、腹三部分,大小和毛毛虫差不多；

蚕蛹——黄褐色,形状是椭圆形,大小和红枣差不多；

蚕蛾——白色,形状是蝴蝶状,分为头、胸、腹三部分,大小和飞蛾差不多。

③ 教师请1～2名幼儿在集体面前讲述,尝试用一句话完整地讲述一个阶段的名称及特征。

3. 使用连词,有序讲述蚕宝宝的生长过程(尝试使用连词讲述整个生长过程)

图 3-19　图片演示①

① 排图：蚕宝宝的生长之旅。

师：你能把蚕宝宝从小到大的顺序排出来吗？他摆得对不对，需要调整吗？我们一起来看一看。（出示 PPT 一步步展示）。

② 师幼一起讨论新的讲述思路。

师：我刚刚听到有小朋友排图的时候用了几个好听的词，"先""然后"，你们有没有听到呢？

师：这些好听的词语都有一个名字，叫"连词"，连词的连是连接的意思，用连词就可以把前面一句话和后面一句话连起来变成一段完整的话。

③ 师幼讨论连词的使用。

师：蚕宝宝的生长之旅有四站，我们需要几个连词呢？

教师展示连词卡片"先""然后""再""最后"，引导幼儿讨论每一个连词使用的地方。

④ 交流分享，每组请一名幼儿代表根据图谱说说蚕宝宝的生长之旅。

教师提供蚕宝宝生长背景图及四张连词卡片，一张"先"，一张"最后"。

文字	文字/图片	文字/图片
先	蚕卵	紫黑色、扁圆形、小米粒
然后	幼虫	白色、圆筒状、毛毛虫
再	蚕蛹	黄褐色、椭圆形、红枣
最后	蚕蛾	白色、蝴蝶状、飞蛾

例如：蚕宝宝先是一个蚕卵，颜色是淡黄色或紫黑色的，形状是扁圆形，中间凹下去，大小和小米粒差不多；然后长成一只幼虫，颜色主要是白色，形状呈圆筒状，大小和毛毛虫差不多；再后来……

小结："先"用在开始的地方，中间可以使用其他的连词，如"然后、再、接着、后来"等，"最后"用在结束的地方。

4. 延伸巩固，描述其他动物的生长过程（巩固练习使用说明性语言及连词有序地讲述）

① 教师提供各种动物卡片（青蛙、蜻蜓、蝴蝶、蝉等）。

② 请幼儿在集体面前按照讲述蚕的方式讲述其他动物，同时鼓励幼儿创造性地使用其他合适的连词，如"然后、再、接着、后来……"

【活动评价】

该活动是在幼儿已有生活经验的基础上设计的，在活动开展前，幼儿有过养蚕的经历或是查阅过蚕的

① 图片来源于江西省九江市委机关幼儿园。

相关知识,了解了蚕的外形特征及其生长阶段。因此,在活动中,教师不仅关注幼儿"使用规范准确、简洁明了的说明性词句"来描述蚕的外形特征,而且对大班的幼儿提出了更高的讲述要求,即要求幼儿用"先、然后、再、最后"等连词完整、有序地讲述蚕的生长过程。活动环节环环相扣,既为幼儿铺垫了认知基础,又有目标、有重点地组织活动过程。

大班说明性讲述活动视频"蚕宝宝的一生"

📝 项目实践

(一) 实训项目

分组设计一个完整的说明性讲述活动方案。

表3-6 说明性讲述活动设计评分表(总分100分)

班级_____ 组员_____ 活动名称_____ 总得分_____

项目	评 分 内 容	分值	得分
活动目标	1. 以幼儿语言教育总目标为依据,能将语言教育总目标准确地转化为具体的教育活动目标	5	
	2. 目标符合本班幼儿语言发展水平和经验;层次清晰,重点突出	10	
	3. 目标明确、具体、可查、可检	5	
活动准备	1. 活动前的认知准备、环境布置(空间安排、说明性讲述凭借物的选取、活动材料等)均符合实现活动目标的要求	5	
	2. 有效利用现代化教学手段,适时、适当地增加活动的实效性和趣味性	5	
活动过程	1. 过程设计结构严谨,层次清晰,各环节之间过渡自然流畅,体现循序渐进原则,有层次感	20	
	2. 教学方法和活动组织形式选择适宜,能体现幼儿的主体性,为幼儿提供感知与表述的机会	10	
	3. 提问具有思考性、启发性、开放性;能预测教学活动过程中可能出现的问题,并能设计出相应的教学活动策略	10	
	4. 合理分配时间,以较好地突出重点,突破难点;教学手段设计针对性强	10	
其他	1. 文字表述逻辑清楚,格式规范完整,无错别字	10	
	2. 活动设计新颖,教学方法巧妙独特,有一定的创新和突破	10	

(二) 模拟演练

1. 多选题。

(1) 依据凭借物的特点,可以将幼儿园的讲述活动划分为(　　)。

A. 看图讲述　　　　　B. 实物讲述　　　　　C. 情境表演讲述　　　　　D. 叙事性讲述

(2) 组织幼儿运用已有经验讲述的方式有(　　)。

A. 集体讲述　　　　　　　　　　　　B. 幼儿和老师一起讲述

C. 分小组讲述　　　　　　　　　　　D. 个别交流讲述

2. 请根据图3-20设计一个大班说明性讲述活动"小机械立大功"。

图 3-20 图画书《小机械立大功》①

（三）课外研读

1. 周兢. 学前儿童语言学习与发展核心经验[M]. 南京：南京师范大学出版社，2015.
2. 王津. 幼儿说明性讲述的核心经验与教育指导策略[J]. 幼儿教育（教育教学），2014（1）：18-20.

---

① 图片来源于江西省九江市小金星水木清华幼儿园。

项目四 幼儿语言游戏活动

活动认知

（一）幼儿语言游戏活动的概念

幼儿语言游戏是以训练幼儿语言为目的的一种智力游戏，也是在教师组织指导下，以发展语言为主要目的的一种规则游戏。

幼儿语言游戏活动是用游戏的形式组织的语言教育活动，是一种由教师设计组织的，幼儿自愿参加的语言教学活动，具有活动和游戏的双重性质（见图4-1）。

图4-1　语言游戏活动现场①

（二）幼儿语言游戏活动的特点

1. 语言教育目标内隐于游戏之中

语言游戏活动有明确的语言教育目标，包含着对幼儿语言学习的具体要求。教师通过对语言游戏活动的设计与实施，将近阶段根据幼儿语言发展水平和语言学习需要所提出的语言教育目标，内隐于语言游戏活动的内容和过程中，落实到幼儿接受理解和尝试掌握的教育过程中。

2. 游戏规则即为语言学习的重点内容

语言游戏都带有一定的游戏规则。教师在设计语言游戏时，应根据具体的教育目标，选择适当的语言学习内容，并将本次活动的语言学习重点转化为一定的游戏规则，当幼儿参与游戏时，必须遵守一定的游戏规则。

---

① 本项目图片均来源于江西省九江市湖滨幼儿园。

语言游戏活动规则从性质上分为两种：一种是竞赛性质的游戏规则。一般是比比谁的速度快,谁听得多,谁说得准,达到了要求就算是成功了,否则要有惩罚措施。另一种是非竞赛性质的游戏规则。如中班语言游戏"找朋友",幼儿通过准确说出一双袜子、一幅画等量词,既扩充了词汇量,又积累了生活经验。这两种游戏规则在语言游戏中都能产生激励效应,促使幼儿积极参与到游戏中。

3. 活动过程中逐步扩大游戏的成分

语言游戏兼有游戏和活动双重性质,从活动组织形式看,具有从活动入手、逐步扩大游戏成分的特征。由于语言游戏活动带有明确的语言目标,活动开始时,教师需要帮助幼儿理解活动的内容,交代游戏的规则,并且示范游戏的玩法。然后教师带领幼儿开展游戏,在幼儿熟悉游戏规则、逐步掌握游戏规则后,再放手让幼儿独立进行游戏。语言游戏活动开始时以活动的方式进入,最后以游戏的方式结束。教师的主导作用在开始时体现得最为明显,而后随着幼儿熟悉水平的提高逐渐减少,直到幼儿完全自主地进行游戏。

中班语言游戏
活动方案"小
兔子开铺子"

（三）幼儿语言游戏的主要类型

1. 幼儿语音游戏

语音游戏是以提高辨音能力和练习正确的发音为目的的游戏。语音游戏可以分为听音游戏与发音游戏,前者主要帮助幼儿听懂普通话、辨音、辨调、理解指令要求,后者主要帮助幼儿清楚准确地发音,为口语交际打下基础。一般而言,语音练习是小班语言游戏的重点。

（1）听音游戏

听音游戏是以发展听觉能力为目标的游戏。实际上就是通过游戏的形式对幼儿的倾听能力进行培养,使幼儿能听懂普通话,能辨音、辨调,能够理解指令和要求,为幼儿准确地感知语音打好基础。

小班听音游戏：贴图卡

【游戏目标】

分辨 z、c、s 和 zh、ch、sh。

【游戏准备】

"棋子""卷纸""刺猬""尺子""司机""老师"图卡,小黑板、磁石。

【游戏规则】

老师说出一个词,比如"棋子",请幼儿把相应的图卡贴在小黑板上。当幼儿熟悉规则后,请他们担任说词者,考验其他幼儿。全部贴对或说对的幼儿,就是获胜者。

（2）发音游戏

发音游戏主要是以练习正确发音为目的的游戏,让幼儿着重练习发音困难和容易发错的音,也可以组织幼儿进行方言干扰音的练习、普通话声调的练习、发声用气的练习等。

中班发音游戏：白鹅下河

【游戏目标】

掌握"河、鹅、歌"的正确发音,使发音器官灵活协调。

【游戏玩法】

① 让幼儿坐成圆形或是半圆形,请一个幼儿戴上头饰当狐狸,先坐在边上或是藏起来,教师戴头饰当鹅妈妈,请几个幼儿当小白鹅。小白鹅说："我是一只小白鹅,我会河里游。"若发音准确,则给他戴

上头饰,说"对,对,你是我的小白鹅";若发音不准,请他再讲一遍,直到发准。

　　② 游戏开始,全体幼儿沿"河"的四周边做鹅走的动作,边念儿歌:"东边一条河,西边一群鹅,鹅儿鹅儿唱着歌,一只狐狸跑过来,鹅飞鹅跑跳下河。"在念到"一只狐狸跑过来"时,"狐狸"从座位上站起来。儿歌念完时,"鹅"才能"跳下河"(进入画好的小河界线中),"狐狸"才能跑出来抓"鹅"。

2. 幼儿词汇游戏

词汇游戏是以丰富词汇、正确理解词义、正确运用词汇为目的的游戏。词汇游戏种类丰富,一般而言包括正确运用名词、动词、形容词、数量词、代词、连词、同义词和反义词的游戏,词语接龙游戏,以及正确使用礼貌用语的游戏。

（1）名词游戏

大班语言游戏: 请你告诉我

【游戏目标】

锻炼倾听能力、判断分析能力和快速应答能力。

【游戏规则】

教师告诉小朋友,这个游戏叫"请你告诉我"。我说一种花,或一棵树的名字,或是说一种动物,一种现象,你们告诉我是在什么季节。

问:菊花开放? 答:秋季。

问:荷花开放? 答:夏季。

问:桃花开放? 答:春季。

问:蛇钻到地下睡觉? 答:冬季。

问:下大雷雨? 答:夏季。

问:小蝌蚪游来游去? 答:春季。

问:蝉在树上叫? 答:夏季。

问:穿棉袄? 答:冬季。

问:吃西瓜? 答:夏季。

问:天空飘柳絮? 答:春季。

问:燕子做窝? 答:春季。

问:大雁往南飞? 答:秋季。

……

照上述问题提问,速度要逐渐加快,以训练幼儿思维灵活性。

小朋友可轮流担任提问者。

（2）动词游戏

小班语言游戏: 看动作说词语

【游戏目标】

看动作说动词,培养发散性思维。

【游戏规则】

教师做一个动作,孩子说出相应的动词,并进行连词应答。例如:教师做"抱"的动作,孩子说"抱——抱娃娃。"教师接着说:"抱——抱西瓜。"孩子再接着说:"抱——抱被子。"词组说得越多越好。

（3）形容词游戏

中班语言游戏：水果的样子

【游戏目标】

学会用形容词正确地描述各种水果。

【游戏规则】

教师示范,问:"苹果是什么样的?"答:"红通通的苹果。"接着由教师问,幼儿答。答对的幼儿有权利继续问其他幼儿,游戏继续。鼓励幼儿用不同的形容词来形容同一种水果,比如"弯弯的香蕉""黄色的香蕉"。

（4）数量词游戏

中班语言游戏：找朋友

【游戏目标】

学习正确使用"双""副"等量词。

【游戏准备】

卡片若干张(画有单只鞋、袜子、筷子、手套、铃铛等),装卡片的盒子两个,磁板一块。

【游戏规则】

教师将单个物品鞋子、袜子、筷子、手套、铃铛的卡片摆放在磁板上,请幼儿从纸盒中摸出一张卡片,将摸出的卡片和磁板上相同的一张卡片放在一起配成一对,说出"这是一双袜子或一副手套",全体幼儿跟说一遍。

（5）代词游戏

小班语言游戏：开汽车

【游戏目标】

正确使用人称代词"你""我""他"。

【游戏准备】

方向盘玩具5～6个。

【游戏规则】

司机(由教师或幼儿扮演)边做开汽车的动作,边说:"嘟嘟嘟,嘟嘟嘟,我的汽车就要开。"幼儿拍手齐声问:"嘟嘟嘟,嘟嘟嘟,你的汽车到哪里?"司机继续做开车动作,嘴里念着:"嘟嘟嘟,嘟嘟嘟,开到他的家里去。"司机将"方向盘"交给所指的幼儿,然后互换位置继续游戏。

(6) 连词游戏

大班语言游戏: 你问我答

【游戏目标】

理解并正确运用连接词"如果",丰富词汇。

【游戏规则】

① 一方幼儿必须用"如果你是××,你喜欢什么?"的句式提问。另一方幼儿必须用"如果我是××,我喜欢××"的句式回答。

② 提问者不能重复别人的问题,回答正确者均可在黑板上添上一个五角星;反之,不能添画五角星。

③ 采用教师问、幼儿答,或者幼儿问、教师答的方式,引导幼儿进行"问答游戏",练习连词"如果"的用法。

教师可与幼儿进行下列问答,例如:

如果你是小猴子,你喜欢什么? ——如果我是小猴子,我喜欢爬树。

如果你是小鸟,你喜欢什么? ——如果我是小鸟,我喜欢在天空飞翔。

如果你是小猫,你喜欢什么? ——如果我是小猫,我喜欢吃鱼。

(7) 同义词和反义词游戏

大班语言游戏: 正说反做

【游戏目标】

掌握反义词"高——矮""左——右""长——短""直——弯",并锻炼反应能力。

【游戏规则】

一组幼儿站好,教师发出指令,幼儿快速做出与教师指令相反的动作。例如:教师说"高",幼儿做"矮"的动作;教师说"左转",幼儿就要做"右转"的动作;等等。

(8) 词语接龙游戏

比如,"太阳—阳光—光明—明天—天亮……""笑哈哈—亮晶晶—红艳艳—白茫茫—冷冰冰""欢欢喜喜—蹦蹦跳跳—整整齐齐—老老实实……""走来走去—飞来飞去—飘来飘去……"等。[1]

---

[1] 祝士媛. 学前儿童语言教育[M]. 北京:北京师范大学出版社,1995:86.

(9) 礼貌用语游戏

中班语言游戏：这是谁的家

【游戏目标】

培养使用礼貌用语大胆讲话的能力。

【游戏规则】

请小朋友分别扮演小鸡、小鸭、小猫、小狗,各自住在自己家里,紧闭房门。然后请一名小朋友扮演找小鸭的人,他可以任意走到一个门前,敲门,口中说:"请问,这是谁的家?"门内的小动物要以叫声来回答,如"喵,喵"。"噢,这是小猫的家。对不起,我要找小鸭,打扰了。""没关系。"然后再去敲另一家的门,直到找到小鸭为止。游戏中要求门内外的对话都要使用礼貌用语,如"请问""对不起""打扰了""没关系"。

3. 幼儿句子游戏

幼儿句子游戏是以训练幼儿按照语法规则正确组词成句,并正确运用各种句式、句型为目的的游戏。在设计幼儿句子游戏时,注意引导幼儿从不完整句发展到完整句,从简单句发展到复合句,从陈述句发展到多种形式的句子(疑问句、祈使句、感叹句等),从无修饰句发展到有修饰句。在书写句子游戏目标时需要标明要完成的句型,并注重从幼儿的生活经验出发组织词汇,构成句子。

大班语言游戏：上汽车

【游戏目标】

学习正确运用连词"因为……所以……",说出完整的因果句。

【游戏规则】

教师扮演"司机",口中念儿歌:"嘟嘟嘟,汽车开,我的汽车真奇怪;小朋友,要坐车,不要你把车票买;只要对上我的话,就能坐到车上来。"然后发问:"小朋友,你们想上我的汽车吗?""司机"必须用"因为"这个词向乘客说明原因,"乘客"(即幼儿)必须用"因为……所以……"完整地对上司机的话才能上车,否则不能上车。汽车坐满后,大家一起说:"嘟嘟嘟,坐上汽车真开心。"

4. 幼儿描述性讲述游戏

幼儿描述性讲述游戏就是在语音、词汇、句子训练的基础上,以训练幼儿用比较连贯的语言具体形象地描述事物,提高口语表达能力为目的的语言游戏,它要求幼儿语言完整、连贯,且有一定的描述能力。

中班语言游戏：我来说你来猜

【游戏目标】

尝试用连贯的语言描述动物的各种特征。

【游戏准备】

幼儿认识的动物图片若干。

【游戏玩法】

请个别幼儿抽取图片(其他幼儿不能看到),并根据图片内容用语言进行全方位的特征描述(启发幼儿说出主要的特征),但不能说出动物名称。如对"大象"的描述:很大一只动物,鼻子像钩子,能卷起木头;耳朵像扇子;腿像大柱子。猜对的幼儿可接力做描述的人。

【游戏规则】

负责描述的幼儿只可以描述出动物的若干特征,不可以说出动物的名称。

5. 幼儿文字游戏

文字游戏是以识字为目的的游戏,这类游戏可以激发幼儿识字兴趣,培养前阅读能力,尤其适用于需要进行幼小衔接的大班幼儿。

大班文字游戏: 动物大接龙

【游戏目标】

巩固认识"猫""狗""狼""狐狸""狮"等带有反犬旁的常见字,感受汉字的偏旁部首规律。

【游戏准备】

经验准备:幼儿认识部分字卡上的字。
物质准备:识字卡片和相应动物图卡、场景图卡。

【游戏规则和玩法】

① 介绍字卡:教师出示游戏中需要使用的动物字卡,并与动物图卡一一对应,教幼儿先认识字卡上的字,并观察这些字的共同特征。

② 卡片大集合:每人手中随机分配一张字卡,一张场景图卡。

③ 故事接龙:游戏参与者围坐一圈,教师示范游戏规则。亮出自己的字卡和场景图卡,如"狮子"和大树场景,便说道:"狮子在一棵大树下美美地睡觉。"下一位幼儿依此方式,必须先辨认出字卡上的字,才能完成造句接龙。

④ 一轮游戏结束后,打乱所有卡片,重新分配,再次接龙。如果遇到幼儿不认识的字,可以有一次提示机会,机会用完则淘汰出局。

⑤ 最终留下来的幼儿获得"识字大王"皇冠。

工作过程

(一) 活动设计

活动设计的主要步骤:1. 选择游戏内容;2. 确定活动目标;3. 构思活动过程。

步骤1 选择游戏内容

游戏内容的选择应根据不同年龄阶段幼儿的语言发展水平而有所不同(见表4-1)。教师应从本班幼儿的实际水平出发,通过仔细观察、分析,找到大部分幼儿语言发展的最近发展区,使游戏略高于幼儿的现有水平。

表4-1 各年龄阶段幼儿语言游戏内容选择

游戏概况	年龄阶段		
	小班	中班	大班
游戏特点	语言游戏比较简单,游戏的任务比较容易理解,游戏的玩法具体且简单。游戏规则一般很少,而且在开始时对全体幼儿几乎是同一个规则要求,难度不高	游戏任务要比小班幼儿复杂多样,玩法也逐渐多样化。游戏规则具有更多的约束和控制性。在游戏中不仅要运用具体实物和教具,而且开始加入一些竞赛的元素	游戏任务和内容都比较复杂,要求幼儿进行较多的语言表达,过程要求较复杂并相互联系。游戏规则的要求也相应提高,幼儿不仅要严格控制自己遵守游戏规则,而且要迅速、准确地进行语言表达,完成游戏任务
游戏类型	语音游戏、简单词汇游戏、基本句型游戏	较复杂的词汇游戏、句型游戏、简单的描述游戏	较复杂的句型游戏、较复杂的描述游戏、文字游戏
案例	如"是什么在响"游戏,教师请一名幼儿面对大家闭上眼睛,然后敲响各种乐器,请幼儿仔细分辨是哪个乐器发出的声音	如游戏"拍、打、吹、爬"中,幼儿看动作,听词说句子。幼儿由"拍什么"想到"拍皮球、拍照、拍手",进一步联想"谁在拍"。最后,找出相似动作的图片,幼儿进行分辨并看图造句	"说话接龙"游戏除了要求图片出示得丰富和多样外,对幼儿的要求也相应提高。如引导幼儿根据图片内容合理想象,把四幅连环画组成一个完整的故事讲述出来

步骤2　确定活动目标

在确定活动目标前,教师应明确幼儿语言游戏活动的总体目标。

(1) 培养幼儿的倾听意识

"听"是"说"的前提,良好的倾听意识和倾听习惯对于幼儿的语言发展具有重要的意义。幼儿在参与学习的过程中具有更多的主动性,他们会有意识地倾听教师介绍游戏规则,并力求听懂老师的讲解,理解游戏规则。同时,在游戏过程中,幼儿常常需要准确把握和传递有细微区别的语音,提高倾听的精确程度,保证更好地完成游戏。

(2) 练习巩固发音

① 难发音的练习。

在幼儿的发音中,对韵母的发音较容易掌握,正确率高于声母。在整个学前期,幼儿较难掌握的声母是 z、c、s、zh、ch、sh、r、n、l。其中 zh、ch、sh 最容易和 z、c、s 相混;幼儿也很容易将后鼻音 eng、ong 发成前鼻音 en、on 等。有的语音相近,也容易混淆。

② 方言干扰音的练习。

幼儿的发音水平除了受生理因素的制约外,语音环境也是影响发音的重要因素。在不同的地域,由于语言习惯的影响不同,幼儿发音的准确度也不同。在语言游戏活动中,教师可有意识地将这些地方方言发音与普通话发音做对比,让幼儿掌握标准的发音。

③ 声调的练习。

声调是否准确将直接影响语义的表达,因而念准普通话声调也是幼儿学习的一个部分。教师可以用语言游戏承载各种相似音和声调,让幼儿在辨别中进行练习,从而掌握正确的声调。

(3) 丰富拓展词汇

随着生活经验的积累,幼儿掌握的词类范围不断扩大,对词义的理解也日益深化。在语言游戏中,幼儿在愉悦的氛围中会积极调动头脑中的词汇储备,从而完成游戏任务,这一过程主要是以练习和复习词汇的方式进行的。

(4) 尝试运用句型

幼儿要获得语言,必须掌握语法结构,掌握组词成句的规则。幼儿在日常生活中可以获得运用句法的机会,而语言游戏则帮助幼儿去练习,使他们通过专门的、集中的学习迅速地把握某一种句法的特点和规律,并在游戏中提高熟练使用的水平。

此外,根据不同年龄阶段幼儿语言发展的需要,教师可以参照表4－2确定语言游戏活动目标。

表4－2　幼儿语言游戏活动各年龄阶段目标[①]

年龄段	阶 段 目 标
小班	1. 乐意参加游戏活动,在游戏活动中能积极开口表达 2. 学习倾听,能在游戏中认真倾听教师的讲解、示范和同伴的发言 3. 能听懂并理解较为简单的语言游戏规则 4. 能发准某些难发的音,丰富词汇并学习正确的词汇
中班	1. 能积极参与到语言游戏中,乐于参加竞赛性质的语言游戏 2. 养成积极倾听的习惯,理解游戏中较为复杂的指令 3. 在游戏中巩固练习发音,基本能做到发音准确 4. 在游戏中扩充词汇量,并将学会的词汇用到口语表达中去 5. 在游戏中学习合作,能与同伴配合完成游戏
大班	1. 喜欢语言游戏,能较快掌握游戏的规则并自主进行语言游戏 2. 不断提高倾听的精确程度,准确掌握和传递有细微差别的信息 3. 能做到发音准确,基本无方言痕迹 4. 在游戏中学习正确运用反义词、量词和连词等,并能大量运用完整句和复杂句 5. 能积极探索、丰富游戏内容,使语言游戏更加生动有趣

步骤3　构思活动过程

　　幼儿园语言游戏活动由于具有游戏和活动的双重性质,所以它的设计、组织与实施具有独特的规律。活动过程一般包括如下环节:创设游戏情境,引发幼儿兴趣;交代游戏规则,明确游戏玩法;教师引导幼儿游戏;幼儿自主游戏。

小班语言游戏活动:　去郊游[②]

【游戏目标】

① 能理解游戏规则,正确分辨 zhi、chi、shi 的发音。
② 愿意根据发音做出准确动作,喜欢参与辨音游戏。

【游戏准备】

狮子、柿子、石子(shi),池子、尺子(chi),知了、直尺(zhi)等图片。

【游戏过程】

1. 创设情景,引入游戏
师:小朋友看,今天的天气真好呀! 小熊维尼今天邀请我们一起去郊游! 你们想去吗?
师:太好了! 让我们一起出发吧! 出发之前小熊维尼还有一些话想要告诉小朋友们!
2. 介绍规则,了解玩法
小熊维尼和小朋友们说,郊游的路上如果遇"狮子"则要蹲下来不能发出声音!
遇到了"池子"就停下来并咕嘟咕嘟地喝水。
当我们遇见了"柿子"就跳起来喊一声"切"!
遇到其他干扰词则继续向前走(见图4－2)。
准备好了吗? 让我们一起开始吧!

----

① 杨荣辉.幼儿语言教育活动设计与指导[M].北京:中国劳动社会保障出版社,2014:59.
② 案例由江西省九江市湖滨幼儿园但琦老师提供。

3. 教师引导，熟悉游戏

幼儿排好队跟着教师一起踏步"去郊游"，教师边走边念"柿子、狮子、池子、尺子"等口令。

第一遍教师可以一边念一边出示图片，第二遍则口头念出即可。根据口令员的指令做出相应动作的幼儿可继续参与游戏，没有做出相应动作的幼儿则淘汰出局，到达终点的幼儿可以获得小贴纸一份(见图4-3)。

图4-2 "去郊游"场景图卡　　　　图4-3 语言游戏"去郊游"

小班语言游戏活动视频"去郊游"

4. 提高难度，增加挑战

当幼儿熟悉规则以后，可以由幼儿轮流来当口令员。

（二）组织指导

活动组织指导的主要步骤：4. 创设游戏情境；5. 介绍游戏规则；6. 引导幼儿游戏；7. 自主开展游戏。

步骤4　创设游戏情境

（1）用实物创设情境

教师可以利用活动区的布置、墙饰、桌面玩具、实物、图片等向幼儿提供与游戏有关的形象，引发幼儿参与游戏的兴趣。比如，练习句型"××喜欢吃××(水果)"的游戏中，教师提前准备苹果、梨子、香蕉等水果以及"爸爸""妈妈""哥哥"等图片，将幼儿带入游戏的情境中。

（2）用动作创设情境

教师可以在语言游戏中通过自己形象的动作表演，激发幼儿的想象，创设游戏情境。比如，描述"春天到了"的游戏中，教师用手指动作表示"春风吹""小雨下""种子发芽"。这些都有助于让幼儿形成最直接的关于春天的形象，并积极参与到语言游戏中。

（3）用语言创设情境

教师还可以通过有趣的语言、短小的儿歌或故事、设置提问来调动幼儿经验，渲染游戏氛围，引导幼儿进入游戏角色。比如，语言游戏"改错"，教师一开始就"说错话"："今天早上，我吃完汤，喝完饭，出门看见太阳落山了。"幼儿听后哈哈大笑。教师趁机提问："你们为什么笑？我什么地方说错了？应该怎么说？"从而引起幼儿改错的兴趣。[1]

----

[1] 姜晓燕，郭咏梅. 学前儿童语言教育[M]. 北京：高等教育出版社，2011：175.

（4）多种方法创设情境

一般来说，教师在开展语言游戏时会综合运用各种方法，以形象的实物、逼真的动作和生动的语言充分调动幼儿的多重感官，迅速集中幼儿的注意力。如语言游戏"买果子"，教师与幼儿共同准备扎头的头巾、各种水果、水果篮子等物品来创设情境，教师扮演卖水果的营业员，吆喝道："苹果、桃子、柿子、李子、梨，好吃的水果，大家来买呀！"此外，教师还考虑使用音乐、绘画、播放课件等手段来丰富游戏情境。不过需要注意的是，创设语言游戏时要避免时间过长而导致喧宾夺主、过于花哨而导致幼儿注意力分散。

步骤5　介绍游戏规则

（1）语言应简洁明了

在交代游戏规则时，切忌冗长的解释，以免幼儿抓不住要领，不能及时理解游戏规则。而简明的语言讲解便于幼儿在最短的时间内集中注意力，理解并掌握游戏的规则要领。

（2）游戏的规则要点和游戏的开展顺序要表述清晰

语言游戏的规则要点一般都是游戏中幼儿要按照规范说出的话，教师应当让幼儿基本明白说什么和怎么说，以便他们能够在参与游戏时清楚游戏规则。同时要帮助幼儿清晰地理解游戏开展的顺序，如先说什么、后说什么、什么角色做什么，这样他们才能够顺利地开展活动。

（3）讲解和示范的速度要放慢

教师在交代游戏规则时使用的语言应当是相对减慢速度的语言，从而保证幼儿能够听清楚。尤其是讲到关键的要求时，更是要放慢语速、加强语气，从而凸显出讲解的重点。

步骤6　引导幼儿游戏①

在幼儿基本了解游戏规则后，教师应通过引导幼儿进行游戏而进一步帮助幼儿熟悉游戏规则，为其独立进行游戏积累经验。对于托班和小班的幼儿，教师可以直接参与到游戏中，担任主要角色，并请部分能力强的幼儿一起做示范，再逐步过渡到全体幼儿参加游戏。对于中班和大班的幼儿，教师可以在讲清规则后，直接请部分能力强的幼儿试着做游戏。一则起到示范作用，二则检查幼儿是否清楚游戏玩法和规则，发现问题后及时纠正。当全体幼儿都清楚游戏玩法和规则后，语言游戏方可正式开始。

步骤7　自主开展游戏

幼儿自主游戏是语言游戏中的重要环节，它需要在充分的时间中保证全体幼儿都能积极参与游戏并得到适宜指导，以达到发展幼儿语言的目的。在该环节中，教师不再是"主角"的身份，而是以观察、指导幼儿游戏为主要任务。

（1）做好观察记录

幼儿游戏行为反映了其发展水平，教师通过观察幼儿语言游戏，能真实准确地了解幼儿的游戏兴趣、持续时间、语言发展水平、规则意识等，从而为有效指导提供科学的依据。当发现有价值的游戏行为时，教师应及时做好记录，为自身教育教学工作积累经验，并有助于更全面地评价幼儿的个体发展。

表4-3　幼儿语言游戏观察表

观察时间：　　　　　观察地点：	观察对象：　　　　　观察教师：
观察内容	观察记录（在相应选项打√或填写）
1. 幼儿是否理解游戏规则	A. 完全理解　B. 部分理解　C. 不理解
2. 幼儿是否喜欢参与游戏	A. 非常喜欢　B. 比较喜欢　C. 一般　D. 比较不喜欢　E. 非常不喜欢
3. 幼儿听音情况	A. 完全听清　B. 部分听清　C. 听不清楚
4. 幼儿难以听懂的语音	
5. 幼儿发音情况	A. 发音正确　B. 部分正确　C. 发音完全不正确

---

① 姜晓燕，郭咏梅. 学前儿童语言教育[M]. 北京：高等教育出版社，2011：183.

续　表

观察内容	观察记录(在相应选项打√或填写)
6. 幼儿难以发清的语音	
7. 幼儿表达能力	A. 表达清楚　B. 部分表达清楚　C. 表达不清楚,让人难以理解
8. 幼儿表达不清楚的地方	
9. 幼儿是否主动与人交流	A. 很主动　B. 有时候主动　C. 不主动
10. 幼儿游戏持续时间	

（2）给予适宜指导

在充分观察后,教师需要根据幼儿的不同特点和需要进行适宜的指导。比如,对胆小内向的幼儿,要鼓励他们表达自己的看法;对注意力不稳定的幼儿,要引导他们专心游戏;对兴趣单一的幼儿,可以通过跟他一起做游戏或引导别的小朋友带着他玩来激发他对各种活动的兴趣。教师还需要对语言游戏进程中出现的一些问题进行及时控制或处理。

（三）　活动评价

（1）对幼儿的评价

① 评价幼儿在游戏中积极倾听的水平。

幼儿在活动中是否积极倾听,直接影响其对游戏规则的理解,进而影响游戏进程及关键能力的锻炼。幼儿在倾听中,首先应听懂教师的讲解,理解游戏的规则。其次需要听懂游戏的指令,把握游戏进程。同时,幼儿也需要在倾听中把握有细微区别的信息,提高倾听的精确度。

② 评价幼儿按规则进行表达的能力。

幼儿在语言游戏活动中需要按照一定的规则练习口头语言,幼儿在活动中是否按游戏规则进行表达,直接影响其口语表达能力的发展。评价幼儿按规则进行表达的能力主要从幼儿能否按要求正确地发音、准确地拓展词汇、掌握及运用某种句型句式三方面进行。

③ 评价幼儿在语言交往活动中的灵活性。

语言游戏活动既要考虑幼儿迅速领悟游戏规则的能力,也要考虑幼儿灵机应变的语言组织和编码经验,还要考验幼儿迅速以符合要求的方式进行表达的能力。

（2）对幼儿教师表现的评价

① 评价教师对游戏规则的解说和游戏玩法的示范是否清晰准确。

教师是否能用简洁明了、浅显易懂的语言对游戏规则进行清晰的解说,是否对游戏的玩法有较为准确的示范,在很大程度上决定了游戏活动是否能顺利开展。

② 评价教师对幼儿的观察指导是否有针对性。

在幼儿理解游戏规则、能够自主开展游戏后,教师的角色从主导者转变为观察者和协助者。教师应针对个别幼儿出现的个别问题进行有针对性的指导,从中了解幼儿的学习情况、把握学习难点。

（3）对活动方案设计与组织的评价

① 评价游戏情境的创设是否合理。

评价游戏情境是否与当前语言游戏的内容相符合,是否采取一些幼儿喜爱的、生动形象的手段来引起幼儿的活动兴致,而不应为了创设情境而生硬地设置导入环节,或未能充分突出游戏情境的奇妙之处,进而不能充分调动幼儿的好奇心。

② 评价游戏规则是否体现活动目标的要求。

幼儿需要重点掌握的目标,应当通过语言游戏规则加以要求。假如游戏规则不是目标得以实现的合理途径,则幼儿就很难通过游戏发展相应的听说能力。

③ 评价游戏规则的难易程度是否有所递进。

在游戏的规则要求上,应从易到难,逐步递进,让不同水平的幼儿都能参与到活动中,在原有水平的基础上得到巩固和提升。

案例分析

◇◇◇◇◇◇◇◇◇◇◇◇◇◇◇◇ 案例一 中班语言游戏活动:小餐馆 ◇◇◇◇◇◇◇◇◇◇◇◇◇◇◇◇

设计者、执教者:刘琪琪 江西省九江市湖滨幼儿园

【设计意图】

近日,中一班的幼儿对"餐馆"特别感兴趣,常常在表演区利用各种道具、材料进行角色游戏。"可可,你看我给你包的饺子好吃吗?""真好吃,我又做了碗面等待着客人到来。"……4～5岁幼儿对于角色游戏比较感兴趣,"餐馆"这一情景,既符合中班幼儿的年龄特点,又是孩子们比较熟悉的生活场景。在此游戏中,既能满足孩子们对于角色游戏的需求,同时也能够重复用句式"又……又……"造句,从而发展孩子们的想象力及语言能力。因此,结合幼儿兴趣及其年龄特点,生成了"小餐馆"的活动。

【游戏目标】

① 学习正确运用句式"又……又……",说出完整的复合句。
② 在情境中自然地表达,愿意和同伴们一起游戏。

【游戏准备】

点餐牌、各种蔬菜、点餐服饰、桌子桌布等。

【游戏过程】

1. 教师导入,激发幼儿游戏兴趣

师:小朋友,你去过餐馆吗? 餐馆里是怎样点餐的呢?

师:在我们中一班也开了一个小餐馆,这个餐馆的点餐方式好像和我们平时点餐不一样,你们想不想去看看?

2. 教师介绍游戏规则

教师扮演"点餐员机器人",口中念儿歌:"小朋友,欢迎你,来到我的小餐馆,花样多,点餐请先把菜夸。"

师:小朋友,你们好。我是这里的点餐员机器人。你们点餐前必须用"又……又……"点餐,否则就无法进入点餐系统。比如,点"西红柿"要说:"我想吃又大又红的西红柿。"当我回复"好的",就是点餐成功,否则点餐失败。所有人都点餐成功后,就可以上菜啦。当所有菜都上齐后大家一起说:"小餐馆,花样多,我把菜来尝一尝。"游戏结束。

3. 教师引导游戏

教师先扮演"点餐员机器人",若幼儿无法顺利说出句式,则重复游戏规则,引导幼儿熟悉游戏规则的情况下玩一次。第二遍教师再扮演顾客和幼儿玩,直至所有孩子熟悉游戏过程。

4. 幼儿自主游戏

当所有幼儿熟悉游戏过程后,幼儿轮流扮演"点餐员机器人"和"顾客",幼儿开始自主游戏(见图4-4)。

中班语言游戏活动视频"小餐馆"

图4-4　幼儿自主游戏

【活动评价】

　　教师能根据本班幼儿的实际情况,选取了中班幼儿熟悉的场景来引发幼儿的游戏兴趣。游戏规则明确,体现了活动目标的要求,较好地锻炼了幼儿运用复合句的能力。

案例二　大班语言游戏活动：超级大转盘

设计者、执教者：李鑫 江西省九江市湖滨幼儿园

【设计意图】

　　在大一班的语言区投放了一份"超级大转盘"的材料,该材料迅速吸引了幼儿的注意力。他们想要知道大转盘是怎么玩的,对转盘上的"上午、家里、小明"等词汇很感兴趣,自发地运用词汇开始玩起了造句游戏。因此,老师利用"超级大转盘"的材料设计了本次语言游戏活动。

【游戏目标】

① 通过联想,能够运用转到的词汇组成完整的句子,并连贯地表达出来。
② 愿意主动参与游戏,感受由词到句的乐趣。

【游戏准备】

物质准备：带有时间、地点、人物的转盘。

　　　　　经验准备：幼儿有过造句的经历。

图4-5　"超级大转盘"游戏材料

【游戏过程】

　　1. 创设游戏情境
　　师：亲爱的小朋友,我们的好朋友小松鼠带来了几个有意思的转盘,我们一起看看是什么样子的转盘吧!
　　2. 教师交代游戏规则
　　师：这里有四个转盘,每个转盘上有四个格子(见图4-5)。第一个转盘是时间转盘,上面写的是"上午""中午""下午""晚上"。第二个转盘是地点转盘,上面写的是"家里""上学路上""幼儿园""超市"。第三个转盘是人物转盘,上面写的是"小明""爸爸""妈妈""老师"。第四个转盘是一个事件转盘,但是它的上面是一个"?"。小朋友们可以根据自己转到的三个词以及自己想到的第四个词,想想怎么样编成一个句子。例如,转到了"中午、幼儿园和小明",那么可以编成:"中午小明在幼儿园里睡午觉。"

3. 教师引导幼儿进行游戏

（1）单人大转盘

这里请一位小朋友上来转三个大转盘，然后请他说出自己要编的事件，组成一句话。

（2）小组大转盘

因为有三个大转盘，就请三位小朋友分别来转"时间、地点、人物"转盘。然后请他们一起商量，尝试用他们三个人转到的词汇组成一个长句。（见图4-6）

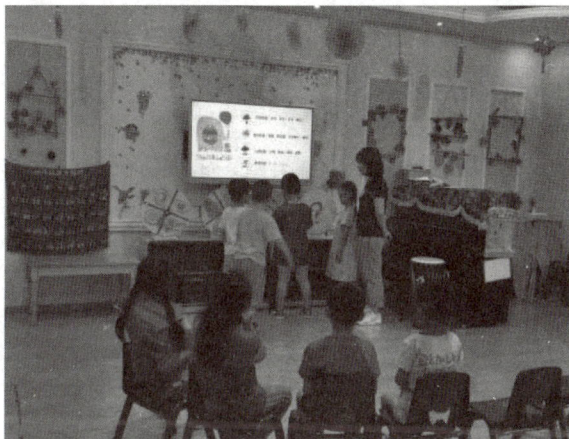

图4-6　小组大转盘

4. 幼儿自主进行游戏

【活动评价】

　　游戏内容的选择较好地考虑到了大班幼儿的年龄特点，从语词过渡到句子的运用，有利于幼小衔接。游戏中教师对规则的交代非常清楚，游戏过程由易到难，逐步递进，使不同水平的幼儿都能参与到活动中。

大班语言游戏活动视频"超级大转盘"

项目实践

（一）实训项目

1. 幼儿语言游戏活动的设计与组织。

根据教师提供的语言游戏目标设计一个语言游戏活动方案，并组织试教。

2. 幼儿语言游戏活动评价。

教师提供一个语言游戏活动视频，学生观摩分析活动全过程，重点分析活动的组织形式和环节的衔接，并对照语言教学游戏的设计原则和组织步骤及指导要点，对活动进行评析。

表4-4　语言游戏活动的评价

评价内容	改进方法
1. 幼儿的表现（游戏参与度、对规则的理解程度、掌握语言的情况、持续时间等）	
2. 教师的表现（对游戏中幼儿出现的问题是如何指导的）	
3. 游戏目标是否达成	
4. 环境创设是否合理	
5. 游戏环节是否得当	

（二） 模拟演练

1. 语言游戏是在活动过程中逐步扩大_____的成分。

2. 语言游戏设计和组织的步骤依次是(   )。

A. 交代游戏规则　　　　　　　　　B. 幼儿自主游戏

C. 教师引导游戏　　　　　　　　　D. 设置游戏情境

（三） 课外研读

1. 王派仁,何美雪.语言可以这样玩——儿童语言发展游戏与活动[M].济南:山东人民出版社,2012.

2. 江西高校出版社编写组.手指游戏大全[M].南昌:江西高校出版社,2011.

项目五　幼儿文学作品活动

　　幼儿文学主要是以 0～6 岁的幼儿为读者对象,通过典型形象、故事情节和生活画面等来反映现实生活,以唤起幼儿生活印象,激发幼儿思想感情和生活情趣的各类文学作品。具体包括童话、寓言、神话故事、儿童生活经验故事、儿童小说、成语故事、笑话、儿歌、儿童诗、散文、儿童科学文艺等体裁的作品。

　　幼儿文学作品活动是指以 0～6 岁幼儿文学作品为基本教育内容而设计组织的语言教育活动类型。这类活动通常从一个具体的文学作品入手,围绕这个作品展开一系列相关的活动,帮助幼儿理解文学作品所展示的思想、情感和优美的语言,引导幼儿迁移文学作品中的经验,大胆想象和创造性地运用语言表达与表现生活,从而发展幼儿的语言能力与想象能力,增强幼儿的美感与道德感,丰富幼儿的知识。文学作品的教育,是幼儿园语言教育的一个十分重要的方面,是以文学作品为基本教材而进行的文学活动,也是幼儿园语言教育中一种不可缺少的类型。[1]

　　周兢教授认为,幼儿园文学活动的目标为四个方面:第一,向幼儿展示成熟的语言,提高幼儿对语言多样性的认识。它通过让幼儿倾听各种语言句式和形象化而又风格不同的语言,发展幼儿的语言能力。第二,扩展幼儿的词汇量,培养他们自觉获取语言材料的能力。第三,培养幼儿善于倾听的技能。第四,鼓励幼儿创造性地运用语言,提高灵活运用语言的能力。[2]

　　儿歌、童话、故事被称为幼儿园文学作品的"老三样"[3]。诗歌、故事、散文是幼儿园文学活动的三大常见体裁。根据文学作品样式的特点,我们将幼儿文学作品活动归纳为三种类型:幼儿故事活动、幼儿诗歌活动、幼儿散文活动。为抓住重点内容,本书中的幼儿故事活动聚焦幼儿童话与幼儿生活故事,幼儿诗歌活动聚焦儿歌和幼儿诗。

子项目一　幼儿故事活动

　　幼儿故事是一种以真实的或虚构的事件作为讲述对象,具有连贯性、吸引力与感染力的叙事性文学体裁。幼儿故事作为一种叙事文学,它可以宽泛地涵盖所有故事类作品。广义的幼儿故事包括神话、传说、童话、寓言、小说等;狭义的幼儿故事是指除上述体裁外而专为幼儿创作的具有故事情节、可供幼儿读和听的文学作品。[4] 幼儿故事已成为孩子接触最早、最多的文学样式之一。

　　狭义的幼儿故事,从创作者角度可以分为民间故事和创作故事;从内容上可以分为生活故事、动物故事、历史故事、知识故事等;从表现形式上可以分为图画故事和文字故事。其中,生活故事取材于幼儿的日常生活,在幼儿故事中数量最多,占有重要地位,是幼儿故事的主体。[5] 下文案例部分将以生活故事为例进

① 周兢. 学前儿童语言教育[M]. 南京:南京师范大学出版社,2000:173.
② 周兢. 学前儿童语言教育[M]. 南京:南京师范大学出版社,2000:177.
③ 周兢. 幼儿园文学作品教学的新课——散文教学[J]. 早期教育,1992(Z1):15－16.
④ 李少梅. 幼儿文学教程[M]. 北京:北京师范大学出版社,2015:183.
⑤ 李少梅. 幼儿文学教程[M]. 北京:北京师范大学出版社,2015:186.

行介绍。狭义的幼儿故事在主题、情节、表现手段与语言四个方面有独特的要求，具有主题集中而明确、情节曲折而单纯、叙述明快而简洁、语言浅显、活泼而富有童趣等特点。

作为一种"听赏性"文学，幼儿故事由长辈或教师用语言讲述，孩子以听为途径接受这些转述语言。这种"大人讲－幼儿听"的学习模式决定了幼儿故事是一种重在叙事的文学，它讲究叙述的方法和技巧，以便能够吸引孩子的兴趣。

广义的幼儿故事包括幼儿童话。幼儿童话是幼儿文学中深受幼儿喜欢的一种文学样式，在童话家族乃至幼儿文学的诸多体裁中都占有重要而特殊的席位。[1] 而童话是一种叙事文体，它所要表达的内容都是通过讲故事即叙事表现出来的。[2] 幼儿童话也是如此。从这一特点出发，幼儿童话故事与狭义幼儿故事的教学有很大的相似性。

下文中，在概略介绍幼儿童话故事后，将重点介绍幼儿生活故事活动。

活动认知

（一）幼儿童话故事概述

1. 幼儿童话故事的概念

童话故事是以口头形式和书面形式存在的，符合儿童思维方式，有独特的逻辑，是在现实、超现实和人类心灵间自由徜徉的奇妙故事。幼儿童话故事是童话的重要组成部分，是童话中内容比较浅显、适合幼儿听赏的故事作品。[3]

2. 幼儿童话故事的特点

幼儿童话故事具有一般童话的共性，也有自己的一些特点。[4]

（1）符合幼儿心理特点的艺术幻想

幻想是童话的生命和灵魂，没有幻想就没有童话。童话的幻想遵循着客观事物的某些发展规律，根植于生活，又对生活作夸张的叙述和描绘。在童话作品里，融入幼儿心理特征的艺术幻想往往被作为艺术的表现手法。这种表现手法不仅用于组织故事框架，而且也被用于编织故事情节、刻画人物形象、营造特定的环境和气氛等；还被用来寄托作家的情感和理想，表达对真、假、善、恶、美、丑的评价。

幼儿童话故事的幻想内容更贴近幼儿心理，具有明显的幼稚性和夸张性，这既是幼儿欣赏童话的心理基础，也是幼儿童话故事的核心和灵魂。但是这种幻想必须植根于现实，符合一定的逻辑，使虚构的故事得到合乎逻辑的发展，使作品获得强烈的艺术感与真实感。

（2）切合幼儿审美情趣的表现手法

幼儿童话故事的艺术幻想主要通过夸张、拟人和象征等表现手法来实现，有时也会使用神化、变形、怪诞等手法。

幼儿童话故事的夸张是一种强烈的、极度的夸张，是对所要表现的对象或某种特征故意地夸大或缩小，目的是制造浓烈的幻想氛围，突出所描绘的形象和环境的主要特征，从而使作品产生诱人的美感、新奇感和幽默感。

拟人是指赋予人类以外有形无形的、具体抽象的客观存在以人的思想感情、行动和语言能力，亦称人格化。拟人能把抽象的事物转化为具体可感的艺术形象，这既符合幼儿的"泛灵思想"，也适应幼儿的形象思维特点。

象征是一种通过某一具体事物把某种抽象的概念、思想或情感形象可观地表现出来的艺术手法。这种手法常常被用于某一类曲折地反映现实生活的幼儿童话作品中，通过利用象征物与被象征物之间的某

---

[1] 李少梅. 幼儿文学教程[M]. 北京：北京师范大学出版社，2015：144.
[2] 李少梅. 幼儿文学教程[M]. 北京：北京师范大学出版社，2015：150.
[3] 李少梅. 幼儿文学教程[M]. 北京：北京师范大学出版社，2015：147.
[4] 李少梅. 幼儿文学教程[M]. 北京：北京师范大学出版社，2015：147－151.

种联系,使被象征的内容得到强烈、集中而又含蓄、形象的表现。

（3）类型化的人物性格

类型是指文学作品中具有某些共同或类似特征的人物形象,类型往往以"类"的特征来淹没个性,使人物成为一种"类"的样本。幼儿童话中的人物性格,往往是一种单纯的类型化的性格。例如,公主是美丽、善良的类型;王子是英俊、智慧的类型。

（4）单纯明快的叙事方式

童话是一种叙事文体。由于幼儿的智力水平和审美特点的局限性,幼儿童话的叙事方式一般都十分简洁、明快和富有趣味,故事涉及的人物、情节和背景都较为单纯。情节多为单纯的线性展开,生动曲折但不复杂。幼儿童话常用的叙述方式有三段式、对照式、循环式三种。

3. 幼儿童话故事的类型与发展脉络

童话可以分为拟人体童话、超人体童话、常人体童话。拟人体童话中的人物大多是人类以外的动植物,但都被人格化了,能和人一样说话、行动,有思想感情。超人体童话中的人物具有超自然的能力。常人体童话,写一般人的生活和斗争,但是描写夸张,情节奇特。童话有时也被称为童话故事,它与故事有一些相似点,例如,有人物形象与情节。

彭懿将童话分为民间童话和创作童话。民间童话是把搜集来的民间故事,剔除糟粕,直接改写成适合孩子阅读的文本。民间童话最大的一个特征是篇幅短小,基本上保留了口头传说的形式。民间童话没有作者,只有改写者,并且有多个版本。如《小红帽》,有佩罗童话和格林童话两个版本,但它们的原型都是一篇名为《外婆的故事》的民间故事。[①]

创作童话又称为文学童话,它是儿童文学家从民间童话中吸收和借鉴某些元素创作而成的。它有作者且只有一个版本,是写在纸上的,如《安徒生童话》。

最早的童话是由神话、传说演变而来的,始于民间的口头创作和传播。原始时期,早期的人类对各种各样的自然现象都处于无知、蒙昧的状态,他们在与大自然的搏斗中幻想出能主宰万物的"神",把自然现象和自然力量人格化,以此对自然现象和自然界的秘密做出各种天真的解释,于是产生了神话。传说是神话的演进,是人们用夸张的想象来描绘历史上曾经存在过的人物和事件。脱胎于神话传说的童话样式首先是民间童话,它由人们口头创作,在各地区、各民族之中世代相传,后来被整理成书。古印度一位婆罗门师爷自民间采集的《五卷书》是最早的一部寓言童话故事集,这部故事集被认为是最早向孩童传授经验、启迪智慧的童话故事书。《鹅妈妈故事集》被誉为欧洲最早出现的一部童话集。

丹麦作家安徒生及其作品的出现,标志着童话进入现代自觉阶段。安徒生把现实生活和现实儿童的形象引入了自己创作的文学童话,他是第一个明确为儿童创作的童话作家。

在我国,童话的生成历史非常悠久,但只是散见于各类古籍之中,没有被列为独立的文学品类。"五四"运动以后,叶圣陶、郑振铎、严文井、金近等大批作家的创作童话以崭新的面貌出现在文坛上。叶圣陶1923年出版的《稻草人》是我国第一部作家童话集,标志着中国现代童话的产生。鲁迅先生评价叶圣陶说:"叶圣陶给中国的童话开辟了一条自己创作的路。"

（二）幼儿生活故事概述[②]

1. 幼儿生活故事的概念

幼儿生活故事是幼儿故事中非常常见、重要的一类,它是以现实的幼儿为主要角色,以他们的日常生活和活动为题材的幼儿故事。由于生活故事直接反映幼儿现实生活,主人公常常就是幼儿,所以在幼儿听来,故事仿佛是在讲他们自己和身边发生的事,这自然使他们产生一种真实感和亲切感,使故事具有一种天然的亲和力。幼儿生活故事对幼儿产生的影响和所起的作用是其他幼儿文学样式无法比拟的[③]。因此,本书特选取生活故事进行介绍。

---

① 彭懿.世界儿童文学阅读与经典[M].南宁：接力出版社,2011：46－107.
②③ 李莹,肖育林.学前儿童文学[M].上海：复旦大学出版社,2014：107－114.

2. 幼儿生活故事的功能

幼儿生活故事是形象反映生活的一种艺术形态,包含了丰富的社会内容,蕴含了丰富的社会知识,它就像幼儿生活的一面镜子,折射出孩子们生活的某些层面,孩子们就像看到了自己的影子,从而让他们关注自己,正确认识自己,思考自己的生活。同时,它还是幼儿认识社会、适应社会最直接的"生活教科书"。它能从正面引导幼儿看到社会中美好善良的一面,也可以在批评别人的错误和不好的习惯中启发幼儿纠正自身的不足。

3. 幼儿生活故事的艺术特征

幼儿生活故事具有艺术魅力和艺术特征,它独特的艺术特征主要有三点。

(1) 非常强的现实针对性

现实针对性强是幼儿生活故事在题材、主题上的特点。幼儿生活故事截取幼儿日常生活中的某些现象、片段、事例,在很大程度上是幼儿家庭和幼儿园生活的真实写照。有的甚至直接运用真人真事进行构思,孩子看故事时似乎就在看自己身边的事。生活故事创作的初衷是培养幼儿正确的思想与行为,使其养成高尚的品德与情操,引导他们积极向上。

(2) 单纯而曲折的情节

幼儿生活故事情节沿着一条线索发展,并贯穿到底,一般不采用倒叙、插叙,也少有枝节藤蔓,而且结构连贯、完整。例如,美国儿童故事《煎饼帽子》沿着"妈妈摊煎饼——迈克学摊煎饼——煎饼落到头上——迈克摊出第一张煎饼"这条线索进行,情节简单,线索清楚。

(3) 浓郁的生活情趣

浓郁的生活情趣是幼儿生活故事赖以存在的基础。幼儿生活故事是以孩子真实的生活为底本,写给幼儿"听赏"的。我国著名的儿童文学作家陈伯吹说:"趣味是儿童故事的基础。"好的幼儿生活故事,不仅要有鲜明的主题、生动的人物和情节,还应当有浓郁的儿童情趣,让小朋友们听了之后,发出亲切的笑声,感到愉快。[1]

生活故事中蕴含的浓郁的生活气息,既来源于故事的曲折的情节,也来源于作者对人物的刻画、语言的幽默风趣。全方位地贴近孩子,会对孩子形成一种很强的亲和力,自然而然融入故事情境中,唤起愉快的体验,引起心灵的共鸣。

(三) 幼儿故事活动的关键点

幼儿故事活动的开展与幼儿故事的文体特征息息相关。幼儿故事与其他文体相比较,在形式上最典型的特征是它的建构方式与写作手法的选择主要以幼儿对作品情节结构和人物特征的理解为主,同时还包括对童话中幻想、拟人表现手法的初步感知。因此,幼儿故事活动的开展应围绕故事的情节、人物特征、幻想与拟人的表现手法、主题而开展。

1. 感知故事的情节

情节是故事的基本构成要素之一。情节是指事件的安排组织,常常用来指故事的结构,或者故事讲述的顺序。故事情节主要指故事的起始、发展、高潮和结尾。儿童对情节的理解是儿童故事理解的基本表现,儿童对情节的理解不仅仅表现为儿童能在问答中表现出对故事情节的理解,同时也表现为儿童对故事主要情节、甚至主题的概括。[2]

例如,《三只蝴蝶》的教学设计中,教师提问:

三只蝴蝶碰到了什么不愉快的事情?

哪只蝴蝶向谁求助了,结果怎样?

① 李莹,肖育林. 学前儿童文学(第三版)[M]. 上海:复旦大学出版社,2014:114.

② 周兢. 学前儿童语言学习与发展核心经验[M]. 南京:南京师范大学出版社,2015:164 - 168.

2. 感知故事人物特征

人物是故事中的核心要素。在故事中,有生命的物体、甚至是拟人化的非生命体都可以成为故事中的人物形象。人物特征通过人物的语言和人物在整个情节中的行动来体现,人物的语言和行动也构成了情节的开展与延续。故事中人物角色的语言与行为塑造了不同性格特征的人物与动物形象。因此,对人物语言和行动的理解,对人物特征的概括,是幼儿故事活动中重要的内容之一。

例如,《三只蝴蝶》的教学设计中,教师提问:

当红花姐姐只让红蝴蝶进来避雨时,红蝴蝶是怎么做的? 又是怎么说的呢? 你觉得这是一只怎样的红蝴蝶?

当绿花姐姐只让绿蝴蝶进来避雨时,绿蝴蝶是怎么做的? 又是怎么说的呢? 你觉得这是一只怎样的绿蝴蝶?

当蓝花姐姐只让蓝蝴蝶进来避雨时,蓝蝴蝶是怎么做的? 又是怎么说的呢? 你觉得这是一只怎样的蓝蝴蝶?

教师通过提问引导幼儿对蝴蝶的行为与语言进行思考,进而感知故事里的人物形象与特征。

3. 感知幻想、拟人的表现手法

幻想是童话的核心,也是童话的灵魂。借助幻想去塑造并不存在于现实生活中却具有现实意义的形象,间接地反映生活,是童话区别于其他文学形式的特点。从儿童的心理发展特点来看,儿童喜欢幻想,也善于幻想,因此童话成为幼儿喜欢的文学样式之一。对童话中幻想与拟人的表现手法的感知,是幼儿故事活动的重要内容之一。

例如,在故事《嘿,帮我传个话》中的语言:"老鼠在通风管道里消失了。它认识所有的路,熟得都能背下来。"读到这里时,幼儿会哈哈大笑,"熟得都能背下来",拟人与夸张的手法,让幼儿感受到老鼠的聪明可爱。

(四) 幼儿故事活动年龄阶段目标

文学活动中,不同年龄段幼儿的核心经验可以分为语汇、文学形式、想象三个维度[①]。幼儿语汇维度的核心经验又可以分为词汇、文学语句、修辞手法三个方面。幼儿文学形式维度的核心经验主要聚焦故事的形式特征,其中故事的形式特征包含情节、人物特征、幻想拟人的表现手法三个要素。想象维度的核心经验分为再造文学作品的想象和创造文学作品的想象(见表5-1)。

表5-1 幼儿故事活动核心经验及三个发展阶段

维度	方面	学习与发展目标		
		初始阶段	稳定阶段	拓展阶段
语汇核心经验	词汇	· 借助已有生活经验理解作品中相关词汇的意思 · 尝试使用文学作品中表示人或物或动作的词汇进行讲述	· 根据上下文来猜测不懂的新词 · 初步运用一些文学作品中习得的修饰性词汇进行表达	· 初步理解表现人物特征和情节发展的关键性词汇的含义 · 愿意尝试运用不同词汇进行仿编
	文学语句	· 通过聆听的方式,形成对词序排列的初步印象	· 感知零星的语言词汇材料组合成简单句子的方式 · 了解词序的排列组合可以构成不同的句型 · 讲故事中,运用基本正确语句形式进行表达	· 感知词序变化带来的语境效果 · 依据作品中简单的语句形式进行仿编和创意表达

[①] 周兢.学前儿童语言学习与发展核心经验[M].南京:南京师范大学出版社,2015:121-212.

维度	方面	学习与发展目标		
		初始阶段	稳定阶段	拓展阶段
文学形式核心经验	修辞手法	· 喜欢倾听或诵读运用不同修辞方式的文学作品	· 理解文学作品中运用比喻、拟人、夸张等修辞方式语句所表现的内容 · 借助于经验和想象,仿编个别具有比喻、拟人或夸张手法的语句	· 根据文学作品中运用的修辞方式,仿编运用比喻、拟人、夸张或反复等修辞手法的段落 · 日常生活中,尝试运用作品中学习的修辞方式语句描述人、物或景
	故事的形式特征	· 知道故事中的主要人物 · 理解故事的起始与结尾	· 初步理解故事中人物的对话和动作,模仿故事中的人物对话和动作来讲述故事 · 感知故事情节发展的主要脉络,理解故事起始、发展、高潮和结尾	· 运用书面语言和句式表达故事中的人物特征 · 获得有关童话故事幻想、拟人的表现特点 · 初步概括故事的主要情节 · 根据故事的部分情节预测故事情节的发展,或续编、创编故事
想象核心经验	再造文学作品的想象	· 跟随成人讲述或朗诵,形成对作品中的具体实物的想象 · 根据成人讲述或朗诵,形成对作品中人物的动作、表情的想象,在教师的要求下做出相应的动作、表情	· 倾听文学作品后,能形成作品中典型人物特征的基本形象。如外貌、语言、动作以及心理状态等的想象 · 复述出文学作品中的主要情节,初步意识到故事发生的线索和前因后果 · 结合已有生活和文学作品学习经验,表达对作品的初步感受	· 较为完整地回忆文学作品的主要内容和主要情节 · 能初步理解文学作品的主题含义或意境,能较深刻理解作者的基本态度 · 并结合自己的生活经验,谈论自己的态度和做法
	创造文学作品的想象	· 理解文学作品的结构 · 根据自己的经验和想象,替换作品中的单个要素,初步仿编文学作品	· 通过替换文学作品中的多个要素,完整仿编一个文学作品片段 · 续编文学作品的一个情节,续编的内容与已有故事的情节有关联,并且合理,有逻辑	· 依据主题,初步编构一个新的文学作品,情节完整,内容、结构、主题合理,有逻辑 · 初步使用文学性、书面化的语言来表现编构的情节和作品 · 在编构的情节中表现出初步的创造性 · 用表演等方式来展现所编构的内容

工作过程

（一）活动设计

　　活动设计的步骤：1. 拓展思维,选择合适的故事；2. 解析故事文本,确定活动目标；3. 构思活动方案,选择恰当教学方法；4. 预设活动,撰写活动方案；5. 充分利用多种资源,进行活动准备。

步骤 1　拓展思维,选择合适的故事

　　选择作品时,既要考虑作品的教育与文学功能,又要考虑幼儿的欣赏趣味和欣赏能力[①]。教师可以从以下六个角度选择故事作品。

　　① 关注幼儿的经验。幼儿的心理特点表明,熟悉的事物更容易被幼儿感知和关注,低龄幼儿更是如

---
① 张明红. 学前儿童语言教育[M]. 上海：华东师范大学出版社,2006：189.

此；幼儿更容易产生共鸣，产生"愿说"和"想说"的心理需要。因而，我们应尽量围绕幼儿的实际生活选择故事。例如，睡觉是幼儿重要的生活内容之一，但很多孩子在晚上总是不肯早点睡觉。在阅读《不睡觉世界冠军》的故事时，孩子只是听到故事的名字就已经哈哈大笑，甚至从头笑到尾，这是因为这个故事引起了他的共鸣。

② 主题单一，且有一定的教育意义。幼儿故事的题材范围很广，大至宇宙，小到细菌。现实的生活和斗争，古今中外的伟人、名人的事迹等，都可以成为幼儿故事的题材。但就一个具体的故事作品而言，应该只有一个主题，且简单明确，易于幼儿理解。

③ 人物形象，鲜明突出。幼儿故事的情节大部分是由人物的行动组成的，因而，选择的故事中的人物形象，应该生动、鲜明突出，有助于幼儿理解故事内容，如《小兔乖乖》。

④ 情节生动，结构紧凑。应选择线索比较单纯、直线发展、层次分明、有头有尾、有圆满结局的故事，例如《三只小猪》。

⑤ 故事要有针对性。教师要善于观察和发现一段时期内本班幼儿在思想、行为等方面存在的问题，及时选择有针对性的故事进行教育。

⑥ 富有审美价值。传统的故事教学在作品选择上偏向于为道德与社会性教育服务，对故事自身的审美价值关注不多，这使幼儿的精神世界被塞满了太多的知识与道德，教育的效果反而不佳。优秀的幼儿故事作品总是富有诗性，有着蓬勃的艺术感和浓郁的儿童情趣，如歌一般动听，如画一般生动①。教师要注重选择美文，并善于挖掘故事中的美。

步骤2　解析故事文本，确定活动目标

由于幼儿故事活动首先是围绕着故事文本开展的活动，因此教师在开展活动之前，应深入品读故事文本，理解作者的写作意图与结构成篇的方法，为后续的故事活动的开展做好铺垫。对于故事文本来说，教师应抓住故事的主要人物、情节发展的脉络、故事传递的思想观点等。分析好故事文本后，再确定具体活动目标。

例如，故事《爱吃肉的毛毛》讲的是一个五岁胖墩墩的小男孩不喜欢吃蔬菜，只喜欢吃肉，结果身体很不健康的故事，文本词句通俗易懂。因此，可以从文学形式与文学想象的维度设定此活动的目标。根据大班幼儿的年龄阶段特征，我们可以考虑如下的核心经验：较为完整地回忆文学作品的主要内容和主要情节；能初步理解文学作品的主题含义或意境，能较深刻理解作者的基本态度；能结合自己的生活经验，谈论自己的态度和做法；初步概括故事的主要情节；根据部分情节预测故事的发展，或续编、创编故事。

这个故事通过比较毛毛与红红的饮食习惯与身体状况，告诉幼儿要多吃蔬菜。因此，可以设定如下目标：

① 知道毛毛身体肥胖、体弱多病的原因，理解故事内容。
② 能结合自己的饮食行为，说一说自己饮食习惯的好坏及原因。
③ 初步树立健康饮食的意识。

此目标设计是根据幼儿年龄特征与文本特点，将文本的主题意义作为目标设计的落脚点；同时，注意了文学作品与幼儿生活经验的紧密结合。

步骤3　构思活动方案，选择恰当教学方法

不同的文学样式，都有相应的教学方法。由于幼儿以具体形象思维为主，因此教师在构思故事活动方案时，需要呈现与故事内容有关的画面插图，以辅助幼儿理解故事内容；还可以让幼儿分角色表演故事，体验故事内容，从而深入理解故事。在幼儿进行角色表演的过程中，教师还应注意对故事反映的生活场景的营造与渲染，增强体验效果。演示法、表演法、情景渲染法是幼儿故事活动中常见的方法。

---

① 张金梅.浅谈怎样选择低幼文学读物[J].早期教育，2005(11)：13-14.

例如,案例"爱吃肉的毛毛"中,可以让幼儿扮演肥胖多病的毛毛和健康的红红。在亲身感受中,幼儿能更深刻体验到肥胖多病的坏处,知晓不能只吃肉,从而改变自己不正确的饮食行为。

同时,教学是能动的活动,故事只是实现教学目标的一个载体。所以,设计活动时,教师在对文本的语言和价值倾向进行认真的研读后,可以根据幼儿发展需要与身心特点对作品进行一些适当的处理。虽然优秀的故事作品本身就可以深深地吸引幼儿,但如果教师能根据需要对作品进行巧妙的再创造,如增加、删减或移动作品的部分内容,则有可能达到更好的效果[①]。

例如,在"我的爸爸"教学中,教师只是选取其中"爸爸跑步得了第一名""爸爸很聪明会做算术题""爸爸很勇敢会赶走大灰狼"等幼儿最为熟悉部分带入到活动中,从而激起了幼儿热烈的探讨。

步骤4 预设活动,撰写活动方案

幼儿园活动方案一般包括活动名称、活动目标、活动准备、活动过程等。活动名称一般是故事的名字,同时应注明班级。活动目标的设计应围绕语言领域与故事活动的核心经验进行。

大班故事活动: 爱吃肉的毛毛[②]

【活动目标】

① 知道毛毛身体肥胖、体弱多病的原因,理解故事内容。
② 能结合自己的饮食行为,说一说自己饮食习惯的好坏及原因。
③ 初步树立健康饮食的意识。

【活动准备】

物质准备:班级体重与饮食习惯调查表,3斤的重沙袋若干,幼儿吃饭时的照片或视频。
经验准备:对不同食物的营养有初步的认识。

【活动过程】

1. 视频导入,激发幼儿学习兴趣

师:上周小朋友们吃中餐的时候,老师给大家录了一小段视频,大家看看,哪个小朋友喜欢吃什么菜,不喜欢吃什么菜? 哪些小朋友什么菜都爱吃?

师:只喜欢吃肉,不吃蔬菜,会有什么样的后果呢? 我们一起来听一个故事吧。

2. 朗读并提问引导,理解故事内容

师:故事里有谁? 毛毛的身体怎么样? 你是怎么知道的? 你觉得原因可能是什么?

师:红红的身体怎么样? 你觉得原因可能是什么?

3. 体验引导,知道健康饮食的重要性

师:今天,我们来做一个游戏。我们也来学一学毛毛走路,会是怎样的感觉呢? 老师这里有沙袋,每个小朋友一个,绑在我们的肚子上。绑好以后绕着我们的活动室跑两圈,跑完以后回到自己的座位上。想一想,和你没绑沙袋时有什么不一样的感觉?

师:这种不好的感觉是因为什么产生的? 怎样可以避免呢?

4. 联系自身情况,初步树立健康饮食的意识

师:我们每个小朋友最喜欢吃的食物是什么? 吃它有哪些好处呢? 或者有哪些坏处呢? 我们应该怎么做?

小结:健康饮食,可以让我们的身体更健康。

---

① 叶明芳.幼儿园故事教学活动的组织与实施[J].学前教育研究,2010(10):67-69.
② 案例由九江职业大学学前教育学院段展华老师提供。故事原文来源于2019年全国高职院校学前教育专业教育技能大赛试题。

5. 活动延伸

师：通过这节课大家都知道了要多吃蔬菜。回家以后，我们是不是也可以做到呢？老师这里有一张大家以前的体重和爱吃的食物调查表，老师帮你们保存好。再过一个月后，我们再做一次调查，看看大家是不是真地做到了多吃蔬菜。

【活动评价】

此活动的设计体现了从生活中来、到生活中去的教学理念。首先，录制幼儿实际进餐情况的视频，让幼儿知晓自己和他人在进餐中的情况，让幼儿反思自己的饮食习惯的同时，为后面理解故事内容做铺垫，这就是从生活中来。在延伸活动中，让幼儿把自己认识到的道理再次运用到自己的日常生活中去，从而改变自己的饮食习惯。另外，本次活动设计还注重体验教学法的使用，让幼儿通过增重跑步感受肥胖给自己带来的不便，从而加深对肥胖坏处的认识，进而愿意改变自己的饮食行为。

步骤5　充分利用多种资源，进行活动准备

活动准备为活动目标达成服务，包括物质准备、经验准备、环境准备。

物质准备是指为保障活动的顺利开展准备的物质材料，包括教具、服装道具等。例如，在"爱吃肉的毛毛"活动中，教师可以拍摄幼儿吃饭时的照片与视频，为幼儿之间的讨论提供直观教具支撑。在童话故事的教学中，教师可以提前布置童话情景舞台和准备表演服装。

经验准备是指为促进幼儿理解文本而让幼儿提前获知的经验。例如，"荷花镇的早市"活动中，教师可以让家长提前带幼儿去菜场买菜（见图5-1），观察菜场的场景，感知买菜时的风土人情，为理解故事内容提供经验准备。

环境准备是指为增强活动效果而提前布置的环境，具有熏陶感染的作用。可以布置活动室主题墙、区角、门厅、楼梯扶手四周等。例如，"爱吃肉的毛毛"活动中，

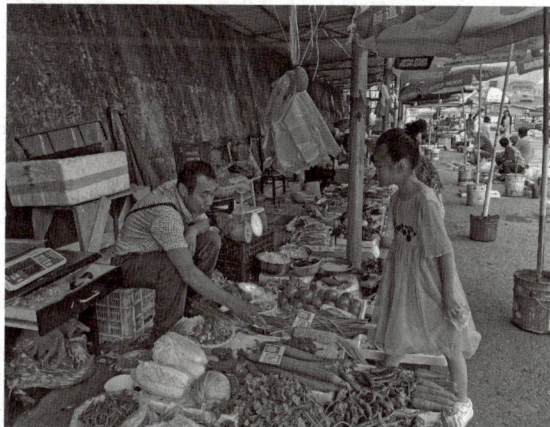

图5-1　体验买菜①

教师可以在主题墙上投放一些蔬菜的名称与营养的图片等，进一步激发幼儿吃蔬菜的兴趣。为营造童话校园的氛围，激发幼儿爱读童话书的兴趣，很多幼儿园在各处放置了童话书，便于幼儿随时随地阅读。

总的来说，为引导幼儿积极参与故事活动，教师可综合利用社区资源、家长资源、幼儿园资源，整合语言领域与其他领域活动，整合集体教学活动与区域活动、生活活动。

（二）　组织与指导

组织指导的步骤：6. 借助多种手段，激趣导入；7. 声情并茂，朗读演绎故事内容；8. 层层设疑，感知理解故事情节与人物特征；9. 开展创造性语言活动，深入理解故事的主题；10. 充分利用各种资源，延伸至各种活动中。

步骤6　借助多种手段，激趣导入

好的导入应从激发幼儿的学习兴趣开始，常见的导入方法有三种。

（1）用故事中的人物形象导入

例如，在"萤火虫找朋友"的活动设计中，教师通过提问故事中的主人翁导入。教师首先清唱儿歌："×

---

① 项目五图片均来源于江西省九江市中心幼儿园八里湖园区。

图 5 - 2　教师提问幼儿

×虫,夜夜红,半夜起来点灯笼。"随后提问:"在夏天的夜晚,有一种虫虫半夜起来点灯笼,你们知道是谁吗?"激发幼儿学习的兴趣,为后续的学习吊足了胃口。

(2) 播放完整故事视频或呈现故事的某个片段导入

例如,在故事《嘿,帮我传个话》中,一张狗隔着栅栏对着猫的耳朵说着悄悄话的照片,吸引了幼儿的眼球。当教师还没读出"嘿,帮我传个话"时,幼儿已经开始哈哈大笑。"它要传个什么话?""为什么要传话呢?"一个个问题随之闪现在幼儿的小脑袋中了。

(3) 设计与故事有关的问题导入

例如,在"荷花镇的早市"的活动设计中,教师可以提问幼儿导入(见图 5 - 2):"你和你的爸爸妈妈去买过菜吗? 看到了什么? 和谁说了什么话?"既联系了幼儿的生活经验,激发了幼儿的想象;又为后续理解故事主旨进行了铺垫。

步骤 7　声情并茂,朗读演绎故事内容

朗读是一种有声艺术语言,是借助语言形式,生动形象地表达作品思想内容的言语活动。幼儿对文学作品的学习,最先且最主要的就是通过听觉来进行。画面对幼儿的想象会起到促进作用,也会起到阻碍作用。教师尽量在幼儿有了听觉感受之后呈现画面。在呈现画面之前,通过提问充分调动幼儿的想象。在呈现画面时,可以伴随听觉信息逐步呈现,以帮助幼儿理解。在有条件的情况下,可以边朗读文学作品边手绘画面形象[1]。因此,声情并茂地朗读演绎文学作品,是文学作品教学中的必要环节,也是文学作品教学区别于绘本阅读的根本所在。那么何时朗读、怎么朗读呢? 对于不同的文学作品,要求是不一样的。

以生活故事作品来说,可以在提问调动幼儿的想象之后,再进行朗读。如《荷花镇的早市》,教师可以先通过提问调动幼儿关于早市买菜的生活经验,然后进行朗读,就可以把幼儿带入文学作品描绘的画面中去。

朗读者必须根据有声语言表达的规律,将自己的真实感情融进朗读之中,对文学作品进行二度创作。以情带声,以声传情,声情并茂。恰当运用朗读技巧,准确而生动地演绎作品,表达出作品中蕴含的思想感情。在生活故事中,有时有很多人物对话,人物对话语言要适当夸张、个性鲜明、情感表达得当。朗读生活故事中的角色应分明,角色感要强,音色、语调、语速要适宜,态势语设计要合理、自然。例如,在《荷花镇的早市》中,姑姑、阳阳、张阿婆、李师傅等人物对话,就可以用不同的声音去朗读,读出人物性别、年龄、性格的不同,让幼儿通过听、读,想象荷花镇集市的样子。

《荷花镇的早市》朗读录音

步骤 8　层层设疑,感知理解故事情节与人物特征

此步骤是故事教学的核心环节,也是体现教学艺术的重要过程。在此步骤中,常用的教学方法有三种。

(1) 利用层层递进的开放式提问帮助幼儿理解故事

例如,童话《金色的房子》教学活动中,第一遍讲完故事后,教师提出描述性提问:"故事的名字是什么?""故事里有谁?""你听到了什么声音?"这些描述性的问题帮助幼儿理解了故事的大致内容。第二遍讲述后,教师提问:"房子为什么会动?""这是一只怎样的小松鼠?""这是一只怎样的小乌龟?""你喜欢它们吗? 为什么?"进而引导幼儿理解故事的主题、人物性格等。在幼儿围绕故事表演后,教师又引导大家思考:"会动的房子还会到哪里?""你会把房子造在哪里呢?""你能用什么办法让房子动起来?"。通过这些问题,引导幼儿在理解故事的基础上大胆续编、创编故事。

(2) 善用"暂停",为幼儿"留白"

在讲述故事时,可以辅以 PPT 或表演情景,到关键处引发幼儿去思考故事的发展,然后再展示故事中

---

[1] 周兢. 学前儿童语言学习与发展核心经验[M]. 南京:南京师范大学出版社,2015:207.

的情节与内容。这种方法可以自始至终将幼儿带入故事,从而使幼儿能够较好较快地理解故事的基本内容。例如,《嘿,帮我传个话》中,狗把话传给了猫,猫是怎么做的呢? 怎么说的呢? 它把话传给小男孩了吗? 这些问题可以激发幼儿的思考,以及进一步倾听的渴望。

(3) 利用故事中的关键词汇帮助幼儿理解故事

例如,《荷花镇的早市》中,姑姑在河边碰见了熟人张阿婆,姑姑盛情邀请张阿婆去家里做客,张阿婆特意为老太太做了米酒。在姑姑和张阿婆的对话中,有这样一些关键词——可想、特地、最喜欢。抓住这几个关键词,就抓住了对话中的感情线,领悟了张阿婆和老太太之间的深厚友谊。

步骤9 开展创造性语言活动,深入理解故事的主题

在幼儿对故事的情节与人物特征已经有一定了解后,教师可以开展故事表演、仿编、续编、创编、复述故事、画故事等创造性语言活动,使幼儿更加深入地理解故事的内容,从而进一步理解故事的主题。该部分内容可以安排在第二部分"感受和理解",也可以单独安排在延伸部分。例如,在学习《荷花镇的早市》后,可以让幼儿画一画荷花镇的早市,或者演一演荷花镇的人物对话(见图5-3),深化幼儿对故事的理解。

步骤10 充分利用各种资源,延伸至各种活动中

幼儿故事活动情节性强,可以延伸到表演区进行故事表演,可以延伸到阅读区进行故事的深入阅读,也可

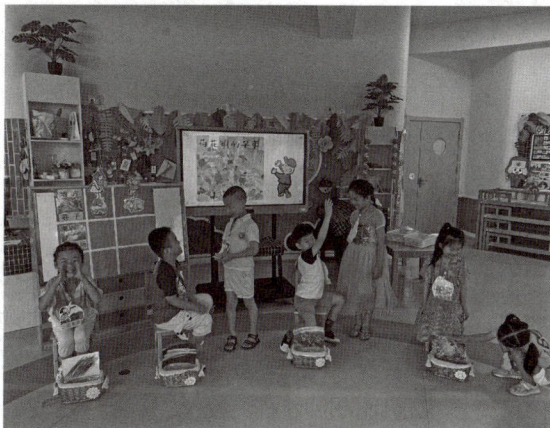

图5-3 表演故事

以与爸爸妈妈进行亲子阅读,还可以延伸到生活活动中复述故事等。例如,对于《荷花镇的早市》,可以让幼儿在建构区利用各种结构材料搭建农贸市场,并进行集市买卖活动的角色扮演。还可以让幼儿和爸爸妈妈再次去集市买菜,进一步感受本地与江南水乡不同的风土人情。

(三) 活动评价

故事活动的评价同样可以从对幼儿的评价、对教师的评价、对故事活动整体的评价三个方面展开。

(1) 对幼儿的评价

对幼儿的评价,可以在故事教学活动过程中进行,也可以在故事教学活动结束之后进行。评价的主体,可以是授课教师,也可以是同行、园区领导等。一般来说,对幼儿的评价,包括幼儿在活动中的投入情况、互动情况、面临的挑战、学习习惯等指标。[1] 这些指标可以表现为幼儿在故事教学活动中积极回答教师的提问,乐于与同伴参加教学中的各种活动,大胆说出自己的想法,并且有自己的创新意见;能克服学习过程中的困难,体验成功的喜悦等。

(2) 对教师的评价

对教师的评价可以依据讲解的适宜性、教学策略的适宜性、对幼儿的关注、评价幼儿的适宜性等指标[2]。判断教师讲解或教学策略是否适宜的依据是幼儿在故事教学活动中的表现,即幼儿是否真正理解了教师讲解的内容;教师的教学策略是否深受幼儿的喜欢,并且使幼儿有效地学到了相关知识与经验;是否关注到了全体幼儿;教学语言是否促进幼儿在已有知识经验基础上获得最大限度的发展。

(3) 对故事活动整体的评价

教学效果是评价故事活动整体情况的首要指标。[3] 是否达成预期的活动目标,幼儿心情是否愉快,是否主动参与,学习习惯是否良好等,都是检验教学效果的依据。与此同时,故事活动目标与内容的适宜性以及故事活动设计背后体现的教育理念是否科学等,也可以作为评判故事活动整体情况的指标。

①②③ 尹坚勤.保教知识与能力(幼儿园)[M].南京:南京师范大学出版社,2017:226-230.

案例分析

◇◇◇◇◇◇◇◇◇◇◇◇◇◇◇◇◇◇ 大班语言活动：荷花镇的早市 ◇◇◇◇◇◇◇◇◇◇◇◇◇◇◇◇◇◇

设计者：占火红、徐瑞婕、吴文文　江西省九江市中心幼儿园八里湖园区
执教者：徐瑞婕　江西省九江市中心幼儿园八里湖园区

【设计思路】

第一眼看到《荷花镇的早市》这本水乡风情的绘本，我的第一印象就觉得它不似以前的绘本，它给孩子们带来的是一幅幅宁静的画面。一幅幅温馨的水乡集市画面中，人物不紧不慢，河水、屋瓦、石级、木柱、门板等充满了恬静美好的气息。因此，我们希望通过阅读，帮助孩子们了解故事中小村庄细小又生活化的事物，知道中国人的传统文化，感受中国水乡的温暖人情。

结合本故事的特质，在分析大班幼儿阅读现状的基础上，我们设计了三个环节：以幼儿生活经验为背景，通过文字欣赏推进幼儿对故事情节的理解；幼儿全面感受故事的内容以及相关的情感；最后用完整欣赏的方式，确保幼儿文学欣赏的完整性，唤醒幼儿与文学作品的情感共鸣，真正发挥阅读对幼儿的影响力，在获得愉悦情感的同时，学会感受爱与表达爱。

【活动目标】

① 感知理解故事主要人物与情节内容。
② 倾听故事后，能初步概括阳阳与姑姑去集市买东西的所见所闻。
③ 感受江南水乡质朴的风土人情。

【活动准备】

物质准备：PPT 课件、故事内容图谱、表演用具、唢呐音频。
经验准备：跟家人一起买菜，观察菜市场买菜场景。

【活动过程】

1. 出示图片，分享经验
师：瞧，这是周末早上你们去菜市场拍下来的照片！早上去菜市场你们发现了什么呢？
小结：早上的菜市场已经很热闹了，很多人为了给自己的家人准备一顿丰盛的菜肴，一大早就会去挑选自己要买的食物。那今天也有个叫阳阳的小朋友，他想请你们去看看他的老家荷花镇，那里每天早上也有一个这样热闹的早市，每天都发生着很多美好的事情，而今天的故事也从这里开始了。

2. 朗读并提问引导，理解故事内容
（1）朗读故事第一部分，理解故事发生的起因与背景
师：阳阳为什么和姑姑去买菜？这个地方在哪里？和我们这有什么不同？
过渡语：原来明天是阳阳奶奶生日，阳阳和爸爸妈妈回到了自己的家乡荷花镇，小镇的房子依水而建，白墙黑瓦，错落有致。清晨的荷花镇一片宁静祥和，这时候的人还不多，大家三三两两地在路上唠家常。
师：阳阳和姑姑首先来到了哪里？姑姑到这里做什么？阳阳看到了什么？
（2）朗读故事第二部分，理解故事内容
师：在你和爸爸妈妈去买菜的时候，爸爸妈妈会和卖东西的人聊天吗？
过渡语：订蛋糕是过生日必不可少的事。邻里之间的相互熟悉，是令人羡慕的。

师：接下来，他们会去哪里，又会买些什么呢？

（3）朗读故事第三部分，理解故事内容

师：阳阳和姑姑然后来到了哪里？有几个人说话，他们是谁？（卖韭菜的、卖春笋的、买春笋的、卖新茶的、行人、姑姑、卖鸡老板）谁能来演一演？姑姑买了什么？我看到了什么？

过渡语：菜市场好热闹啊。接下来，姑姑和阳阳还会去哪里？买什么呢？

（4）朗读故事第四部分，理解故事内容

师：姑姑碰到了谁？说了什么？"可想"是什么意思？你们知道米酒是怎么酿制的吗？酿一次米酒需要多长时间？可是，为什么张阿婆还是要酿米酒呢？还是"特地"酿的？

教师小结：原来，张阿婆早早就惦记着奶奶的生日，还知道奶奶喜欢米酒，所以特意酿了米酒给奶奶庆祝生日，奶奶也一直惦记着张阿婆。张阿婆和奶奶真是好朋友，邻里之间感情深厚。

师：阳阳又看到了什么有趣的事情？用花轿接新娘子，我们是用什么接新娘子的？你看过戏吗？人们常常在哪里看戏？这里是在哪里看戏呢？

教师小结：用花轿接新娘，露天看戏。好有意思的地方。

师：为什么过生日要买面条呢？你过生日的时候，爸爸妈妈会给你准备什么？这次奶奶过生日，姑姑给奶奶准备了什么？

师：为什么说"今天家里也一定会很热闹呢？"

过渡语：在阳阳的老家，每当有年长的老人过生日时，大家总会聚在一起热热闹闹地吃顿饭。所有的村民都会给奶奶送上祝福。

（5）回顾全文，初步概括故事内容

师：现在，我们再来看看，阳阳和姑姑下了船以后，从哪里走到了哪里？姑姑买了些什么？我看到了什么？（尝试让幼儿自己总结，教师适当补充。）

教师小结：在阳阳的老家，爸爸妈妈会为了奶奶的生日特意从很远的地方赶回家，姑姑会为奶奶准备丰盛的寿宴，邻居阿婆会特意给奶奶酿造她最喜欢的米酒，就连不认识的人，也会送上生日的祝福。这里还可以看到小鸡叽叽叫，用花轿接新娘，露天看戏。真是一个美丽的地方。

3. 聆听感受，整体感知

师：这么美丽的地方真让人想再去走一走。请小朋友们闭上眼睛，跟着音乐，跟着老师的朗读声，再次走进阳阳的老家。一边听一边想，现在你觉得这是一个怎样的地方？比如，老师觉得这里是一个富有诗意的地方，因为可以随时随地看戏。

4. 活动结束

孩子们，你们还记得阳阳老家的名字吗？荷花镇。可是，我们看完全书寻遍了小镇的每一个角落，却未见荷花，有点遗憾吧？有没有荷花不重要，重要的是我们永远地记住了这样一个美丽如花的名字，和这个名字一起被记住的还有小镇上的那些人和风景。

5. 活动延伸

美工区：这么美丽的地方，你们想画下来吗？可以到美工区去画一画哦。

表演区：这里的人好亲切啊，你们想演出来吗？可以到表演区去演一演哦。

【活动评价】

《荷花镇的早市》包含一幅幅温馨的水乡集市画面。故事中小村庄的生活细小又琐碎。通过故事，幼儿感受着曾经车慢水慢，但却有着满满幸福感的生活，进而感受着江南水乡的风土人情与市井文化。

基于对故事内容的分析，教师在教学前安排幼儿与爸爸妈妈到菜市场买菜，感知本地的风土人情与市井文化，为理解故事内容作铺垫。随后，教师设计了三个主要环节，以幼儿的生活经验为基础，通过听读欣赏、提问引导、表演感悟等方法的综合使用，增进幼儿对故事情节的理解，初步提升对故事情节的概括能力。通过完整欣赏，唤醒幼儿与文

大班语言活动
视频"荷花镇
的早市"

学作品的情感共鸣,再次发展幼儿概括与评价故事的能力。

项目实践

（一） 项目实训

请以小组为单位自由选择一个生活故事,设计活动方案。

（二） 课外研读

周兢. 学前儿童语言学习与发展核心经验[M]. 南京:南京师范大学出版社,2015.

子项目二　幼儿诗歌活动

幼儿诗歌是为幼儿创作的,适合幼儿听赏、吟唱、阅读的诗歌。它主要包括儿歌和幼儿诗。本子项目活动认知部分先分别对儿歌和幼儿诗进行了概要介绍,然后整体介绍了幼儿诗歌活动的关键点,最后整体介绍幼儿诗歌活动的年龄阶段目标。由于儿歌类别较多,难以一一举例说明,本子项目案例中仅选择幼儿园教学活动中比较常见的绕口令、谜语和幼儿诗进行介绍。

活动认知

（一） 儿歌概述[①]

1. 儿歌的概念与发展脉络

儿歌是以 0~6 岁幼儿为主要接受对象,以口语化的韵语来叙述事情的一种短歌,是适合幼儿听赏念唱的短小歌谣。它是幼儿最早接触、最易接受的一种文学样式。儿歌生长于民间文学的土壤,主要的流传方式是口耳相授,代代相传。儿歌主要是以听觉感知的语言艺术,是活在孩子们口头的文学。我国古代称儿歌为"童谣"或"童子谣""孺子歌""小儿语"等等。明代吕坤编著的《演小儿语》,是目前发现的我国最早的儿歌专集。1918 年,北京大学成立了歌谣征集处,把征集来的歌谣中的儿童歌谣,冠以"儿歌"的名称在《歌谣》周刊上发表。从此,"儿歌"作为儿童文学的体裁名称沿用至今。

2. 儿歌的特点

（1）语言浅显,明白易懂

儿歌作为供幼儿吟唱欣赏的一种听觉艺术,语言要合乎幼儿口语,须十分浅显,一听就明白。儿歌总是着力于对人、事、景物的具体描写,突出它们的形态、色彩、声音;常用比喻、拟人、夸张等手段,通过丰富多彩的想象,绘声绘色地描摹生动的形象。例如,虞运来的《小溪》:"春天,小溪弹琴,丁丁丁! 丁丁丁!"运用拟人的手法,叠音的词汇,传神地描绘出小溪的形象。

（2）篇幅短小,主题单纯

儿歌和幼儿文学的其他文体相比,篇幅更短小精巧,内容更单纯浅近,结构更简单。一首儿歌集中描述一件事物,简洁明白地表达一个意思或事理,说明一个道理,使幼儿一听就懂,在吟唱中领悟其中的内涵,得到启示。常见儿歌一般只有四句、六句、八句。每句的字数为三言、四言、五言、七言、杂言。例如,张铁苏的《蚕宝宝》:"蚕宝宝脱衣裳,脱一件变个样,脱四件旧衣裳,变成个茧姑娘。"只有四句,每句六个字,只围绕蚕变成茧的过程来写,主题非常明晰。同时,运用拟人的写作手法,把蚕蜕皮比作人脱衣服,形象生

---

① 李莹,肖育林. 学前儿童文学(第三版)[M]. 上海:复旦大学出版社,2014:10-20.

动,通俗易懂。

（3）具体形象,趣味盎然

儿歌总是十分注重具体形象地表现婴幼儿的生活情趣,字里行间闪烁着天真活泼的稚拙美。例如,林颂英的《石榴》:"石榴婆婆,宝宝最多,一个一个,满屋子坐,哎哟,哎哟,挤破小屋。"儿歌采用拟人的手法,把石榴比作婆婆,石榴籽比作宝宝,把石榴皮裂开比作"挤破小屋",生动形象。同时,"哎哟,哎哟"形象描摹出石榴籽多的情态,而且富有趣味,使婴幼儿不禁想到自己和小伙伴们挤在一起的情景,童趣盎然。

（4）节奏鲜明,好记易诵

儿歌语言简单、明快、易懂、口语化,押韵相对比较严格,节奏感强,具有音乐韵律美,读起来朗朗上口。许多儿歌采用叠词、叠韵,相同语句多次反复,便于幼儿吟诵和记忆。儿歌音韵和谐,不仅表现在押韵上,更突出地表现在节奏上。节奏是由句子的停顿决定的。在儿歌中有规律地出现一定数量的音节,形成一定数量的节拍,诵读起来,就会形成短暂的自然停顿,这就形成了节奏。例如,传统儿歌《菊花开》:"板凳,板凳,歪歪;菊花,菊花,开开。开几朵? 开三朵。爹一朵,娘一朵,剩下那朵给白鸽。"儿歌有六言、三言、七言等句式,节奏鲜明、韵律和谐、朗朗上口。

3. 儿歌的类别

（1）摇篮曲

摇篮曲又叫催眠曲、摇篮歌,主要是由母亲或其他亲人哼唱给婴幼儿听,用于催眠、教话、认物的简短儿歌。一般都有"睡觉""宝宝"这一类的字眼,吟唱时节奏舒缓。这类儿歌的特点是:词句短、韵律严、音调柔和动听,内容单一易懂,抒情性强。摇篮曲是婴幼儿最早接触的文学样式,也是一种古老的儿童文学形式。

（2）数数歌

数数歌是数学和文学巧妙结合的儿歌。数数歌把数字嵌入儿歌中,把抽象的数字与具体形象的物体联系在一起,把枯燥的数字符号编成趣味性的儿歌,可以让幼儿学习吟唱儿歌的同时,建立起数与数量的概念。例如,《五指歌》:"一二三四五,上山打老虎。"

（3）问答歌

问答歌也叫盘歌,或叫对歌,它采用一问一答或连问几句再连答几句的形式。例如,传统游戏"开城门"就是采用问答形式开展游戏的:"城门城门几丈高? 三十六丈高!"

（4）绕口令

绕口令也叫拗口令、急口令,是儿歌中比较特殊的一种艺术形式,它与别的歌谣的不同之处就在于"绕口"或"拗口",不好念。它的特点是把许多近似的双声、叠韵词语组织在一起,如"牛牛要吃河边柳"。

（5）连锁调

连锁调是一种以训练幼儿的语言、思维能力为主的儿歌,又叫连珠体。它的特点是采用顶真的修辞手法,再加上随韵粘合,从而环环相锁,连续下去,所以叫连锁调。例如:"野牵牛,爬高楼;高楼高,爬树梢。"

（6）颠倒歌

颠倒歌又称错了歌、古怪歌或滑稽歌。这类儿歌的特点是通过大胆的想象、夸张,有意地颠倒或混乱自然现象以及社会生活中各类事物和景象的正常关系或正常顺序,把自然界或社会生活中不可能发生的事情,渲染得活灵活现,造成一种荒唐、古怪的感觉和诙谐、滑稽的意味。例如:"出门看见人咬狗,捡起狗来打砖头。"

（7）谜语歌

谜语歌是儿歌中的一种特殊形式,指那些适合儿童的、以歌谣形式表现的谜语。它先隐藏本体,借用和本体在性质或现象上有联系的喻体来描绘本体的特征。喻体是谜面,本体是谜底。例如:"小白鸽,尾巴长。你喝汤,它先尝。"

（8）字头歌

字头歌是一种特殊押韵的儿歌形式,它的显著特点是儿歌中每句的末字几乎都相同,是一种特殊的

"一韵到底"。常以"子""头""儿"作为每句结尾,例如:"弟弟小胖子,拿把小锤子,东敲一阵子,西敲一阵子。"

(9) 游戏歌

游戏歌是儿童游戏时伴随着一定的动作所唱的歌谣。它是儿童游戏的一种伴奏,可以调节游戏动作的节拍,以辅助游戏的进行,丰富游戏的内容。例如:"切切切西瓜,西瓜西瓜哪里来,农民伯伯种出来。"

(10) 时序歌

时序歌又叫时令歌。这类儿歌一般按照四季、节气、12 个月的顺序,来帮助幼儿观察大自然,认识不同节气的不同景物。如山东传统儿歌《数九歌》:"一九二九不出手,三九四九冰上走,五九六九沿河看柳。"

(二) 幼儿诗概述[①]

1. 幼儿诗的概念

幼儿诗是幼儿文学中文学性最强的种类之一,它是指为幼儿创作的、适合他们心理特点、适合他们阅读欣赏的一种诗歌形式。幼儿诗的形成历史比较短暂,专门为幼儿写诗的只有少数文人,如孟浩然写了《春晓》,李白写了《静夜思》等。直至"五四"时期,用白话写成的自由诗正式登上历史舞台,幼儿诗也应运而生。

幼儿诗和儿歌都属于诗歌艺术,但二者有很大的差异。从思想内容上看,儿歌浅显单纯,有的甚至主要内容是进行语言、思维训练的;而幼儿诗的内容则较为丰富,反映生活的面较广泛,一些比较抽象一点的概念也在幼儿诗中开始出现。从表现形式上看,儿歌在词语运用上讲究顺口自然,且有"俗味";而幼儿诗遣词造句在明白晓畅处多一些"雅趣",注重情感的纯度。儿歌讲究韵律节奏,注重语言外在表现形式上的音乐感,人称"半格律诗";而幼儿诗可以更自由,音乐美体现在诗意美之中,人称"自由体"。儿歌的篇幅较短,结构简单;而幼儿诗则不同,篇幅一般较长。

2. 幼儿诗的特点

幼儿诗既有一般诗歌的共同特点,又有自己的特点。

(1) 抒发幼儿自然率真的情感

抒情性是所有诗歌的共同特点,幼儿诗注重表达幼儿生活中自然率真的情感,这样才能引起与幼儿读者情感的共鸣,如金波的《如果我是一片雪花》。

(2) 鲜明动感的形象性

幼儿诗有可观可感、具体鲜明的形象性,通过幼儿可以感知的形象去引发和体现幼儿内心的情感。同时,幼儿的天性活泼好动,往往对活动着的事物最感兴趣。因此,幼儿诗的形象还富有动感。例如,圣野的《捉迷藏》:"忽然'嘻'的一声,风在一棵树上笑起来了,有一张树叶子没站稳,给风一笑,掉下来了。"拟声词"嘻"的使用,动词"站""掉"等的使用,把风与树叶的形象描绘了出来。

(3) 天真烂漫的奇妙想象

想象是诗歌的重要特征,对于幼儿诗来说更为重要。幼儿时期是幼儿想象力最为丰富的时期。充满想象力的诗歌是深受幼儿喜爱的,它能激发幼儿思考,启迪幼儿潜在的思维力。例如,圣野的《捉迷藏》:"小妹妹连忙跳过去把叶子捉住,问它'风呢',叶子红起脸孔说'我也不知道'。"通过想象,将红色的树叶想象成红了脸,还想象出小妹妹和树叶间对话的情景,充满了童趣。

(4) 富有情趣的巧妙构思

幼儿诗讲求以巧妙的艺术构思来表现幼儿稚拙活泼的趣味性。例如,圣野的《捉迷藏》中,"小妹妹跟风捉迷藏"一句,将"风吹叶落、小姑娘捡落叶"的情景描绘成小姑娘与风捉迷藏。而树叶因为没站稳掉下来,红了脸。构思巧妙,童趣盎然。

(5) 优美的语言和流畅的音韵

幼儿诗的语言应该是浅显易懂、优美精练、自然流畅的,使幼儿念读起来易读、易诵、易懂,同时还要潜

① 李莹,肖育林. 学前儿童文学(第三版)[M]. 上海:复旦大学出版社,2014:43 - 51.

移默化地发展幼儿的语言能力。此外，流畅而优美的语言本身也构成一种诗的内在节奏，使诗歌具有音韵美（即节奏美）。音韵美的外在典型形式就是押韵，还有长短句的交替和回环反复等手法的运用，都会大大增强幼儿诗的音乐性。

3. 幼儿诗的分类

人们普遍认为，诗歌从不同角度可以分为不同的类别。从内容的角度对幼儿诗进行分类，可以分为以下六类。

（1）童话诗

童话诗是表现童话故事的诗歌，属于叙事诗的一种，也可以称为诗体童话。它是以诗歌的形式来讲述童话故事内容，其故事内容单纯，情节简单。例如，鲁兵的《小猪奴尼》。

（2）故事诗

故事诗是叙事诗的一种，它与童话诗的区别在于它所讲述的是现实生活中的故事。它往往对故事情节采用跳跃式的写法，情节单纯而富于节奏感，形象传神，比散文体故事更富有强烈的感情色彩。例如，任溶溶的《爸爸的老师》。

（3）抒情诗

幼儿抒情诗是指抒发幼儿内心感情的诗歌，它不像叙事诗那样叙述生活事件的过程，一般没有完整的情节以及完整的人物形象的刻画。它的特点是直抒胸臆、借景抒情，如徐鲁的《红色的河谷》。

（4）讽喻诗

讽喻诗是以批评、规劝为目的的具有明显教育意味的幼儿诗。这类作品主要是针对幼儿生活中的某些不良现象或他们自身的一些坏习惯进行批评，或直接写他们的错误行为及后果，或巧指他们的一两种缺点，或有意夸张其不良习惯及可笑的结局，于讽喻中指明正确的方向。例如，鲁兵的《下巴上的洞洞》。

（5）科学诗

科学诗是以诗的艺术形式来描绘科学现象，它主要运用形象思维、拟人化手法，通俗、生动、有趣地把科学知识表现出来，具有艺术的形象性和科学的知识性，是科学性和诗性的完美结合。例如，高士其的《我们的土壤妈妈》。

（6）散文诗

散文诗是指用散文形式写的抒情诗。它和别的抒情诗有很明显的不同：表现在语言形式上，少分行，不押韵，行文自由灵活，既有诗美，又有散文美。但它又不是散文，它按照诗的方式进行构思，具有浓郁的抒情性，讲求意境的深远和优美，也注重诗的形象和特色。例如，金波的《春的消息》。

（三）　幼儿诗歌活动的关键点

幼儿诗歌活动是指围绕幼儿诗歌学习开展的系列教育教学活动。诗歌不仅可以丰富幼儿知识，发展语言，启迪智力，还可以使幼儿的心灵受到良好的熏陶，培养对文学作品的兴趣，发展想象力和创造力。

1. 感知幼儿诗歌的节奏与旋律

幼儿诗歌具有音乐性，而这种音乐性又表现在诗歌的节奏和韵律方面。幼儿诗歌包括儿歌和幼儿诗两种类型，这两类作品都源于古代文学中的"童谣"，在语言形式上表现为分行分节，有明显的韵律感。儿歌和幼儿诗从节奏上看，一般是二拍或三拍，最多不超过四拍，节奏的明快感是形成儿歌和幼儿诗音韵美的一个重要方面。从押韵的角度来看，儿歌和幼儿诗注重每行字尾的押韵。有的采用每句都押韵，有的采用隔句押韵，有的采用一字韵的押韵方法等。这种形式特点决定了在幼儿诗歌活动中，教师应注重引导幼儿对诗歌节奏与韵律的感知，通过听读、跟读、朗读等方式感知幼儿诗歌的特点。

2. 根据诗歌内容，发展幼儿的想象力与创造力

诗歌是最富有想象色彩的文学作品。因此，在幼儿诗歌活动开展过程中，教师应注意营造诗歌反映的意境，让幼儿通过动作和画画等方式去想象诗歌的内容，从而深入理解诗歌的内容，发展幼儿的想象力与创造力。

3. 感知幼儿诗歌多样的语句形式

语句形式的多样性主要体现在儿歌中,儿歌在结构和句式方面都表现出多样化的特征。从分行分节的角度看儿歌的结构,常见的结构有一节式、两节式和多节式。句式结构的变化在吟诵时造成了参差错落、优美和谐的效果。通过接触不同句式结构的儿歌,可以让幼儿感受诗歌的独特特征。

(四) 幼儿诗歌活动的年龄阶段目标[①]

幼儿诗歌活动不同年龄段的核心经验也可从语汇、文学形式、想象三个维度概括。由于幼儿诗歌活动在语汇与想象维度的核心经验与幼儿故事活动部分的核心经验相同,故在此不再赘述。幼儿诗歌活动文学形式维度的核心经验详见表 5 - 2。

表 5 - 2　幼儿诗歌活动核心经验及三个发展阶段

维度	体裁	学习与发展目标		
		初始阶段	稳定阶段	拓展阶段
文学形式的核心经验	诗歌	• 能够感知儿歌朗朗上口、韵律鲜明的特征 • 跟读韵律感强的儿歌或童谣	• 知道诗歌语言有节奏的形式 • 对于诗歌短小精悍的句式组成有初步认识	• 感知不同类型的儿童诗歌,如数字歌、连锁调、谜语、绕口令等 • 借助动作或口头语言表现诗歌的节奏和韵律 • 调动自己的生活经验,根据诗歌重复句式尝试运用文学语言进行仿编

工作过程

◇◇◇◇◇◇◇◇◇◇ 类型一　幼儿绕口令活动 ◇◇◇◇◇◇◇◇◇◇

绕口令是我国传统的民间语言游戏,又称"急口令""吃口令"。它是将若干双声叠韵词汇或发音相同、相近的语词有意集中在一起,组成反复、重叠、绕口的句子,要求一口气急速念出,常用来训练幼儿发音的游戏儿歌。

绕口令是儿歌的一种形式,因此可以根据前面诗歌教学的方法进行教学。但是绕口令有自己的特殊之处,它比较强调相近字词的发音,有利于发展幼儿的发音能力。

(一) 活动设计

> 活动设计的步骤:1. 分析绕口令文本特点,拟定活动目标;2. 整体构思,设计活动方案;3. 根据活动需要,进行活动准备。

步骤 1　分析绕口令文本特点,拟定活动目标

根据绕口令的特点,教师在分析绕口令文本时,首先需要找到音近的字,读准字音。如《狗和猴》中,要抓住"狗""猴""头"三个字的读音。然后仔细分析绕口令文本,理解文本的内容。文本描写了狗和猴在桥中相遇的动作与心理活动,很有画面感。幼儿要学说该绕口令必须先理解文本的内容。幼儿以具体形象思维为主,因此教师需要借助图片或者多媒体呈现与文本相关的内容,以便幼儿理解与记忆。而在文本阅读中,还能体会到绕口令中蕴含的诙谐幽默的情感。

---

① 周兢. 学前儿童语言学习与发展核心经验[M]. 南京:南京师范大学出版社,2015:159 - 164.

步骤 2　整体构思,设计活动方案

大班绕口令活动:狗和猴①

【活动目标】

① 认知目标:理解绕口令的内容与特点,知晓狗、猴相遇的情景。
② 能力目标:能读准"狗""猴""头",并能快速说绕口令。
③ 情感目标:体会绕口令诙谐幽默的情感,愿意相互谦让。

【活动准备】

太阳、山脉、狗、猴、独木桥等贴绒教具,狗、猴的头饰。

【活动过程】

1. 出示教具,理解绕口令中的方位名词"桥东""桥西"

教师出示贴绒教具太阳问幼儿:"太阳从哪边出来?"(东边)于是将太阳贴在右上角。"从哪边落下?"(西边)将山脉贴在黑板的左下角。然后出示独木桥,将其贴在黑板中间(这样借东边的"太阳"、西边的"山脉"让幼儿理解掌握"桥东""桥西"这两个方位词)。

2. 再次出示教具,练习 ou 的发音及正确使用"条""只"两个量词

教师将贴绒教具狗、猴分别拿在手中,交替地出现在幼儿面前,让幼儿练习发 ou 的音,并结合"老师说,小朋友对"的游戏形式,让幼儿练习正确使用量词。如教师说:"狗",幼儿答:"一条",教师说:"一只",幼儿答:"猴"。(这样反复快速地对答,不仅能使幼儿熟练地掌握"ou"的发音,正确无误地使用两个量词,同时还可提高幼儿敏捷地反应能力。)

3. 操作贴绒教具狗、猴在独木桥上走,学说绕口令全文

师:(边念绕口令全文,边用动作演示绕口令全文)从桥东走来了谁?从桥西走来了谁?结果怎样?谁能用动作表演一下?你能像老师这样用手指来表演一下吗?

幼儿掌握了方位名词、数量词及 ou 的发音后,学习绕口令的全文就比较容易了,但幼儿对绕口令中的第三、第四句,特别是第四句"彼此匆匆跑回头"还不理解,这时教师除了用语言加以解释外,还可以用手指游戏帮幼儿进一步理解。教师以自己的左右手拇指(或戴指偶)分别扮演"狗""猴",边念绕口令边进行手指表演:

桥东走来一条狗(伸右拇指),桥西走来一只猴(伸左拇指)。行到桥心相碰头(两拇指相对而碰),彼此匆匆跑回头(两拇指快速分开掉头)。猴跑几步望望狗(左拇指朝右拇指点头两下),狗跑几步望望猴(右拇指朝左拇指点头两下)。不知是猴怕狗(教师转头分别望望左右拇指)?还是狗怕猴?

4. 分组比赛,学说绕口令

师:现在老师把你们分为四组,看看哪一组的同学说得最快?

5. 自由讨论,体会情感

师:你觉得到底是狗怕猴,还是猴怕狗呢?为什么?

师:同伴间,需要谁怕谁吗?

《狗和猴》

桥东走来一条狗,桥西走来一只猴。

行到桥心相碰头,彼此匆匆跑回头。

① 案例来源于安康市某幼儿园王灿老师,由九江职业大学段展华老师修改并点评。

猴跑几步望望狗,狗跑几步望望猴。

不知是猴怕狗? 还是狗怕猴?

【活动分析】

案例中,教师使用"太阳""桥""狗""猴"等直观教具帮助幼儿理解抽象的方位名词,并使用手指游戏辅助幼儿理解绕口令的内容,体现了直观性原则。同时,使用比赛的形式让幼儿练习发音并学说绕口令,抓住了绕口令教学的特点。最后的自由讨论,促进了幼儿口头表达能力与抽象思维能力的进一步发展,并且通过提问将幼儿的思维引向多元,促进了幼儿发散思维能力的提升。

步骤 3　根据活动需要,进行活动准备

绕口令文本的选择,很多时候是根据月主题的需要而选择的。《狗和猴》这首绕口令试图传递的主旨是谦让,因此可以选择在发展幼儿与他人,特别是同伴间的关系等主题活动中开展。而依据文本的需要进行的环境准备,可以结合主题的需要而进行。除此之外,教师还需要根据文本的内容,进行物质准备与经验准备。在《狗和猴》的绕口令中,幼儿需要有两个人过独木桥,桥中心相遇,只有一个人先过才可通行的经验,还需要桥东、桥西、狗、猴等直观的教具辅助理解。

(二)　组织与指导

组织指导的步骤:4. 激发兴趣,导入绕口令文本;5. 抓住重点,初步感知和理解绕口令;6. 创编动作,进一步感知绕口令;7. 创设游戏情景,练习绕口令;8. 提问引导,深入主旨;9. 充分利用多种资源,将活动延伸到区域活动或亲子活动中。

步骤 4　激发兴趣,导入绕口令文本

案例中,教师通过创设桥、山、太阳的情景帮助幼儿理解"桥东""桥西",其实也是在帮助幼儿理解绕口令发生的背景。创设的情景激发了幼儿的疑问——在这样一个地方,会发生怎样的故事呢?

步骤 5　抓住重点,初步感知和理解绕口令

(1) 理解绕口令的字、词

如幼儿园中班绕口令《狗和猴》,教师在导入文本之后,便开始引导幼儿理解"桥东"和"桥西"的概念,并将绕口令中所涉及的方位在黑板上用图片表现出来,帮助幼儿形成直观的认识和感受。

(2) 练习发绕口令中较易混淆的音

在绕口令《狗和猴》的教学中,教师将练习发 ou 的音及正确使用"条""只"两个量词作为教学的重要内容。

(3) 范读绕口令,并提问引导

教师范读绕口令,并提问引导幼儿初步感知绕口令的内容。例如,教师提问:"从桥东走来了谁? 从桥西走来了谁? 结果怎样?"

步骤 6　创编动作,进一步感知绕口令

由于幼儿是以具体形象思维为主,教师可以引导幼儿根据绕口令的内容创编动作进行表演,进一步感知绕口令的内容。例如,《狗和猴》中,教师引导幼儿用手指游戏来表演狗和猴在桥上相遇、后退、相望等动作,进一步感知绕口令的内容。

步骤 7　创设游戏情景,练习绕口令

学习绕口令的目的是发展幼儿的语音,而快速地读绕口令无疑是好办法之一。因此,创设比赛的游戏情境,可以让幼儿比赛谁说得又快又准,既能调动幼儿学习的积极性,又能练习幼儿的语音。

步骤 8　提问引导,深入主旨

在幼儿对绕口令有一定认识的基础上,教师可以通过问题引导幼儿深入思考绕口令的主题意义。如《狗和猴》中,教师提问:"你觉得是狗怕猴,还是猴怕狗,为什么?"在此问题中,教师还可以根据幼儿的回答

补充一些问题,比如:"如果不怕,为什么都往回走呢?如果不往回走会怎么样呢?"通过这些问题引导幼儿去体会绕口令的主旨。

步骤 9 充分利用多种资源,将活动延伸到区域活动或亲子活动中

教师可以将绕口令活动延伸到区域活动中,让幼儿进行绕口令比赛;也可以让幼儿与家长一起收集一些难易适宜的绕口令,丰富绕口令资源。

(三)活动评价

绕口令活动的评价主要包括对幼儿的评价、对教师的评价以及对活动整体的评价。

1. 对幼儿的评价

绕口令本身的目的之一是对幼儿进行读音训练,使幼儿口齿清楚地读准一些音近字,提升幼儿的口语表达能力。因此,教师在教学过程中应准确把握音近字,引导幼儿辨别音近字之间的区别,并读准。

2. 对教师的评价

在教学过程中,教师应引导幼儿理解绕口令文本的内容,方法适宜,幼儿乐学易学。

3. 对活动整体的评价

绕口令属于儿歌的一种,具有儿歌的一般特点。因此,教师在教学过程中,除了引导幼儿读准音近字、发展口头表达能力之外,还应引导幼儿体会绕口令中包含的道理与情感,提升幼儿的思维能力与情绪情感的感受能力。

类型二 幼儿谜语活动

谜语具有诗歌的句式对仗工整、音韵和谐等特点,是一种丰富儿童认知、训练儿童思维的儿歌。

谜语活动分为猜谜活动和编谜活动两种。由于编谜活动要求幼儿有较丰富的生活经验、较好的语言表达及概括、逻辑推理能力,因而,在此我们仅介绍猜谜教学活动的设计、组织与指导。

(一)活动设计

活动设计的步骤:1. 分析谜语内容,确定活动目标;2. 整体构思,书写活动方案;3. 根据方案,进行活动准备。

步骤 1 分析谜语内容,确定活动目标

谜语由谜面与谜底组成。在猜谜语的过程中,教师应引导幼儿仔细理解谜面的含义,再联系已有经验猜出谜底。因此,谜语活动的目标可以设计如下:

① 理解谜面的含义;
② 联系生活,猜出谜底;
③ 体验猜谜语的快乐。

步骤 2 整体构思,书写活动方案

中班语言活动:猜谜语

【活动目标】

① 了解谜面的含义与猜谜语的技巧。
② 能根据谜面猜出谜底,并能说出理由。
③ 在游戏中体验猜谜语的乐趣。

【活动准备】

城堡背景图,音乐,谜语课件,金牌、铜牌各 13 个。

【活动过程】

1. 创设情境,激发幼儿猜谜语的兴趣

师:谜语王国今天要举行谜语比赛,你们想去吗?想去的话咱们得先学会猜谜语的本领。

2. 尝试猜谜,了解猜谜策略

(1)香蕉

师(出示谜语):样子弯弯,颜色金黄。吃到嘴里,又香又甜。(香蕉)

师:你们是怎样猜出来的?

教师小结:从形状、颜色、味道上可以猜出来。

(2)猫

师:小小年纪胡子翘,看见小鱼喵喵叫,爱洗脸来爱梳毛,老鼠一见连忙逃。(猫)

师:你们是怎么猜出来的?

教师小结:从外形特征、生活习性上可以猜出来。

(3)橡皮

师:有圆有方像块糖,五颜六色气味香,你若纸上写错字,必须找它来帮忙。(橡皮)

师:你们是怎么猜出来的?

教师小结:从外形特征、颜色、作用猜出来的。

(4)眼睛

师:上边毛,下边毛,中间一个黑葡萄,猜不着,对我瞧。(眼睛)

教师提问:你们是怎么猜出来的?

教师小结:从外形特征、作用猜出来的。

教师小结:猜水果的时候可以从颜色、形状、味道来猜;猜动物的时候可以从样子、叫声、爱好、生活习惯来猜;猜生活用品的时候可以从外形特征、颜色、作用来猜;猜身体部位的时候可以从外形特征、作用来猜。

3. 进行谜语比赛,练习猜谜

师:谜语王国到了,比赛马上就要开始了,你们准备好了吗?

猜谜语比赛:

幼儿分成三组,分别是乖乖队、宝宝队、贝贝队;

比赛分三个环节,第一个环节是必答题,第二个环节是选答题,第三个环节是抢答题;

颁发奖牌,照相留念。

4. 活动延伸

今天小朋友们表现都很棒,回家后你们可以把今天猜的谜语讲给爸爸妈妈听,让他们也来猜一猜。

【活动分析】

本次活动,教师以去谜语王国参加谜语比赛作为激发幼儿兴趣的情境,先让幼儿学习猜谜语的方法,然后去谜语王国参加比赛。整个活动教师为了激发幼儿的兴趣,利用多媒体手段制作了生动的课件,让幼儿在玩中学、学中玩。比赛分了三个环节,三个环节的题是由易到难、层层递进的,给幼儿逐步加大难度,使幼儿的能力不知不觉得到了进一步提高。

案例

步骤3　根据方案,进行活动准备

活动准备是为活动目标和活动内容服务的。谜语活动的开展也是在一定主题下进行的,因此谜语活动开展过程中,可以使用主题活动中的环境,如蔬菜的主题墙、水果的主题墙、人体结构的主题墙等。同时,教师还需根据活动中具体要用的图片、视频等进行准备,保障活动的顺利开展。

（二）　组织与指导

> 组织指导的步骤:4. 创设情境,导入谜面;5. 示范引导,学习猜谜的具体方法;6. 提问启发,学习猜谜语;7. 再次创设情境,进一步练习猜谜;8. 充分利用各种资源,将活动延伸到区域活动或亲子活动中。

步骤4　创设情境,导入谜面

导入应有趣味,以引起幼儿猜谜的好奇心和兴趣。在"猜谜语"案例中,教师通过创设谜语王国要举行谜语比赛的游戏情境,激发幼儿的学习兴趣与挑战的决心,为后续学习作了铺垫。

步骤5　示范引导,学习猜谜的具体方法

① 介绍谜语的基本结构:谜面和谜底。

② 介绍猜谜的方法:首先要听清楚每句话、每个词;然后将每句话的意思连起来思考,因为谜面的每句话都是代表着谜底的特征;最后综合起来进行判断。

③ 教师示范猜谜,引导幼儿将谜面与谜底逐句对应、检验。

步骤6　提问启发,学习猜谜语

"猜谜语"案例中,教师通过提问"你们是怎么猜出来的?"引导幼儿思考猜谜的方法。例如,"样子弯弯,颜色金黄。吃到嘴里,又香又甜"。教师可以引导幼儿抓住"样子弯""颜色黄""吃着甜"等特点来猜谜。例如,"小小年纪胡子翘,看见小鱼喵喵叫,爱洗脸来爱梳毛,老鼠一见连忙逃"。教师可以引导幼儿抓住"胡子翘""爱吃小鱼""老鼠逃"等字眼来猜谜底。在此部分,教师一定要注意引导幼儿理解谜面的意思,通过谜面去猜谜底,而不是幼儿一说出谜底立刻进行肯定或否定的判断,这样只会导致幼儿乱猜一通,不利于幼儿词语理解能力与综合思考判断能力的提升。

步骤7　再次创设情境,进一步练习猜谜

"猜谜语"案例中,教师创设"到达谜语王国后进行谜语比赛"的游戏情境,进一步激发幼儿学习的积极性,并提升了幼儿的猜谜能力。

步骤8　充分利用各种资源,将活动延伸到区域活动或亲子活动中

教师可以让幼儿把学习到的谜语讲给爸爸妈妈听,让爸爸妈妈也来猜一猜;也可以在区域活动中投放更多的谜语让幼儿继续猜谜;还可以结合正月十五元宵节和八月十五中秋节的节日习俗开展猜灯谜的活动。

（三）　活动评价

谜语活动评价主要包括对幼儿的评价、对教师的评价以及对活动整体评价。

在谜语活动中,需重点关注教师引导幼儿理解谜面的意思。在谜语教学中,很多教师总是只强调谜底的正确性,并将此作为评判对错的唯一依据。这种做法其实背离了谜语丰富知识、训练思维的本质特点,也未遵循教学活动中应以幼儿为主体的活动特性。实际上,通过引导幼儿对谜面的分析与揣摩,可以很好地促进幼儿对文学语言的感知与理解;在丰富幼儿语汇的同时,也可以促进幼儿思维能力的提升。

类型三　幼儿诗活动

幼儿诗歌是相对于散文、故事而言的一种体裁,包括儿歌与幼儿诗,幼儿诗是幼儿诗歌中的一种诗歌形式。

（一）活动设计

活动设计的步骤：1. 选择适合的幼儿诗歌作品；2. 解析诗歌文本，确定活动目标；3. 根据文本特点，选择恰当教学方法；4. 整体构思，书写活动方案；5. 根据方案，进行活动准备。

步骤1 选择适合的幼儿诗歌作品

教师可以从以下四个方面出发，来选择适合幼儿学习的诗歌作品。

（1）以幼儿的兴趣为主

兴趣是学习的最好内部驱动力，是学习者学习积极性中最现实最活跃的心理部分。因此，在诗歌内容的选择上，应该首选幼儿感兴趣的。比如，大班诗歌《孙悟空打妖怪》[①]，诗歌的主角孙悟空是幼儿熟悉和喜欢的，能充分吸引幼儿，这样的诗歌就非常受孩子欢迎，幼儿学习的积极性高。

（2）选择能反映时代性的内容

随着科技的发展，社会生活的巨大变化，幼儿的视野越来越广，给幼儿提供的诗歌就不应只限于幼儿园语言教材上的内容，而应选择一些具有时代特点、反映现代科技发展水平、启发幼儿思维和想象、培养幼儿创造能力的内容。

（3）选择能反映幼儿生活的作品

例如，孩子从家庭进入幼儿园后，需要独立地生活，在幼儿园要学习洗手、如厕等独立生活能力。教师可以结合这些生活事件，选择一些合适的作品。如《小手绢》："小手绢，四方方，天天带在我身旁，又擦鼻涕又擦汗，它是我的好伙伴。"又如，春天到了，孩子们对春天景象会感到好奇。可以选择《春风吹》："春风轻轻地吹，吹绿了柳树，吹红了桃花，吹来了燕子，吹醒了青蛙，吹得小雨轻轻落下，小朋友们种了菜和瓜。"通过学习这首儿歌，孩子们了解了春天的景物特色。还有诗歌《梦》，每个孩子都会做梦，做着各种各样的梦，这一内容无疑也能激发幼儿学习的兴趣。

（4）围绕主题活动选择诗歌

现在幼儿园的教学多以主题活动的形式开展，围绕主题活动选择作品是常见的形式。例如，在大班"春天多美好"这个主题中，可以选择《柳树姑娘》这首诗歌。

步骤2 解析诗歌文本，确定活动目标

教师要有明确的目标意识，懂得根据幼儿的年龄特征和生活经验制定具体明确的诗歌教学目标。这要求教师在分析诗歌内容的基础上进行整合，从知识、情感、能力等维度综合考虑来制定。

例如，在案例"摇篮"中，通过解读诗歌文本，我们应引导幼儿抓住"蓝天""星宝宝""白云""大海""鱼宝宝""浪花""花园""花宝宝""风儿""妈妈的手""小宝宝""歌儿"等物象与意象以及它们之间的关系，从而理解诗歌的内容。在理解诗歌内容的基础上，幼儿应能读、能仿编或者能画出诗歌的内容，并体会诗歌中蕴含的情感。

又如，在案例"梦"中，教师应抓住"星星""露珠""蝴蝶""宝宝""梦"等物象与意象，以及"亮晶晶""绿莹莹""香喷喷""甜滋滋"等词汇。根据诗歌的特点，可以把仿编作为诗歌教学的能力点。

步骤3 根据文本特点，选择恰当教学方法

根据幼儿诗歌富有音乐性的特点，在幼儿诗歌教学中，教师应注重使用朗读的方法，可通过教师示范朗读，幼儿听读、跟读、朗读等多种方式，让幼儿感知诗歌的节奏与韵律。通过调动幼儿的生活经验，使幼儿想象诗歌描绘的画面，让幼儿通过动作表演、画画等方式展现自己想象的内容，进一步理解诗歌的内容与情感；也可以根据具体诗歌文本的特点让幼儿仿编诗歌。

---

① 《孙悟空打妖怪》：唐僧骑马咚那个咚，后面跟着个孙悟空。孙悟空，跑得快，后面跟着个猪八戒。猪八戒，鼻子长，后面跟着个沙和尚。沙和尚，挑着箩，后面来了个老妖婆。老妖婆，心最坏，骗过唐僧和八戒。唐僧老猪真糊涂，是人是妖分不清。分不清，上了当，多亏孙悟空眼睛亮。眼睛亮，冒金光，高高举起金箍棒。金箍棒，有力量，妖魔鬼怪消灭光。

步骤4　整体构思,书写活动方案

中班语言活动:　摇篮①

【活动目标】

① 理解诗歌内容,了解诗歌的结构。
② 学习比拟手法的运用,尝试仿编诗歌。
③ 感受诗歌优美的意境和丰富的想象。

【活动准备】

经验准备:根据诗歌提供的线索,引导幼儿观察相互关联的事物,如天空和星星、花园和花儿、大海和鱼儿的关系等,让幼儿亲身感受大自然的美。

物质准备:课件、音乐《摇篮曲》、图谱、摇篮实物、记录纸、笔。

【活动过程】

1. 以实物摇篮导入,激发幼儿兴趣

教师以神秘的语气引出摇篮,引导幼儿了解摇篮的外形与用途。

2. 欣赏诗歌,初步感受诗歌意境

① 教师配乐朗诵诗歌,幼儿安静倾听,感受诗歌宁静温馨的意境。
② 引导幼儿说出诗歌的名称和听完诗歌的感受。

3. 再次欣赏,理解诗歌内容

① 幼儿观看视频,完整欣赏诗歌。
② 引导幼儿用诗歌中的语言说一说:诗歌里,谁是摇篮? 摇着什么宝宝?
③ 小结:蓝天、大海、花园、妈妈的手是摇篮,它们摇着自己可爱的小宝宝睡着了。

4. 分段欣赏,进一步理解诗歌内容,感受诗歌的语言美

(1) 播放课件,理解第一节诗歌内容

讨论:星宝宝是怎样睡着的? 为什么白云要轻轻地飘? 引导幼儿用肢体动作感受理解"轻轻飘"。

师幼共同梳理:白云轻轻飘,轻轻地摇着摇篮,宝宝在摇篮里感到很舒服,就美美地睡着了。

(2) 播放课件,依次理解第二、第三、第四节诗歌内容

讨论:鱼宝宝是怎样睡着的? 花宝宝是怎样睡着的? 小宝宝是怎样睡着的? 浪花为什么要"轻轻翻"? 风儿为什么要"轻轻吹"? 歌儿为什么要"轻轻唱"?

引导幼儿用动作表现"翻、吹、唱",帮助幼儿理解动词的作用,重点理解"翻"的词义。

5. 结合图谱朗读诗歌,感受、体验诗歌宁静温馨的意境

① 讨论:用什么样的声音、语调来朗读会更好听?
② 感受不同的朗诵方式,学会选择正确的语调朗诵诗歌。
③ 幼儿集体尝试看图谱朗读一遍,并进行自我评价。
④ 重点引导幼儿用柔美、舒缓的语调朗读句子"××轻轻×,×宝宝睡着了"。
⑤ 结合图谱完整朗读诗歌,鼓励幼儿配上相应的肢体动作。

6. 了解诗歌的结构特点,尝试仿编诗歌

① 拓展想象:还有谁是蓝天、大海、花园的宝宝? 大自然中还有什么可以当摇篮,谁可以当它们的宝宝? 宝宝怎样睡着的?

---

① 案例来源于甘肃省酒泉市某幼儿园倪琴老师。

② 观察图谱,引导幼儿自主发现诗歌的结构特点。

讨论:这首诗歌有什么规律? 诗歌有几节? 每节有哪些相同的地方?

③ 教师梳理诗歌的结构特点。

这首诗歌有四节,每节的语言句式都很整齐,结构也相同,听起来很有节奏感,读起来朗朗上口。

④ 提出仿编要求:根据诗歌的语句结构和意境进行仿编。

幼儿用符号记录法记录仿编的诗歌,四人一组,协商合作,每人仿编一节不同的诗歌,串成一首完整的诗歌。

⑤ 幼儿发挥想象,尝试仿编诗歌。

教师指导:鼓励能力较弱的幼儿看图谱用原诗歌中的"摇篮"编出不同的"宝宝"。引导能力较强的幼儿发挥想象,在已有生活经验基础上自由仿编,编出不同的"摇篮"和"宝宝"。

⑥ 师幼共同整理、分享仿编的诗歌。

幼儿自由交流、分享自己仿编的诗歌,可分组朗读,或集体朗诵、表演诗歌。

7. 活动延伸

① 找一找、说一说,大自然中还有什么可以当摇篮,谁是它的宝宝?

② 画一画,将创编的内容画出来并与同伴自由欣赏、交流自编的诗歌。

【活动评析】

本次活动借助幼儿的生活经验,通过图片、课件、图谱帮助幼儿理解诗歌的内容,感受诗歌意境,让幼儿在轻松愉快、生动逼真的情境中主动参与活动,获取知识,同时得到美的熏陶。在教学过程中,教师注意引导幼儿理解不同画面中"摇篮"和"宝宝"的关系,这不仅帮助幼儿理解了诗歌的特点和规律,也为后续的创编活动打下了基础。

《摇篮》

蓝天是摇篮,摇着星宝宝,白云轻轻飘,星宝宝睡着了。

大海是摇篮,摇着鱼宝宝,浪花轻轻翻,鱼宝宝睡着了。

花园是摇篮,摇着花宝宝,风儿轻轻吹,花宝宝睡着了。

妈妈的手是摇篮,摇着小宝宝,歌儿轻轻唱,宝宝睡着了。

步骤5　根据方案,进行活动准备

诗歌中的物象与意象,它们是诗人抒发情感的载体,也是幼儿理解诗歌的抓手。由于幼儿以具体形象思维为主,教师需要根据活动的需要提前准备好一些图片或实物,辅助幼儿对诗歌内容的理解。

例如,诗歌《摇篮》中,教师准备实物摇篮,通过引导幼儿对摇篮的观察与思考,使幼儿知晓摇篮的外形与功能,为理解诗歌内容与主旨作了很好的铺垫。"蓝天""星星""白云""大海"等相应图片的使用,也有利于幼儿对诗歌的理解。

(二) 组织与指导

组织指导的步骤: 6. 抓住诗题,导入文本;7. 朗诵诗歌作品,初步感知诗歌的节奏与韵律;8. 善设问题,理解诗歌内容;9. 开展创造性活动,进一步理解诗歌内容与情感;10. 充分利用各种资源,延伸至区域活动或亲子活动中。

步骤6　抓住诗题,导入文本

教师要根据幼儿的生理和心理特点,采取某种方法或使用某种教具吸引幼儿的注意力,使其全神贯注地投入教学活动中。

例如,诗歌《摇篮》欣赏中,"摇篮"既是诗题,也是诗眼所在,它是凝聚着妈妈的爱、充满温馨与甜蜜的

事物。幼儿理解了摇篮的功能,理解了摇篮承载的意义,基本上对诗歌内容的理解就容易水到渠成了。教师在导入部分出示摇篮的实物,引导幼儿对记忆中的摇篮进行简单的讨论,在感性认识的基础上引出诗歌,既吸引了幼儿的注意,又为学习诗歌内容做了很好的铺垫。诗题,往往揭示了诗歌的内容或对象,在理解诗歌中具有举足轻重的作用,教师在教学中,可以好好把握。

在诗歌《梦》的教学中,由于梦是与孩子们的生活经验紧密相连的,可以通过调动幼儿的生活经验导入。

步骤7 朗诵诗歌作品,初步感知诗歌的节奏与韵律

教师通过语气的变化、语速的快慢、发声的轻重、词句的停顿、肢体语言、表情等创造性地表现诗歌,有利于幼儿初步感知诗歌的节奏与韵律,感受诗歌的音乐美。同时,教师可以借助背景音乐来烘托诗歌的意境,加强幼儿对诗歌的艺术感受,从整体上对诗歌产生一定的认识。

例如,在诗歌《梦》的朗读中,教师可以配上舒缓的音乐,运用舒缓、轻柔的语气与语调朗读这首诗歌,把幼儿带进如梦如幻的诗歌意境之中。

步骤8 善设问题,理解诗歌内容

善于创设问题情境,有效地把幼儿耳、目、脑、口调动起来,引导幼儿想象诗歌描绘的画面,进一步理解诗歌的内容与情感。

诗歌《梦》朗诵录音

在诗歌教学中,教师要注意提问的技巧,设计多样性、启发式、开放式的问题。教师的提问是引导幼儿展开想象和思维的一把钥匙,只有通过问题的步步引导、层层深入,才能帮助幼儿理解诗歌,进一步培养他们的发散思维,为后面的创新活动做好铺垫。

如诗歌《摇篮》中,教师设计的第一层次问题是"谁是摇篮?里面摇着谁?旁边还有谁?它在干什么?谁睡着了?"教师设计的第二层次问题是"蓝天为什么是星宝宝的摇篮,不可以是小花小草的摇篮呢?白云为什么要轻轻地?为什么是飘着,不是滚着?星宝宝为什么睡着了?"教师设计的第三层次问题是"妈妈的手为什么是摇篮呢?你觉得小宝宝睡着时的心情是怎样的?"在诗歌《梦》的教学中,教师提出这些问题:"谁在做梦?在哪里做梦?做着怎样的梦?"……这样一连串的提问让幼儿对诗歌的内容由表及里地深入理解,同时为后面仿编创编诗歌做好了准备,也促进了幼儿语言表达与理解能力、想象能力的提升。

步骤9 开展创造性活动,进一步理解诗歌内容与情感

幼儿在完成了诗歌的赏析、理解记忆、完整诵读的基础上,便可以开始创编活动。教师在引导幼儿创编诗歌的过程中,可以借助图片、生活经验、影片等材料。

例如,理解了诗歌《摇篮》中的包含关系后,引导幼儿理解"小草-草地""小鸟-大树"的关系;接着让幼儿尝试借助图片按诗歌的格式进行创编;在幼儿基本掌握仿编的要领后,鼓励他们离开图片继续仿编,这样能让幼儿的思维更活跃,想象的空间更广阔。在诗歌《梦》的教学中,教师也可以提供一些具体的物象,引导幼儿的创编活动。

步骤10 充分利用各种资源,延伸至区域活动或亲子活动中

幼儿诗歌活动可以延伸到语言区进行诗歌的朗读与听读活动,还可以与爸爸妈妈进行亲子阅读。例如,在《摇篮》的仿编创编活动中,教师可以让幼儿在区角活动中用录音机记录下自己的仿编创编结果。

(三) 活动评价

幼儿诗歌活动的评价主要从对幼儿的评价、对教师的评价以及对活动整体的评价等方面进行。其中,评价活动整体时需要关注以下两个方面。

(1)诗歌教学应注重朗读

优美的语言和流畅的音韵是诗歌的特点之一,这一特点决定了诗歌的教学必须高度重视朗读。因为只有在朗读和倾听中才能更好地感受诗歌优美的语言与流畅的音韵。正如周兢教授所指出的,幼儿对文学作品的学习,最先且最主要的就是通过听觉来进入。

（2）注重想象力的培养

诗歌是最富有想象色彩的文学作品。在诗歌教学中,教师应引导幼儿透过文字去感受诗歌描绘的画面与情感。而这一过程其实是在发展幼儿的想象力,让幼儿理解文字的同时,去想象文字描绘的画面,再造想象或者创造想象诗中的景象。

案例分析

中班语言活动：梦

设计者：袁晓丽、饶颖、项钰　江西省九江市中心幼儿园八里湖园区
执教者：袁晓丽　江西省九江市中心幼儿园八里湖园区

【活动目标】

① 欣赏诗歌,理解诗歌内容。
② 丰富词汇"亮晶晶""绿莹莹""香喷喷""甜滋滋",初步尝试仿编诗歌。
③ 感受诗歌蕴含的意境美。

【活动准备】

PPT、图谱、月亮图片、小鸭子图片、小熊图片。

【活动过程】

1. 谈话导入,引出主题

师：小朋友们,晚上你做梦了吗？ 做的什么梦？

教师小结：老师也会做梦,如果我在床上睡觉,做的梦是甜蜜蜜的；如果我在草地上睡觉,做的梦是绿油油的。还有很多朋友也会做梦,他们做的梦很美很美。我们来听听吧！

2. 结合课件,理解诗歌内容

（1）范读并配合体态语表现诗歌,引导幼儿初步感知诗歌内容

师：小朋友们,诗的名字叫什么？ 谁在做梦？ 它们会做什么样的梦呢？ 我们一起再来听一听吧。

（2）再次朗读诗歌并提问,深入感知诗歌内容

师：请大家再次竖起你的小耳朵听一听,星星、露珠、蝴蝶和宝宝在哪里做梦,做了什么样的梦？

星星在哪里做梦,做着什么样的梦？ 为什么会做着亮晶晶的梦呢？（星星是亮晶晶的。）

露珠在哪里做梦,做着什么样的梦？ 为什么会是绿莹莹的呢？（荷叶是绿色的。）

蝴蝶在哪里做梦,做着什么样的梦？ 为什么会做着香喷喷的梦啊？（花朵是香香的。）

宝宝在哪里做梦,做着什么样的梦？ 为什么会做着甜滋滋的梦？（妈妈的爱让宝宝感觉甜滋滋的。）

（3）根据图谱,完整朗诵

师：这么美的诗歌,我们一起来念一念吧！（引导幼儿根据星星、露珠、蝴蝶和宝宝的图片朗诵诗歌。）

3. 提问引导,尝试仿编诗歌

（1）感知"亮晶晶、绿莹莹、香喷喷、甜滋滋",为仿编做准备

星星的梦"亮晶晶"的,露珠的梦"绿莹莹"的,蝴蝶的梦"香喷喷"的,宝宝的梦"甜滋滋"的,大家有没有发现它们的梦有什么一样的地方？ 都是三个字,而且后面两个字是一样的。做梦是一件多么美妙的事情呀,生活中还有谁会做梦,它的梦会是怎样的呢？

（2）图片引导,尝试创编

① 用课件出示月亮睡觉图片:这是谁? 看看它在哪里睡觉? 做着什么样的梦?

例子:月亮在天空中睡觉,做着蓝幽幽的梦。

② 依次出示其他图片让幼儿创编,例如:小熊-树洞-暖烘烘,小鸭子-池塘-湿漉漉。

③ 提问引导,尝试自由创编。

师:生活中,谁还会睡觉? 它会做什么样的梦呢? 积木会睡觉吗? 玩具娃娃会睡觉吗? 小草会睡觉吗? 小树会睡觉吗? 他们会做着什么样的梦呢?

4. 小结

师:今天,小朋友们都变成了小诗人,会写诗歌了,真厉害! 回家后,再去观察一下,还有谁会做梦,做着什么样的梦呢? 现在,让我们把这首诗歌再来齐声朗读一遍吧。

5. 活动延伸

师:这首诗歌不仅可以读,还可以表演,我们一起到表演区和伙伴们演一演。

> **《梦》**
>
> 星星在天空中睡觉,做着亮晶晶的梦;
>
> 露珠在荷叶上睡觉,做着绿莹莹的梦;
>
> 蝴蝶在花丛里睡觉,做着香喷喷的梦;
>
> 宝宝在小床上睡觉,做着甜滋滋的梦。

【活动评析】

诗歌《梦》描绘了四幅充满童趣的画面。星星、露珠、蝴蝶、宝宝都是孩子们在生活中常见的,他们会做着怎样的梦? 整首诗充满着想象的温情。教师通过提问调动幼儿的生活经验——自己的梦是怎样的? 这个梦带给你什么样的感觉呢? 为幼儿理解诗歌与后续的仿编诗歌做准备。在理解诗歌环节,教师通过朗诵与图谱相结合,让幼儿感受诗歌的节奏与韵律的同时,理解诗歌的内容,激发想象力。通过提问,引导幼儿关注诗歌的特点,随后通过图片引导,为幼儿仿编诗歌提供支持。

中班语言活动
视频"梦"

项目实践

（一）项目实践

请自由挑选一首幼儿诗,朗读,并录音。

（二）模拟演练

请分析"观雨的教师笔记"中王老师的教学行为,并说明理由。

"观雨"的教师笔记

（三）课外研读

中国教育科学研究院早期教育研究中心. 最美的幼儿文学(全4册)[M].北京:教育科学出版社有限公司,2018.(该套书是专为3～6岁幼儿创作的诗歌和散文图画书。)

子项目三 幼儿散文活动

活动认知

（一） 幼儿散文概述

1. 幼儿散文的概念

幼儿散文是为幼儿创作、适合他们欣赏的，篇幅短小、知识性强、写作自由、文情并茂的一类文章。幼儿散文在写作上自由灵活、选材宽泛，具有"形散而神不散"的结构。所谓"形散"，是指散文笔法的自由松散；"神不散"，主要指主题集中、章法严谨、脉络清楚、首尾一贯，既要"放得开"，又要"收得拢"。

2. 幼儿散文的特点

（1）童心童趣

幼儿散文通过真挚、优美、动人的语言营造了一个充满幼儿情趣的世界，例如，谢华的《唱着歌走路》："真的，看，小兔子顶了张大树叶跟在小蓉姑娘后面，小兔子也唱起歌来了……看噢，看噢，小松鼠撑着尾巴来了，梅花鹿顶着它那对美丽的犄角来了。'呼哧——'，'呼哧——'，又跑来了小野猪……"这篇散文采用拟人的手法，抓住小动物们的动作与语言特点，描绘出童趣盎然的情景，吸引了幼儿的眼球。

（2）美

散文是美文，与其他文学体裁相比，儿童散文更强调以美的特质给小读者以美的熏陶。幼儿散文的美主要通过其美的语言来塑造美的情感、美的意境。例如，郭风的《花的沐浴》："小雨点敲打着野外的树木，在繁密的树叶上敲出声音来了……一群小野花走出来了……它们好像在幼儿园里做唱游一样，排成小队，走出树林，到这草地上，站在雨中……"散文采用拟人的手法，以"敲打""排成小队，走出树林，到这草地上，站在雨中"描绘出一群花在雨中沐浴的样子，更描绘出雨与花融为一体的情景。

3. 幼儿散文的类型

（1）叙事散文

叙事散文多取材于幼儿的生活，反映了幼儿生活中的情感，融情于事，激发幼儿对生活的热爱。不像幼儿故事那样强调情节的完整，叙事散文可以完整叙述一件事，也可以只描述一件事的片段。例如，任霞苓的《水晶屋》："悉沙悉沙，小姑娘穿着红套鞋在雪地上走，她的身后跟着长长的一串脚印。她正在找玉兰树旁的红屋顶木房子，老爷爷住在里面，小姑娘要找他玩儿。可是，白雪把玉兰树藏起来啦，白雪把红屋顶也藏起来啦，所有的东西都躲在白雪下面……小姑娘正着急呢，哈——太阳出来了！太阳照着雪白的大地，把所有的东西都晒出了汗……"这篇散文通过拟人的手法，描写了小姑娘找爷爷玩却找不到他家房子的过程，"红屋顶木房子""藏""躲"等非常富有童趣。

（2）抒情散文

幼儿抒情散文重在抒发情感，表达幼儿对生活中的人、事、景、物等的感情，用情来感化幼儿，唤起他们的情感体验。例如，金波的《月亮》："请你告诉我，你认识我吗？我早就认识你了，你是我天上的朋友，啊，月亮姐姐。当我走夜路的时候，我也不害怕，因为有你伴随着我。"这篇散文通过描写月亮和人"我走，你也走"的情景，抒发了对月亮的喜爱之情。文中"早就""朋友""姐姐"等词语的运用，流露着对月亮的喜爱之情。需要指出的是，散文诗和抒情散文很容易被混淆，除了二者间音韵节律的不同之外，抒发情感的强弱也是很大的区别。诗本来就是一种抒情文体，它的情感抒发更浓烈。

（3）写景散文

这类散文侧重描绘各类自然风景，使幼儿能受到美的熏陶，激发对大自然的热爱。如《瀑布》："流呀，流呀，唱着迷人的歌，要浇绿千里沃野，要投入万顷碧波……小石块阻挡不了它，小水潭挽留不了它，小花草吸引不了它。向前！向前！心中回想着大地和海洋的召唤，唱着豪迈的歌，经历九曲流程，冲破一切羁绊。"这篇散文运用拟人的写作手法,把瀑布当作人来写。"唱着迷人的歌""小石块阻挡不了""小水潭挽留不了""小花草吸引不了""向前! 向前!"描写出瀑布一往无前的、坚韧勇敢的性格,激发着幼儿对瀑布和大自然的喜爱之情。

（4）知识散文

幼儿知识散文的目的是向幼儿介绍知识。例如,薛卫民的《月亮渴了》:"天空渴了,月亮和那些小星星渴了。太阳说:'我给你们舀些水来喝吧。'太阳从大地上、河里、江里、大海里,蒸起无数的小水珠儿;小水珠成帮结伙地升到天空,就这样,天空喝到了水,月亮和星星喝到了水,它们不渴了……"这篇散文采用拟人的手法描写出水的循环过程。一边是太阳通过蒸发,把大地、河、江、海里的水蒸发到天空,另一边是又通过雨把水还给大地、河、江、大海,向幼儿传递了水循环的知识。

（二） 幼儿散文活动的概念

幼儿散文活动是指教师有目的、有组织地引导幼儿学习幼儿散文作品的系列活动。幼儿学习的散文常常是短小的,作者通过若干小小画面组成大的画面,其中串联构成的线索是作者隐藏在画面中的意蕴。

（三） 幼儿散文活动的关键点

在幼儿散文活动开展的过程中,教师应把握以下三个关键点。

1. 引导幼儿理解散文的画面

由于幼儿散文是用意蕴串联画面构成篇章的,因此在幼儿散文活动开展过程中,教师应注重引导幼儿通过听读、想象等方式感知散文中描绘的一幅一幅的画面。散文《美丽的秋天》中,描绘了秋天的落叶、秋天的果园、秋天的田野等画面。

2. 引导幼儿体会散文画面的意蕴

为使幼儿深入理解散文的内容,幼儿散文活动中,教师应在幼儿理解散文描绘的画面基础上,让幼儿进一步体会散文的意蕴。例如,《美丽的秋天》中,作者从色彩角度描绘秋天的落叶、秋天的果园、秋天的田野等画面,赞美了秋天的美丽。教师可以让幼儿在学习作品中,体会到秋天真的很美丽。

3. 注重散文中特别的艺术手法,帮助幼儿学习不同的文学艺术表现方式

散文中常用一些特别的比喻、象征等艺术手法。如《美丽的秋天》中:"秋风吹过,树叶轻盈地飘落下来,好像一只只蝴蝶在飞舞。""轻盈"一词,带有拟人的手法;"好像一只只蝴蝶在飞舞"使用了比喻的修辞方法。"秋天的果园分外好看,圆圆的苹果笑红了脸","笑红了脸"使用了拟人的修辞手法。教师在教学过程中,可通过仿编等方法,让幼儿感知比喻、拟人等修辞手法。

（四） 幼儿散文活动的年龄阶段目标[①]

不同年龄段的幼儿散文活动核心经验也可以分为语汇、文学形式、想象三个维度。幼儿散文活动中语汇与想象维度的核心经验与幼儿故事活动和幼儿诗歌活动的核心经验相同,在此不再赘述。幼儿散文活动在文学形式维度的核心经验见表 5-3。

表 5-3　幼儿散文活动文学形式核心经验及发展阶段

维度	体裁	学习与发展目标		
		初始阶段	稳定阶段	拓展阶段
文学形式核心经验	散文	• 了解散文中所描绘的主要人、事、物或景	• 知道散文中所描绘的各个画面的内容与意境	• 理解不同情景画面之间的联系与线索结构 • 按照散文的某一线索结构(事物形象、时间、空间或人物等),尝试用口语、动作或绘画等形式仿编散文中的语句或段落

---

① 周兢.学前儿童语言学习与发展核心经验[M].南京:南京师范大学出版社,2015:168-169.

工作过程

（一）活动设计

活动设计的步骤：1. 选择优秀的幼儿散文作品；2. 解读散文作品，确定适合幼儿发展水平的活动目标；3. 统筹文本与幼儿特点，选择有效的教学方法；4. 构思整体，书写活动方案；5. 立足幼儿特点，进行活动准备。

步骤 1 选择优秀的幼儿散文作品

对优秀幼儿散文作品的选择，教师可以从以下两方面进行考虑。

（1）富有童趣和意蕴美

幼儿散文作品的选择，应该把握住幼儿散文的特质——"儿童化"与"散文化"。因此，选择的幼儿散文作品应富有童趣，是孩子们喜欢的内容。同时，优秀的散文意蕴优美，能给幼儿带来美的熏陶，从而发展幼儿的审美能力。

例如，楼飞甫的《春雨的色彩》中有这样一段话——"一群小鸟在屋檐下躲雨，他们在争论一个有趣的问题：春雨到底是什么颜色的？ 小白鸽说：'春雨是无色的。你们伸出手接几滴瞧瞧吧！'"散文描绘了一群小鸟在屋檐下躲雨时争论春雨色彩的画面，将一群小鸟当作人来写，富有童趣，描绘出春雨下万紫千红的春天，生气勃勃而又意蕴优美。

（2）适合幼儿身心发展水平

在幼儿散文活动中，不同年龄段幼儿阅读的散文作品的难易程度是不一样的。比如，小班幼儿处于直觉行动思维向具体形象思维过渡的阶段，因此选择的散文作品应篇幅短小，以含有一个画面的作品为主，作品语言应生动形象简洁；中班幼儿以具体形象思维为主，因此选择的作品可稍长，包含两个左右的画面，语言可丰富一些；大班幼儿开始出现抽象思维的萌芽，因此选择的作品篇幅可以较长，包含更多的画面，表现形式多样化。

例如，楼飞甫的《春雨的色彩》中（见图 5 - 4），首先描绘了一群小鸟在屋檐下争论的画面；随后借由小燕子、麻雀、小黄莺之口，描绘了草地绿了、柳枝儿绿了，桃花儿红了、杏花儿红了，油菜花黄了、蒲公英黄了三幅画面，在读者面前展现了春天万紫千红的景象，更适合大班幼儿阅读。

图 5 - 4 春雨的色彩

步骤 2 解读散文作品，确定适合幼儿发展水平的活动目标

教师在教学的过程中，首先，自己应该对散文作品进行细细的研读，这样才能形成自己对作品的理解，

也便于后续更好地确定活动目标、选择合适的教学方法。其次，在自己解读作品之后，可以参考专家的评析意见，完善对作品的解读。最后，教师可以把解读作品的结果与幼儿语言发展总目标及年龄阶段目标进行对照，确定合适的具体散文作品教学的目标。

例如，楼飞甫的《春雨的色彩》中，根据中班幼儿的年龄发展目标以及散文的文本特点，从认知、能力、情感三方面确定如下活动目标。

认知目标：理解散文内容，知道春雨给大地带来万紫千红的变化。

能力目标：能运用"不对，春雨是……，你们瞧，春雨落在……"的句式进行创编，并根据创编的内容进行表演。

情感目标：感受散文的语言美、意境美，积极参加文学活动。

步骤3　统筹文本与幼儿特点，选择有效的教学方法

散文作品的教学需要注重画面与意蕴的把握，因此，教师在教学之前应注意丰富幼儿的生活经验，从而增强幼儿对作品画面内容的理解能力与想象能力。在教学过程中，教师应根据幼儿心理的特点，注意画面直观与语言直观以及动作的示范，帮助幼儿透过文字理解散文中画面的内容。教师还可以通过让幼儿画画或表演，深入理解散文内容，还可通过让幼儿仿编某些句子了解散文比喻、拟人的表现手法。

例如，对于楼飞甫的《春雨的色彩》，教学前教师可以带领幼儿去春游，找找春天的色彩；也可以组织亲子活动，让家长带领幼儿去踏春、赏春(见图5-5、图5-6)，丰富幼儿对于春天色彩的认识，为后续教学活动的开展提供经验准备，做好铺垫。教学过程中，可以让幼儿画春天、仿编散文、表演散文内容(见图5-7)等。

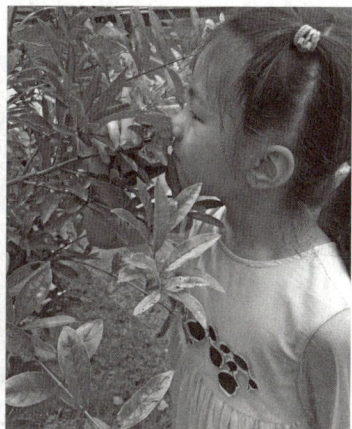

图5-5　摸摸小草　　　　图5-6　嗅嗅红花　　　　图5-7　演演散文

步骤4　构思整体，书写活动方案

中班散文活动：美丽的秋天[①]

【活动目标】

① 理解散文描绘的秋叶飘落、彩色的果园与田野的景象。
② 能通过听读散文想象秋天的景象并画出来。
③ 体会秋天的美，喜爱秋天。

【活动准备】

材料准备：秋天树叶飘落、秋天的果园、秋天的田野的图片，彩笔、纸。

---

① 案例由九江职业大学学前教育学院段展华老师提供。

经验准备：家长带幼儿到大自然中观察秋天的景象与色彩。

【活动过程】

1. 经验导入，激发幼儿学习兴趣

师：小朋友们，周末爸爸妈妈带你们去秋游了吧？你们看到了什么？它们是什么颜色的呢？

2. 观察与听读，理解散文描绘的画面

师：今天老师带来了几幅秋天的图片，你们看看图片中的秋天里有什么呢？它们是什么颜色的？

师：有人把这几幅美丽的图片写成了一篇散文，你们想听听是怎么写的吗？请小朋友们闭上眼睛，竖起小耳朵仔细地听，听听这篇散文里有哪些景物？它们是什么颜色？或者它们在干什么呢？（教师可以根据幼儿的回答确定范读的遍数。在幼儿回答的过程中，教师注意抓住蓝天、白云、树叶、苹果、柿子、稻田、棉田等景物，以及蓝、白、红、黄等颜色，并贴上相关景物图片。）

3. 画一画，想象秋天的美

师：秋天五彩缤纷，美丽极了。让我们用我们的小手来画一画你听到的秋天的样子吧。（幼儿画画，教师巡视指导。）

4. 说一说，体会秋天的美

师：小朋友们都画出了自己心目中的秋天。哪位小朋友愿意与其他小朋友分享一下，你为什么这么画呢？

5. 听一听、读一读，再次感受秋天的美

教师再次带领幼儿范读全文，再次感受秋天的美。

6. 活动延伸

师：回家之后，和爸爸妈妈一起想一想，树叶像什么？柿子像什么？秋天里其他的景物像什么？回来后告诉老师和其他小朋友。

案例

步骤 5　立足幼儿特点，进行活动准备

由于大班幼儿的思维是以具体形象思维为主，抽象思维初步萌芽，因此，在活动过程中应注意直观性、活动性、生活性。为此，教师在活动开展前应注意丰富幼儿的生活经验，让家长带领幼儿观察与散文内容相关的景色。在活动开展中，教师可以出示与散文内容相关的事物的图片或视频，增加幼儿的感性认识。

如《美丽的秋天》中，为促进幼儿想象的发展，教师可以在活动开展前带领幼儿拜访秋天，或者由家长带领幼儿秋游，为后续理解文本内容和想象力的发展奠定一定的经验基础。活动开展过程中，可以根据幼儿的回答依次呈现图片，加深幼儿对文本内容的认识。

（二）　组织与指导

组织指导步骤：6. 巧妙构思，激趣导入；7. 提问引导，初步理解散文内容；8. 综合多种方法，引导幼儿进一步感受散文的意蕴或主旨；9. 通过仿编，引导幼儿感知散文比喻、拟人的表现手法；10. 延伸至区域活动或亲子活动中。

步骤 6　巧妙构思，激趣导入

总的来说，散文的导入应注意与散文描绘的内容的相关性，并注意激发幼儿学习散文的兴趣。

例如，《美丽的秋天》的导入中，教师可以出示一幅美丽的秋天的图片，提问幼儿："你知道这是什么季节吗？你怎么知道的？"通过提问，既可以调动幼儿的生活经验，激发幼儿的学习兴趣，也可以为后面的散文内容的学习做好铺垫。教师还可以以一片秋天的树叶导入，由树叶联想季节，想象树叶从树枝掉落的情景，为下文的学习做铺垫。

步骤7 提问引导,初步理解散文内容

教师可以范读散文,并通过提问引导幼儿想象、再现散文描绘的画面,引导幼儿理解散文的内容。

例如,《美丽的秋天》中,教师可以出示秋天的图片,一边范读一边引导幼儿思考:美丽的秋天里有什么,它的颜色发生了怎样的变化? 为什么会发生这样的变化呢? 在朗读的过程中,教师还可以模仿落叶飘落的动作,引导幼儿理解散文的内容。

步骤8 综合多种方法,引导幼儿进一步感受散文的意蕴或主旨

在幼儿对散文内容有一定了解的基础上,教师可以让幼儿通过画画、朗读、动作表演等方法进一步理解散文描绘的画面,进而感受散文的意蕴或主旨。

例如,《美丽的秋天》中,教师可以让幼儿画出自己听到的秋天是什么样子的,也可以让幼儿用动作来表现秋天,如扮演落叶、苹果、柿子等。

步骤9 通过仿编,引导幼儿感知散文比喻、拟人的表现手法

对于散文中使用的比喻拟人的表现手法,教师可以引导幼儿抓住重点句子进行仿编。

> 如《美丽的秋天》中:"秋风吹过,树叶轻盈地飘落下来,好像一只只蝴蝶在飞舞。"教师可以引导幼儿了解句子中使用的修辞手法,把一片片"落叶"比喻成一只只"蝴蝶";把树叶的"飘落"比喻成蝴蝶在"飞舞"。教师可以进一步让幼儿使用"××像××"的句式描绘秋天画面中的内容。

步骤10 延伸至区域活动或亲子活动中

幼儿散文活动可以延伸到语言区进行散文的朗读与听读活动,也可以延伸到美工区画秋天,还可以与爸爸妈妈进行亲子阅读。

(三) 活动评价

幼儿散文活动的评价可以从对幼儿的评价、对教师的评价以及对活动整体的评价等方面进行。其中,评价教师的教育教学行为时应注意以下两个方面。

(1) 为幼儿想象活动提供恰当的直接经验

由于幼儿以直观形象思维为主,要让幼儿理解文本的画面,想象文本的内容,教师必须首先丰富幼儿的直接经验。幼儿的想象有了直接经验的支持,才能对语言词汇的理解更加的深刻。

(2) 引导幼儿感受散文描绘的画面

散文是形散而神不散的文体,画面承载着散文主旨与意义,因此,对散文画面的理解,有利于幼儿对散文主旨内容的把握。而要把握画面,首先需要引导幼儿理解文字传递的含义,这个过程实际上发展了幼儿的语言感受能力,丰富了幼儿的语言词汇,促进了幼儿文学语言的发展。

案例分析

大班语言活动: 春雨的色彩

设计者:何潇、沈舒婷、崔思梦 江西省九江市中心幼儿园八里湖园区
执教者:何潇 江西省九江市中心幼儿园八里湖园区

【设计意图】

在一次体验活动中,我发现孩子们对春雨特别感兴趣,为了满足他们对春雨继续探究的好奇心,帮助他们进一步感受春天的美丽,我们选择了这一内容。《纲要》中指出:"引导幼儿接触优秀的儿童文学作品,使之感受语言的丰富和优美,并通过多种活动帮助幼儿加深对作品的体验和理解。"而散文《春雨的色彩》

以春雨为载体,借助小动物们的谈话,巧妙地点出了大自然在春天来临时所产生的美妙变化,既贴近幼儿生活又符合幼儿兴趣。因此,我们选用《春雨的色彩》进行了活动设计。

【活动目标】

① 理解散文内容,知道春雨给大地带来万紫千红的变化。

② 能根据散文内容进行表演,并使用"不对,春雨是……,你们瞧,春雨落在……"的句式进行创编。

③ 感受散文的语言美、意境美,积极参加文学活动。

【活动准备】

经验准备:幼儿已有春游和体验春雨活动的经验。

物质准备:有关春雨的视频,轻音乐,小燕子、麻雀、小黄莺、春雨、小草、柳树、桃花、杏花、油菜花、蒲公英的头饰,图谱,雨声音频。

【活动过程】

1. 谜语导入,激发兴趣

师:今天我带来了谜语要和小朋友们一起分享,来猜猜看吧。"千条线、万条线,落到河里看不见",这是什么呢?(雨)

师:是的,我就是雨。因为我是在春天下的雨,所以我有个好听的名字叫春雨(教师戴春雨头饰,进入角色)。今天,我给大家带来一篇散文《春雨的色彩》。

2. 朗读文本,提问引导幼儿感知文本内容

师:你们仔细听了吗,刚才有哪些小鸟?(根据幼儿的回答,教师依次出示小白鸽、小燕子、麻雀、小黄莺的图片。)

《春雨的色彩》
朗读录音

师:那它们在争论我的什么呢?(春雨的色彩)

追问:什么是色彩?是的,红色、黄色、绿色都是我的色彩。

师:那我是什么色彩的呢?我们带着小鸟们的争论一起再次听一听《春雨的色彩》吧(第二遍朗读)。

师:散文中小白鸽认为春雨是什么颜色的呢?(引导幼儿完整说出来。)

小燕子认为春天是什么颜色的?(绿色)为什么是绿色?(因为春雨落在草地上菜地绿了,淋在柳树上柳枝绿了。)

小麻雀呢?(红色)怎么会是红色?(幼儿完整回答)

小黄莺呢?(黄色)(根据回答,依次出示图片,粘贴在黑板上。)

教师引导幼儿一起巩固散文内容:原来春雨有很多颜色呀!小燕子说春雨是绿色的,春雨落在草地上,草就绿了。淋在柳树上,柳枝也绿了。

麻雀说是红色的,因为春雨洒在桃树上桃花红了,滴在杏树上杏花变红了。

小黄莺说是黄色的。春雨落在油菜地里油菜花黄了,落在蒲公英上蒲公英花变黄了。

这幅画面好美啊,我把它们都请来我们活动室了。小鸟、小树、小花、小草都来了,你们想来演一演吗?太期待你们的精彩表演了,那我们就分组选角色吧。

3. 分组表演,进一步理解散文的内容

师:分为三组,小燕子组(小燕子飞出来说散文中小燕子的话,柳树、小草要摆出一个动作)、麻雀组(麻雀飞出来说散文中麻雀的话,桃树、杏树要摆出一个动作)、小黄莺组(小黄莺飞出来说散文中小黄莺的话,蒲公英、油菜花要摆出一个动作)。

师:每个小朋友扮演一个角色,各组协商分配角色。(三组幼儿分别自由讨论,教师巡视指导。教师可提问引导:柳树在春雨下变绿,可以用什么样的动作表现出来呢?)

师:小朋友们,你们商量好了吗?我们开始扮演啦。春雨,像春姑娘纺出的线,没完没了地下到地上,沙沙沙,沙沙沙……(旁白和春雨由老师念)

教师小结：哇！小鸟们说得可真好，小花、小草和小树们的动作可真美。谢谢你们，现在请你们轻轻地把你们的好朋友送回桌子上吧，悄悄地回到椅子上坐好。

4. 尝试创编，进一步感受春雨的美丽（教师前期需要铺垫幼儿对春天景物色彩的认知）

师：刚刚小鸟们都说出了他们眼中春雨的颜色，那你们眼中的春雨是什么颜色的？能像小燕子那样说出来吗？请根据"不对，春雨是什么颜色的。你们瞧，春雨落在什么上面，它就怎样了"句式创编。例如："不对，春雨是红色的，你们瞧，春雨落在玫瑰花上面，玫瑰花红了。"

师：沙沙沙，沙沙沙……朋友们，我本身是无色的，是你们善于发现的眼睛让我给春天的大地带来万紫千红。

5. 总结

师：小朋友们，告诉你们一个秘密，接下来还会下几场春雨的呦，到时候可以和爸爸妈妈一起与春雨约会，看看春雨还给春天带来了什么颜色？

6. 活动延伸

家园共育：请幼儿和爸爸妈妈一起去春天里找一找，春雨还给春天带来了什么颜色。

区域延伸：在语言区投放散文里面的小动物头饰、录音机，供幼儿和小伙伴一起继续创编与朗诵。

【活动评价】

散文《春雨的色彩》是一篇意境优美的散文，同时富有诗歌的奇思妙想。整篇文章围绕小鸟们争论春雨的色彩而展开，读之趣味盎然。教学中，教师通过谜语导入，引发幼儿学习的兴趣，引出春雨。随之，通过教师朗读、幼儿听读，熏陶感染幼儿进入散文描绘的美丽春雨世界，进而初步理解散文的内容。在此基础上，幼儿自选角色表演散文内容，尊重了幼儿的意愿与喜好，充分体现了幼儿的主体地位。在表演中，幼儿进一步理解了散文的内容，为后续的仿编做准备。在仿编过程中，幼儿调动着自己的生活经验，感受着散文的文字美，用文学的语言描绘自己见到的生活现象，不知不觉间发展了想象力与语言表达能力。

大班散文活动
视频"春雨的
色彩"

项目实践

（一）实训项目

请以小组为单位自由选择一篇散文，设计活动方案并模拟上课。

（二）模拟演练

1. 单项选择题。

（1）幼儿文学活动是指以 0～6 岁（　　）为基本教育内容而设计组织的语言教育活动类型。

A. 儿童文学作品　　　B. 儿童故事作品　　　C. 教育文学作品　　　D. 语言文学作品

（2）幼儿文学活动，首先是要有（　　）文学作品为载体，该作品应体现一定的文学性；其次，它是一个教育活动，因而就具备教育活动所应有的特点；再次，其对象是幼儿，因而在教学内容和方法上又要体现幼儿学习的特点。

A. 生动的　　　　　B. 具体的　　　　　C. 优美的　　　　　D. 简单的

（3）教师在幼儿文学教学中可以根据自身对于语言活动目标的理解来自行设计。但不管怎样安排，一定要遵循（　　）的原则，即要将目标进行年龄分解。

A. 浅显易懂　　　　B. 先确立目标　　　C. 教育价值　　　　D. 循序渐进

（4）（　　）是幼儿故事活动准备过程中的首要问题。

A. 教育价值　　　　B. 教学内容　　　　C. 目标的界定　　　D. 儿童的兴趣

（5）（　　）是一个活动的核心，设计与实施的成功与否决定了整个活动的质量。

A. 活动的导入　　　　B. 活动的开展　　　　C. 活动的感悟　　　　D. 活动的准备

2. 判断题。

（1）在儿童文学教育活动中，教师应坚持以文本为中心的观念。　　　　　　　　　　（　　）

（2）教师在选择文学作品时，一方面要总体考虑幼儿的特点，又要考虑每个年龄阶段的能力差异。

（　　）

（3）在确立幼儿故事活动的目标时，应当遵循从宏观到微观的逐步分解的程序，也就是"总目标——领域目标——年龄段目标——学期目标——活动目标"的解析路径。　　　　（　　）

（4）在幼儿故事活动中，教师只需把重心放在活动内容上，其他的不重要。　　（　　）

（5）在进行幼儿故事活动准备时，应关注幼儿的经验，同时也要注重选择有针对性的故事。　（　　）

（三）课外研读

1. 周兢，程晓樵. 幼儿园语言教育活动设计与组织[M]. 北京：人民教育出版社，1996.

2. 周兢. 儿童语言运用能力的发展[M]. 南京：南京师范大学出版社，2002.

3. 张加蓉，卢伟. 学前儿童语言教育活动指导（第二版）[M]. 上海：复旦大学出版社，2010.

项目六　幼儿早期阅读活动

活动认知

（一）早期阅读活动的内涵

阅读是人们通过对书面语言和其他书面符号进行感知、辨认与理解,从中获取知识与信息的实践和心理活动过程,是获取知识最直接、最有效的途径。幼儿的阅读不同于成人的阅读,其中最大的区别在阅读材料和阅读对象上。在阅读材料上,成人主要阅读报纸、书刊、网络信息等,而幼儿以阅读图画书为主;在阅读对象上,成人的阅读主要以文字为主,而幼儿的阅读遵循着从"图画到文字"的过程,而且主要以图画为阅读对象。[①]

早期阅读活动是指在学前教育阶段,通过教师有目的、有计划的情境创设与活动设计,引导幼儿运用视觉、听觉、触觉、口语、身体动作等综合手段来理解色彩、图像、文字、标记等多种符号的教育活动。[②]

早期阅读教育
的内容

（二）早期阅读活动的特征

1. 舒适丰富的阅读环境

幼儿的认知特点决定了在早期阅读活动中,教师必须向幼儿提供含有丰富阅读信息的教育环境,包括精神环境和物质环境。

精神环境是指教师为幼儿创设的宽松自由的阅读氛围,它有助于幼儿全身心地投入阅读活动中,并获得无穷乐趣。教师要对幼儿的阅读行为表示关注、支持和欣赏,并以积极的态度给幼儿提供适当的支持与引导。

物质环境是指教师为幼儿提供的阅读时间、阅读场所和阅读材料。首先,要保证幼儿有一定的阅读时间,并及时指导幼儿读书,阅读时间可以固定也可以不固定。其次,为幼儿提供相应的阅读场所。教师可以利用一切机会、场所,让幼儿感受书面语言,潜移默化地接受有关书面语言的知识。再次,为幼儿提供具体、形象、生动的阅读材料。提供的材料越丰富,越有助于幼儿语言发展,要不断更新阅读区的书籍;同时,有趣的、图文并茂的故事,有一定规律可循的文字,能更好地帮助幼儿形成有关书面语言的初步知识。

2. 紧密连接的讲述活动

早期阅读活动的一个重要目标是让幼儿在理解的基础上把图书的主要内容讲述出来,使幼儿对图书有更深的了解,从而提高口头表达能力和综合概括能力。幼儿的阅读活动和讲述活动是紧密相连的,他们可以一边看着图画书一边讲述,也可以在看完之后把图画书的大概意思讲述出来。教师可以设计多种图画书讲述方式:可以是在全班或小组讲述,也可以让幼儿边表演边讲述,还可以是独自进行讲述。讲述活

---

① 周兢. 学前儿童语言学习与发展核心经验[M]. 南京:南京师范大学出版社,2015:215.
② 姜晓燕,郭咏梅. 学前儿童语言教育(第三版)[M]. 北京:高等教育出版社,2019:177.

动是在把握图画书的基本结构、充分理解故事情节的基础上进行的,通过讲述能使幼儿更深入地了解图画书的内容,发展想象能力、概括能力和口头表达能力。

3. 提倡整合的阅读活动

提倡整合的阅读活动,就是将书面语言学习与其他方面的学习有效地结合起来。常见的整合形式有三种:一是书面语言与口头语言的整合。早期阅读活动在促进幼儿口语表达能力的同时,也会使幼儿认识一些文字,了解书面语言的特点,初步获得关于书面语言的知识。二是语言学习和其他学习内容的整合。《纲要》中指出:"幼儿园必须把保护幼儿的生命和促进幼儿的健康放在工作的首位。"翻阅图画书可以看到,有介绍讲卫生、爱清洁的,有介绍饮食、睡眠和自理能力的,还有宣传爱护身体、加强自我保护的,幼儿在阅读中既可学习语言,又能增长其他方面的知识。三是静态学习与动态学习方式的整合。如在幼儿阅读完图画书后,教师可以引导他们模仿图画书的结构制作自己的图画书,也可以让他们制作图画书中的人物头饰并进行故事表演,或者把图画书的内容讲述给其他人听。

(三) 早期阅读活动的类型

从阅读活动的不同途径来说,幼儿早期阅读活动可分为两种类型:一种是正式的集体阅读活动;另一种是非正式的阅读活动。

图 6-1　集体阅读活动①

1. 正式的集体阅读活动

幼儿园集体阅读活动是指教师有目的、有计划地组织全班幼儿共同参加的早期阅读活动,也称专门的阅读活动(见图 6-1)。幼儿园的集体阅读活动会产生三种效应:第一,教师与幼儿之间的相互作用,可以帮助幼儿获得最佳的早期阅读效果;第二,幼儿在集体环境中学习阅读,可以与同伴一起分享早期阅读活动的快乐,从而提高参与阅读的积极性和阅读兴趣;第三,在适合幼儿的集体阅读活动中,教师能够通过观察比较,发现某些幼儿阅读的特别需要,并及时提供恰当的帮助和引导。

2. 非正式的阅读活动

在幼儿园一日活动中,教师应为幼儿积极创设非正式的阅读机会。

(1) 区角活动中的早期阅读

区角活动中的早期阅读,一般在幼儿园的图书室、阅读区进行。随着国家对幼儿园建设规范标准的出台以及各地经济水平的不断发展,越来越多的幼儿园建立了专门的图书室、阅读区,环境温馨、舒适,深受幼儿喜欢,为培养幼儿的阅读兴趣提供了良好的阅读环境。

(2) 生活活动中的早期阅读

幼儿园一日生活活动中存在着大量的阅读时机。如晨间谈话中的分享阅读,教师可以鼓励幼儿分享自己阅读过的读物。再如过渡环节中的自主阅读,教师可以充分利用过渡环节发展幼儿的自主阅读能力,避免消极等待。又如午睡前和离园环节时的阅读,午睡前,教师可以有感情地朗读优秀作品;离园环节时,师幼可以共读图画书,共创良好的阅读体验。

(四) 早期阅读活动的价值

1. 早期阅读活动促进幼儿认知的发展

幼儿认知的发展包括感觉、知觉、记忆、语言、思维、想象等方面的发展。在早期阅读活动中,幼儿在对

---

① 图片来源于江西省九江市九龙新城幼儿园。

图画进行整体和细节的观察后,理解图画内容是幼儿感觉和知觉能力的重要体现;在阅读活动中,对故事过程的猜测、假设、验证,以及对图画内容或主旨的判断是幼儿思维能力发展的重要体现。在阅读活动后,回忆图画内容是幼儿记忆能力发展的重要体现。[①] 因此,早期阅读活动能有效地促进幼儿认知的发展。

2. 早期阅读活动促进幼儿情绪和社会性的发展

幼儿的情绪和社会性发展包括情绪认知、情绪行为和亲社会行为。幼儿在阅读活动中对主角情绪状态的认知,对角色情绪状态的归因是幼儿情绪认知能力的重要体现;在认知角色形象后,能够根据情境和自身经验再现角色的情绪,并对角色的情绪和境遇产生移情反应,是幼儿情绪行为能力高低的重要体现。在阅读活动后,幼儿逐渐学会辨别何种行为是受欢迎的亲社会行为,何种行为是不恰当的社会行为,并能在生活中对自己的行为进行有意识的调控,提高社会性的发展。[②]

3. 早期阅读活动促进幼儿人格的形成和发展

幼儿人格的发展包括自我意识的形成、性格和个性的初步发展。有许多早期阅读活动是围绕幼儿的自我认知、个性特征等主题展开的,如阅读活动"我不知道我是谁""换一换"等。在早期阅读活动中,幼儿会获得对图画书中主角性格、个性特征的认识,并结合自己的生活经验,表达自己的想法,从而在生活中根据阅读活动所获得的经验来调控自己的行为,逐步意识到自己的特点、喜好,逐步调适自己的行为,表现出良好的性格。

工作过程

（一）活动设计

活动设计的主要步骤:1. 选择阅读材料;2. 确定活动目标;3. 进行活动准备;4. 构思活动过程。

步骤1　选择阅读材料

在为幼儿选择阅读材料时,应注意以下四个方面。

（1）内容积极健康

早期阅读的材料应当能引起幼儿积极的情感体验,促进幼儿良好态度的形成;应当有助于培养幼儿独立、合作、专注、自制等优良品质,对幼儿的成长起到引导、支持的作用,如图画书《猜猜我有多爱你》《彩虹色的花》《花婆婆》(见图6-2、图6-3、图6-4)等都向幼儿传递着真善美的情感。严禁选用充满谎言、暴力等不良倾向内容的读物。

图6-2　《猜猜我有多爱你》　　　　图6-3　《彩虹色的花》　　　　图6-4　《花婆婆》

① 周兢. 学前儿童语言教育[M]. 北京:高等教育出版社,2015:151.
② 周兢. 学前儿童语言教育[M]. 北京:高等教育出版社,2015:152.

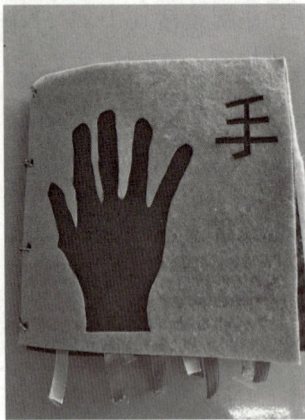

图 6-5　幼儿自制图画书①

（2）种类丰富多样

除专门的图画书之外，应为幼儿提供种类丰富多样的早期阅读材料。其他题材的早期阅读材料有：来源于生活的材料，如日常生活中随处可见的物品包装盒、宣传广告、物品说明书、公共场所标志、广告等；适宜幼儿操作的活动材料，如图画拼图、文字拼图等；幼儿自制的材料，如幼儿自制的图画书等（见图 6-5）；工具性材料，如图文并茂的图画字典等；亲子材料，如幼儿与父母一起完成的图画游记等。通过阅读材料中的图画、物品，引导幼儿将图画、物品与文字建立对应关系，使幼儿了解文字的用途，对书面语言产生兴趣。

（3）以画面为主，图文并茂

幼儿以具体形象思维为主，他们在阅读的时候多是通过观察画面来进行，丰富、直观、生动的画面可以引发幼儿的阅读兴趣。一般而言，幼儿喜欢画面夸张、人物表情丰富、色彩鲜艳的图画。书中的图画要和文字密切对应，语言和图画融为一体，可以使幼儿在阅读时进入特定的语言情境中，将口头语言与书面语言对应起来，体验阅读的乐趣，习得相应的文字。因此，图画书中的图画不是文字的附属，而是图画书的生命。如图画书《小蓝和小黄》（见图 6-6），作者对两个小小的色点进行了拟人化描写，画面简洁鲜明，极易为幼儿所理解和接受。

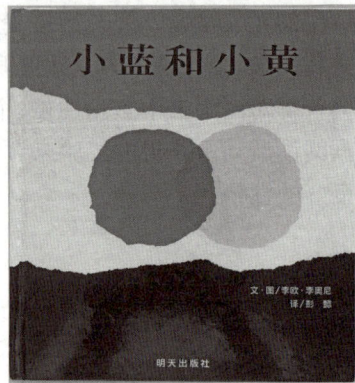

图 6-6　《小蓝和小黄》

（4）艺术性较强

幼儿的图画书应该具有一定的艺术性，含有丰富的色彩以及一定的教育价值。例如图画书《好饿的毛毛虫》《母鸡萝丝去散步》等，语言浅显易懂，画面线条简洁，色彩丰富自然，非常有吸引力。

同时，阅读材料的选择要考虑不同年龄段幼儿身心发展的特点。小班幼儿比较喜欢生活类的阅读材料，内容富有童趣，贴近生活经验，浅显易懂，画面色彩鲜艳，角色形象可爱，与生活经验密切相关的直观材料能引起他们的兴趣，如图画书《好饿的小蛇》《样样都爱吃》《妈妈抱抱我》等；中班幼儿比较偏好认知类、社会类的阅读材料，有有关动植物、季节变化、自然现象的阅读材料，内容包含粗浅的知识经验，画面稍丰富，情节稍复杂，如图画书《神奇的树》《狐狸爸爸鸭儿子》《猜猜我有多爱你》《亲爱的小鱼》《蚂蚁和西瓜》等；大班幼儿偏好传记类、科学类、智力类和幻想类的阅读材料，如图画书《青蛙与小鸟》《驴小弟变石头》《一根羽毛也不能动》《母鸡萝丝去散步》《田鼠太太的项链》等。

步骤 2　确定活动目标

《纲要》中指出：要"利用图书、绘画和其他多种形式，引发幼儿对阅读和书写的兴趣，培养前阅读和前书写的技能"。《指南》中从阅读兴趣与习惯、初步的阅读理解能力及早期书写行为等方面，描述了 3～4 岁、4～5 岁、5～6 岁幼儿应达到的水平。结合《纲要》与《指南》的精神，在制定目标时应立足于幼儿形成良好的阅读习惯和态度、掌握正确的阅读方法和技能、初步建立口头语言与书面语言的对应关系。

（1）形成良好的阅读习惯和态度

阅读习惯和阅读态度是影响早期阅读活动成败的重要因素。首先，要引导幼儿热爱书籍、养成自觉阅读图书的习惯。在早期阅读活动中，教师须引导幼儿学会爱护图书，如不撕书、不乱扔书、看一本书取一本书，看完书后要放回原处等，引导幼儿逐步形成自觉阅读图书的良好习惯。其次，引导幼儿乐意观察各种符号，使其对文字有好奇心和探索愿望。早期阅读活动的目标之一就是激发幼儿对各种符号的敏感性，引发他们探索文字符号的积极性，帮助其建立主动学习文字的态度。

（2）掌握正确的阅读方法和技能

早期阅读活动的基本目标是使幼儿掌握阅读的方法和技能，最终具备基本的阅读能力，为进入小学后

---

① 图片来源于江西省九江市修水县中心幼儿园。

的学习打下坚实的基础。

一是观察模仿书面语言的技能。在早期阅读活动中,幼儿通过观察书面语言与其他语言呈现方式的差异,了解书面语言的特征,并且能够模仿书面语言进行读写。

二是预测阅读内容的技能。预测阅读内容的技能可以有效帮助幼儿理解具体的阅读内容,并不断拓展幼儿的阅读经验。例如,当幼儿阅读图书时,看到故事的开头,便能够预测这类故事的过程和结局。培养幼儿的阅读预测技能,必须通过大量的阅读实践活动,帮助幼儿归纳概括出一定的阅读规律。

三是自我调适的技能。书面语言的学习要求幼儿能够敏锐地发现错误并及时进行自我纠正,这种不靠外部纠正而随时敏感地自省领悟的能力,对幼儿学习书面语言十分重要。例如,幼儿在叙述图画书的内容时,发现自己叙述图画书的语言不符合书面语言的格式,随即进行调整,这就需要幼儿自我调适的技能。

（3）初步建立口头语言与书面语言的对应关系

人类语言的两大形式是口头语言和书面语言,这两种语言对人们的生活都有重要的作用。幼儿正处于口头语言迅速发展的时期,为了让他们更好地学习口语,并为下一阶段集中学习书面语言做好准备,在学前期有必要帮助幼儿初步感知、认识书面语言,理解口头语言与书面语言的对应关系。

幼儿可以从早期阅读活动中获得三方面的认识:一是懂得书面语言与口头语言都可以存储信息,但书面语言用文字的方式记录存储,具有可视的特点;二是懂得书面语言与口头语言都可以用来表达思想,书面语言是用文字写出来的,口头语言是直接说出来的;三是书面语言和口头语言都是人们交流的工具,但是交流的方式不同,书面语言较少受时间和空间的限制。

大班早期阅读活动：　我永远爱你

认知目标：了解图画书中故事情节的发展线索,懂得阿雅和小男孩的感情。

能力目标：在理解图画书的基础上,尝试用语言、动作、表情等方式表达对他人的爱。

情感目标：愿意与同伴一起谈论图画书中的内容,体会小男孩内心情感的变化。

案例

步骤3　进行活动准备

在选择阅读内容和确定活动目标的基础上,应着重考虑幼儿活动的知识准备、物质准备、阅读经验准备。

（1）知识准备

知识准备是指幼儿应具备的知识基础,如早期阅读活动"变色蜗牛"中,在实施活动前,教师通过播放录像或带领幼儿观察实物等,让幼儿积累一些关于蜗牛的感性经验,提高活动的实施效果。

（2）物质准备

物质准备是指组织阅读活动所需的教具和学具,充分的物质准备可以保证活动目标的顺利达成。物质准备需要根据现实情况和活动的需要来安排,下面是早期阅读活动"变色蜗牛"的物质准备:

蜗牛图片（绿色、橙色、蓝色、红色、黄色、紫色）各一张;

与每个蜗牛颜色相同的字卡各一份,并在字卡上标注数字;

树叶、橘子、喇叭花、草莓、辣椒、梨子、柠檬、葡萄和茄子各一份;

白色蜗牛模型一个,《变色蜗牛》大图书一本。

（3）阅读经验准备

在实施活动前,教师应为幼儿做好充分的阅读经验准备,如翻阅图书的规则、图画阅读顺序等,这要求教师在日常生活和其他教育活动中进行有意识的培养。

步骤4　构思活动过程

早期阅读的活动过程一般包括五个基本环节:准备阅读;导入活动,引发兴趣;引导幼儿自主阅读;师幼共同阅读;幼儿讲述阅读内容。教师在掌握早期阅读活动基本环节的基础上,可以创造性地设计与组织阅读活动。由于早期阅读活动过程通常涉及多个活动环节,而幼儿阅读能力的培养是建立在幼儿理解图画书的基础之上,因此很难做到用一个课时完成,建议教师根据阅读内容和活动目标适当增加课时数。

中班早期阅读活动: 摇摇晃晃的桥①

【活动目标】

① 通过观察和阅读图画书,了解狐狸和兔子化敌为友的过程。

② 在模仿狐狸和兔子的语气语调中,感受、理解双方的心理变化。

③ 根据图画书的内容,尝试以剪影添画续编情节。

【活动准备】

经验准备:有一定的早期阅读经验和表演经历。

物质准备:PPT 课件"摇摇晃晃的桥",狐狸和兔子的剪影实物若干,故事音频。

【活动过程】

1. 剪影导入,推测情节发展

(1) 出示 PPT 图一,引导幼儿观察,发现独木桥的特点

师:这是一座什么样的桥? 它和我们平时看到的桥有什么不同?

(2) 围绕图一内容,引导幼儿大胆想象

师:它们是谁? 在这座危险的桥上有可能会发生什么事情?

2. 师幼共读,理解故事内容

(1) 出示 PPT 图二与图三(发生争执:狐狸想吃兔子)

师:它们来到了这座摇摇晃晃的桥上,后面会发生什么事情呢?

师:发生争执,狐狸想吃兔子。太危险了,怎么样才能保持桥的平衡?

师:虽然木头保持了平衡,但两只可怜的小动物只能抓住木头一动不动,心情如何?

(2) 出示 PPT 图四至图七(遇险:狐狸和兔子遇到危险)

危险一(图四):来了一群乌鸦。

师:乌鸦朝谁飞来了? 如果乌鸦全部站在狐狸这边会有什么后果?

危险二(图五):夜幕降临,内心的恐惧。

师:夜幕降临,周围静悄悄的,呼呼的山风吹得周围的树木沙沙作响,这时候兔子和狐狸在做什么?

师:播放狐狸和兔子的对话音频,感受双方语气的变化。

危险三(图六):兔子睡着了。

师:如果兔子真的睡着了,会怎样? 为什么狐狸要让兔子珍惜生命呢?

危险四(图七):旋转的桥。

师:图中发生了什么事情? 有什么危险? 如果是你,你会怎么办呢?

(3) 出示 PPT 图八(合作:狐狸和兔子战胜危险)

师:在最危险的时候狐狸是怎样做的? 兔子又做了什么? 它们都得救了,现在它们的心情怎么样?

师:看到这里,你有什么感受?

小结:是啊,就在危险发生的一刹那,它们通过互相打气、共同合作,终于战胜了危险。就像我们平时在生活中遇到困难时,只有和小伙伴相互合作,才能战胜困难。

---

① 该案例由江西省九江市濂溪区第一幼儿园梅桦老师提供。

3. 完整阅读,感受心理变化

(1) 猜测结局

师:你觉得最后狐狸还会吃掉兔子吗? 为什么?

(2) 图画书取名

师:这本图画书真有趣,现在,我们一起给它取个好听的名字吧?(幼儿说出图画书名字,教师用前书写符号记录幼儿取的名字。)

(3) 角色表演

借助 PPT 课件,引导幼儿用剪影分角色模仿狐狸和兔子的语气,完整阅读。

师:现在,我们一起你们手上的狐狸和兔子的剪影完整地讲一讲这本图画书吧。

4. 剪影添画,延续情节

幼儿用狐狸和兔子的剪影贴在提前准备好的纸上,然后用记号笔随意添画。添画完后和同伴进行交流,尝试续编情节。

师:狐狸和兔子成为了好朋友,你们猜猜看它们还会发生什么事呢?

师:它们会想什么办法解决呢? 请你们画一画吧。

中班早期阅读活动视频"摇摇晃晃的桥"

(二) 组织指导

> 组织指导的步骤:5. 准备阅读;6. 导入活动,引发兴趣;7. 引导幼儿自主阅读;8. 师幼共同阅读;9. 幼儿讲述阅读内容。

步骤5 准备阅读

幼儿完全理解一本图画书不是单靠一次活动就能完成的。当幼儿对图画书的情节不够熟悉或难于理解时,就无法很好地回答教师提出的问题。在阅读活动前一两周,如果阅读内容是幼儿不熟悉的,教师则有必要让幼儿提前阅读图书,为正式阅读活动的开展打好基础。

教师在指导这个阶段幼儿的阅读活动时应注意:第一,准备阅读只是为正式阅读做铺垫,不能代替正式的阅读活动。因此,只要幼儿对阅读内容有一个大概的了解就可以了,否则幼儿在正式阅读时就会对图书失去兴趣。第二,准备阅读中可以让幼儿从头到尾翻看图画书一两遍,或让他们边看边讲述图画书的内容。教师指导的重点是幼儿的阅读方法是否正确,阅读习惯是否良好,要让幼儿充分地按照自己的理解将图画书内容讲述出来。第三,对幼儿理解不正确的地方,教师应给予提示而不是直接把答案告诉幼儿,要给他们思考的机会,并将幼儿共同无法理解的画面记录下来,作为正式活动时的重点、难点问题加以解决。

步骤6 导入活动,引发兴趣

引发幼儿的阅读兴趣是开展正式阅读活动的第一个环节,教师可以通过连接幼儿已有的生活经验或阅读经验等方式,来引发幼儿的阅读兴趣。

(1) 连接幼儿已有的生活经验

教师可以充分利用幼儿的生活经验来引发幼儿阅读的兴趣。如在阅读活动"母鸡萝丝去散步"中,教师可以通过提问,引导幼儿讲述自己散步的经历,引发幼儿想了解母鸡萝丝散步时会发生的事情的兴趣。

(2) 连接幼儿已有的阅读经验

教师应充分利用幼儿已有的阅读经验来引发幼儿阅读的兴趣。有些阅读材料有相同的主人公,如《蜘蛛先生要搬家》与《好忙的蜘蛛》讲述的都是蜘蛛的故事,教师可以引导幼儿在阅读其中一本图画书的基础上,发现另一只蜘蛛做了什么事情;有些阅读材料的故事情节相似,如《好饿的毛毛虫》和《好饿的小蛇》,教师可以引导幼儿比较《好饿的毛毛虫》与《好饿的小蛇》有什么区别;有些阅读材料之间有续编关系,或者是从同一故事的不同角度来讲述,如《三只小猪》与《三只小猪真实的故事》叙述的角度不一样,幼儿在明白《三只小猪》的故事情节后,会急于想知道"狼"到底是怎么想的,从而饶有兴趣地去阅读。

> 在大班早期阅读活动"逃家小兔"的导入环节,教师先模仿小兔子的动作:"咚——咚——咚,大家猜猜谁来了?"幼儿对兔子的动作十分熟悉,都能积极回应教师。接着,教师出示《逃家小兔》的封面图片(见图6-7),引发幼儿的兴趣。教师提问"封面上有谁?猜猜它们是什么关系?",引导幼儿说出"兔妈妈和兔宝宝"。并通过提问引导幼儿观察封面的其他信息:"现在是白天还是晚上?从哪里看出来的?兔妈妈和兔宝宝在哪里?它们在做什么?可能说些什么呢?"以此引发幼儿的猜想,一步一步进入阅读活动。

图6-7　《逃家小兔》

步骤7　引导幼儿自主阅读

教师在简单地介绍完图画书的名称及封面内容后,要提供机会让幼儿自主阅读,让幼儿能重新回忆曾经看过的重要情节,在此基础上再度对同一内容进行理解。幼儿可以小声地边翻阅图画书边讲述,这时幼儿主要是独自讲述,一般不与同伴进行语言交流。在这一环节,教师的指导要点有两个方面。

第一,教师可以采用提问的方式,拓宽幼儿的阅读思路。教师可以通过启发性的问题,引导幼儿带着问题边阅读边思考,从而促进幼儿深入地理解图画书的内容。

> 在早期阅读活动"逃家小兔"中,教师可以提问:"为什么无论兔宝宝变成什么,兔妈妈都能找到它?"这个问题直击图画书主题,会使幼儿带着核心问题进行阅读。

第二,注意巡回指导,关注每个幼儿的阅读方法、阅读速度。对于阅读方法不当的幼儿,教师应进行示范;对于阅读速度较快的幼儿,可以引导他们再次阅读,注意观察图画书中的细节,发现故事发展的线索,更好地掌握故事情节。对于阅读速度较慢的幼儿,要给予重点观察,了解他们在阅读时遇到的问题,为下一环节的活动提供必要的依据。

> 在早期阅读活动"逃家小兔"中,幼儿自主阅读时,教师可以提醒幼儿发现图画书中的细节:"当兔宝宝跑回家的时候,兔妈妈的表情是什么样的?它会对兔宝宝说什么?"引导幼儿放慢速度重点阅读该细节。

步骤8　师幼共同阅读

师幼共同阅读环节的目的是帮助幼儿明确此次早期阅读活动的内容,主要有三个环节。

(1)引导幼儿理解图画书的大致内容

在此环节中,教师可以采用平行阅读的形式,结合提问和讨论的方式,与幼儿一起阅读。提问是教师在阅读活动中经常使用的教学策略,使用时须注意:第一,教师所提问题的数量不要太多,需提出围绕主题的核心问题,一个问题应涵盖多个画面的内容;第二,始终围绕图画内容来设计问题,少用封闭性问题,多用开放式问题;第三,提问要有层次性,既要引导幼儿关注图画书的主要内容,也要引导幼儿留心细节,体会作品中的情绪情感。

> 在早期阅读活动"逃家小兔"中,幼儿自主阅读后,教师采用分段阅读的形式,带领幼儿理解图画的大致内容。

【教师讲述图画书第1页】

师：从前有一只小兔子，它很想离家出走，小兔子想了什么办法呢？（幼儿根据观察到的画面说出"逃跑"等词，理解"逃家"的含义。）

师：兔妈妈舍不得离家的小兔子，兔妈妈是怎么做的？"（幼儿理解动词"追"，自然引出主题《逃家小兔》。）

【教师讲述图画书第2~10页】

接着，教师出示三组图片，请幼儿自由讨论，说说小兔子与兔妈妈之间可能发生的事情。

师：说要变成其他东西，让兔妈妈找不到，那小兔子都变成哪些东西呢？兔妈妈找到小兔子了吗？兔妈妈又是怎么找到的呢？

师：小兔子变成小鱼，兔妈妈为什么不用鱼钩而用胡萝卜钓小兔子？用鱼钩会怎样？小兔子变成花朵，兔妈妈为什么变成园丁，园丁是做什么的？小兔子变成石头，兔妈妈是怎样登山寻找小兔子的？从哪里看出兔妈妈在很艰辛地寻找小兔子？（引导幼儿想象小兔子和兔妈妈的对话，并分角色表演小兔子和兔妈妈之间的对话。）

【出示图画书第11~22页】

师：小兔子还想到了哪些变化的样子？（引导幼儿说出"小鸟、小帆船、风、小男孩"）兔妈妈是怎么找到小兔子的？

【出示图画书第23~25页】

师：小兔子还会逃跑吗？为什么？（引导幼儿体会兔妈妈对小兔子的情感。）

（2）围绕重点、难点开展阅读活动

每个阅读活动都有其自身的重点、难点问题，对这些问题教师要给予特别的关注。由于图画书具有前后关联的特点，因此如果其中一个重点或难点画面幼儿没有正确地理解，往往会影响到幼儿对整本图画书主要内容的把握。所以，教师一定要在前面几个阶段观察了解幼儿实际困难的基础上，结合图画书的主要难点问题对幼儿进行必要的指导，使幼儿能将图画书的细节与内容相结合，从而深入地理解图画书的主要内容，并能体会图画书中人物的内心感受。

在早期阅读活动"逃家小兔"中反复用到的一个句式是"如果你变成××，我就变成××和你在一起"，这个句式既体现了妈妈对小兔的爱，也是图画书的主题句式和幼儿需要掌握的难点句式。为了突破这一难点，教师设计了游戏"你说上句，我接下句"。例如，一位幼儿说"我变成小鱼"，另一位幼儿接话说"如果你变成小鱼，我就变成捕鱼人和你在一起"；或者第一位幼儿不说话，而是用动作模仿表示他要变成的东西，另一位幼儿猜测接出下半句。在幼儿熟悉句式后，还可以请幼儿根据句式创编出图画书之外的内容。

（3）引导幼儿归纳图画书的主要内容

当幼儿对图画书的主要内容有深入的理解后，教师要鼓励幼儿将主要内容总结出来，从而巩固、消化所学内容。归纳图画书内容，主要有三种形式。

① 一句话归纳法。这种形式要求幼儿用一句话将图画书的主要内容总结出来。如大班阅读活动"逃家小兔"中，幼儿这样总结图画书内容："这个故事讲的是兔妈妈关心、爱护兔宝宝的事情。"

② 一段话归纳法。这种形式要求幼儿用一段话将故事的主要内容讲述出来。如大班阅读活动"逃家小兔"中，幼儿这样总结图画书的内容："小兔子想要离家出走，可是兔妈妈不舍得，于是小兔子就变成了小鱼、石头、花儿、小船、小鸟、空中飞人、小男孩，妈妈也会变，分别变成了捕鱼人、登山人、园丁、风、大树、走钢索的人和小男孩的妈妈，始终和小兔子在一起，保护小兔子，爱护小兔子，最后小兔子不再逃跑了，它倚在妈妈怀里吃萝卜，甜甜地睡着了。"

③ 图画书命名法。要求幼儿用简练的词或短句给图画书起个名字,实际上是让幼儿学习归纳图画书的主题。如在给图画书《逃家小兔》命名时,有的幼儿想出了《小兔变变变》的名称,有的则想出了《贪玩的小兔》,只要是符合故事的主题,教师都应该予以支持和鼓励。

在师幼共同阅读环节的指导要点有:第一,这个阶段提问的频率较高,因此教师要谨慎对待提问法的使用,以免掉入一问一答的俗套中。这一阶段的主要目标是让幼儿深入地理解图画书的主要内容,让他们通过听觉(倾听)、视觉(阅读)、动作(表演)、语言(讨论和讲述)等多种形式,多途径地感受信息以达到理解图画书的目的。第二,在这个阶段,教师指导不同年龄的幼儿进行阅读时其侧重点应有所不同。对于小班,重点在指导幼儿从前往后一页页地理解单页单幅画面的内容,并能用一段话归纳图画书的主要内容。对于中班,重点在促使幼儿知道图画书下方页码的作用,能在问题的引导下理解2~3个单页单幅画面或一个单页多幅画面的主要内容,能为图画书命名。对于大班,重点在关注幼儿能在教师的帮助下,将一本情节复杂、内容丰富的图画书按情节的发展分成几个部分,能用一句话归纳图画书内容,并预测出故事情节的发展。

步骤9　幼儿讲述阅读内容

这个阶段是幼儿将所理解的图画书内容以口头语言的形式表达出来,是阅读活动中不可缺少的一个环节。幼儿可以在小组内自由讲述,可以在集体中讲述,也可以同伴间合作讲述。

此环节的指导要点有:第一,幼儿讲述的内容是他们经过思维加工后所理解的图画书的主要内容,只需做到基本上将图画书的主要内容讲述出来。与此同时,教师还要鼓励幼儿大胆想象,将与情节有关的人物、动作、对话和内心体验讲述出来,培养幼儿围绕图画书生动、详细地讲述主要情节。教师在指导时,让幼儿能自由地依据自己的理解和想象,将图画书的主要内容完整连贯地表达出来。第二,在讲述时要注意幼儿的个体差异。当幼儿在集体面前独自讲述或与小组合作讲述时,教师一定要注意兼顾不同语言能力幼儿的学习和指导。教师让语言能力较弱的幼儿选择较简单的阅读内容进行讲述,从而使这部分幼儿也能从讲述中获得乐趣、提高自信。

> 在早期阅读活动"逃家小兔"中,在幼儿理解图画内容的基础上,请个别幼儿讲述图画内容。讲述时,教师以提问的方式引导幼儿生动、活泼地讲述。
>
> 师:小兔子离家出走时是什么样的心情?在出走的途中表情、动作怎么样?它会想些什么?兔妈妈看到离家的小兔子是什么心情?从哪些地方看出兔妈妈在追赶的途中很辛苦?最后小兔子回到家中,在妈妈的怀里它们一起说了什么?做了什么?

(三)　活动评价

(1) 对幼儿阅读能力的评价

第一,对幼儿目标达成情况的评价。对幼儿目标达成的考察主要涉及幼儿的认知、能力、情感态度的发展。依据《纲要》与《指南》中的目标要求,幼儿的早期阅读水平最终应达成:形成良好的阅读习惯和态度、掌握正确的阅读方法和技能、初步建立口头语言与书面语言的对应关系。

第二,对幼儿活动参与程度的评价。通过对幼儿在活动中的表现进行观察和记录,评价幼儿参与活动的程度,来反映出活动的合理性和趣味性等。对幼儿活动参与程度的评价,主要从幼儿注意力集中程度、情绪愉悦表现、活动的持续性三方面进行。

(2) 对教师设计和组织阅读活动的评价

第一,教师的教育素养。设计和组织早期阅读活动需要教师具备一定的教育素养,对教师教育素养的评价主要在教师对幼儿的了解、教师对活动的设计和组织能力、教师的教育机智等方面。

第二,教师的语言素养。在早期阅读活动中,教师须具备一定的语言素养,主要表现在教师的普通话水平、自身具备的阅读理解水平、续编创编能力等。

第三,教师与幼儿的互动情况。对教师与幼儿的互动情况的评价,主要在于教师能否创设适合阅读的环境、激发幼儿阅读的主动性以及进行有效的提问等方面。

（3）对阅读活动整体的评价

对阅读活动整体的评价包括对活动目标、活动内容、活动的环境和条件、活动的组织形式、活动过程、活动效果等方面。

案例分析

案例一　大班早期阅读活动：父与子

设计者、执教者：罗姣姣　江西省九江市濂溪区第一幼儿园

【设计意图】

漫画《父与子》是德国漫画大师埃·奥·卜劳恩的传世名作，图画内容是卜劳恩与儿子克里斯蒂安的生活趣事的真实写照，充满了温情和幽默。在以往的活动中，幼儿已经有了多次感受和表达家庭成员间温情的机会，积累了相关的经验。而该漫画作品所独有的父子间的亲情、幽默，会带给幼儿对父爱更深层次的感受与体验。本次阅读活动选取的是其中一个片段——"拍照片"，画面蕴含着许多幽默元素，期望通过阅读活动引导幼儿初步感受父爱的温馨，并喜欢上漫画这种艺术形式。

【活动目标】

① 理解漫画内容，初步感受漫画夸张、有趣的特点。

② 在阅读理解的基础上，大胆表达父子间的亲情。

③ 自主制作图画书《我和爸爸的趣事》，体会制作过程中父子间的亲情。

【活动准备】

图画书《父与子》，节选的漫画图片若干张，多媒体课件，自制的父子合照一张，图画纸，彩色笔等。

【活动过程】

1. 图片导入，引出漫画

（1）出示图片，初步感知漫画形式

师：小朋友们，今天老师带来了一张图片，你们仔细看看图片上有什么？你发现这种图片和平时见过的图片有什么不同？

小结：这种夸张、幽默的艺术形式叫漫画。

（2）出示《父与子》封面，谈论父子外形特征

师：这本书叫什么名字？"父"是指谁？"子"又是指谁呢？

师：看看爸爸长什么样子？儿子长什么样子呢？

小结：爸爸有长长的胡子和眉毛，却没有头发，头上光光的。儿子没有胡子，有很长的头发。

2. 阅读漫画，猜想讲述

（1）故事结果前置，猜测想象

师：有一天，父亲有了一张不一样的照片（出示原漫画中的图三）。你们发现照片里的哪里不一样了？为什么照片中的父亲有头发了？谁来说说自己的想法？

师：照片里父亲的头发到底是怎么来的呢？我们一起到漫画书里找答案吧。

（2）从整体到局部观察原漫画中的图一，感受趣味和父子情

师：（整体图）父亲在干什么？

师：(局部图)仔细看看他们的身体动作是怎样的？父亲是怎样的？儿子呢？

师：儿子这样头朝下顶在父亲头上、脚往上跷起来的动作叫什么？(倒立)

师：看了这幅画，你有什么感觉？(根据幼儿回答有效回应，引导幼儿感受趣味的同时体会到父爱)

(3) 裁剪照片，再次感受趣味

师：那么，摆这样的造型拍出来的照片会是怎样的呢？想看吗？(出示父子合照的动态图片)

师：看了这张照片有什么想法？

师(再次指着图三)：现在你们觉得父亲的这张照片是怎么来的呢？(幼儿自主表达)

教师裁剪照片(自制父子合照图片)：我们再来看看书上这幅画中父亲在做什么？(出示原漫画中的图二)原来我们想的与父亲一样，都是把一张大照片剪成两张小照片。

(4) 完整讲述故事，理解内容

师：原来这位父亲的头发就是这么来的，谁能来完整地讲一讲这个故事呢？

3. 拓展阅读，感受魅力

(1) 分组阅读漫画书《父与子》中的其他图片

师：小朋友们，这本书的作者叫卜劳恩，他很爱自己的儿子，常常把父子之间发生的有趣的故事画下来，并且编成了这本漫画书《父与子》。《拍照片》只是其中一个故事，你们还想看看发生在这对父子间的其他有趣的故事吗？

师：请每组派一个代表来讲讲你们看了什么故事？有什么感受？你喜欢谁？为什么？

(2) 简单介绍漫画书的构成和特点

师：我们把这些图片按照一定的顺序合起来，配上封面和封底，再给它取个名字，就构成一本漫画书了。漫画书就是能用简单的图片记录有趣、幽默、夸张的故事的图画书。

4. 制作图书，体验亲情

(1) 回忆父子相处的点滴

师：相信小朋友们和爸爸之间也有许多有趣的故事，请来分享下吧！

(2) 创作专属的漫画故事书

师：小朋友们讲了这么多有趣的故事，我们也试着把它画出来吧，再把这些图片合起来配上封面和封底，取个名字，就做成了我们专属的《我和爸爸的趣事》漫画书了。做好后带回家去，与爸爸妈妈一起分享吧！

【活动延伸】

① 在阅读区放置《父与子》漫画书，供幼儿自由阅读。
② 在表演区增加《父与子》相关表演道具，供幼儿表演故事。

大班早期阅读活动视频"父与子"

【活动评析】

幼儿已有多次感受和表达家庭成员间温情的经验，《拍照片》的故事所蕴含的父子亲情、幽默必定会带给幼儿对父爱、快乐更深层次的感受和体验。大班幼儿已能结合情境理解一些表示因果、假设等相对复杂的关系，也具备根据画面线索猜想故事情节发展的能力，因此在逐步欣赏作品的过程中，幼儿边看边笑、边想边说，实现了情绪体验和语言发展的双目标。

活动中采用了图片导入、结果前置的悬念策略。第一个环节，用漫画图片导入，引出漫画这种艺术形式从而引出漫画书《父与子》，并讨论父子外形，为后面的悬念做铺垫。第二个环节，光头爸爸与他"有头发的照片"形成对比，制造悬念，促使幼儿逐幅图片欣赏、猜测想象，知道了"照片"的秘密并感受到了这对父子的幽默与亲情。

后面两个环节，在幼儿对故事意犹未尽的情绪下，教师给予他们更多的《父与子》中的图片，并顺势简单介绍了图画书的构成。最后，通过画下来制作成书的形式，记录下专属于这个班级的父与子的有趣故事。

案例二　大班早期阅读活动：跑跑镇

设计者：张丹 郭秀容　江西省九江市濂溪区第一幼儿园
执教者：张丹　江西省九江市濂溪区第一幼儿园

【设计意图】

绘本《跑跑镇》演绎了一个有趣的场景：跑跑镇上的朋友都喜欢快跑,快跑就免不了会撞在一起。可是当汽车和梯子撞在一起、白熊和黑熊撞在一起后,出现了什么呢？整个故事充满着幽默诙谐的生活情趣。两个看似不相关的物体,在跑动碰撞以后出现了奇妙的"合体"现象,对幼儿的思维是一个冲击,给了他们想象的空间。本次读本以《跑跑镇》为素材,设计了拓宽幼儿思维、鼓励幼儿大胆想象的游戏活动,期望能满足他们的奇思妙想,体验到不一样的阅读乐趣。

【活动目标】

① 理解作品内容,敢于大胆想象、猜测故事情节。
② 能根据事物特征,续编关于"碰撞"的故事。
③ 喜欢自主阅读,体验阅读的乐趣。

【活动准备】

经验准备：幼儿具备一定的想象能力,能进行浅显的推理。
物质准备：PPT、操作卡、笔。

【活动过程】

1. "碰撞"激趣,引出主题
(1) 出示封面,引出"碰撞"趣事
师：封面上有谁？发生了什么事情？猜猜看碰撞后会怎样？（小猫和小鹰碰撞后会很疼、伤心地哭起来……）
(2) 剧情反转,激发兴趣
幼儿大胆猜测结局后,教师播放动画,展示小猫和小鹰碰撞的结局,制造反转剧情,激发幼儿兴趣。
师：小猫和小鹰碰撞后,发生了什么变化？
师：原来,小猫和小鹰碰撞后,身体的一部分重新组合,变成了一个新的朋友,真是太神奇了。这样神奇的事情就发生在一个叫作跑跑镇的地方,这里的居民都喜欢欢快地奔跑着,跑着跑着就免不了撞到了一起。跑跑镇真神奇,我们一起来看看还有谁会撞在一起吧。
2. 观察推测,归纳特点
(1) 看图想象,大胆猜测
① 功能组合：出示卡车、梯子图片,引导幼儿大胆想象。
师：卡车从白街驶来,嗒嗒嗒,梯子从黑街驶来,嗒嗒嗒。在拐角处,咣！它们会发生什么事情？结果可能会怎样？（幼儿大胆猜测——消防车）
师：原来是卡车和梯子功能的重新组合,变成既有车身又有云梯功能的消防车了。
② 颜色组合：出示黑熊、北极熊图片,引导幼儿大胆想象。
师：黑熊从白街跑来,咣咣咣,北极熊从黑街跑来,咣咣咣。在拐角处,咣！猜猜看它们会变成谁？为什么？（幼儿大胆猜测——熊猫）
师：原来是黑熊和北极熊身体的颜色重新组合,变成既有白熊的白色又有黑熊的黑色的熊猫了。
(2) 分析归纳,发现规律

引导幼儿分析小猫和小鹰、卡车和梯子、黑熊和北极熊三组碰撞的案例,发现多维度组合规律(见图6-8)。

图6-8　组合规律①

小朋友们仔细看看,碰撞之前和碰撞之后有什么相同和不同的地方?

师:原来,碰撞之后它们身体里的一部分,比如颜色、功能、结构,都有可能重新组合,就会变成另一个新的朋友。

3. 自主阅读,交流分享

(1)提供小书,引导幼儿自主阅读

师:小朋友们,跑跑镇上还有许多居民,它们发生的许多神奇的碰撞故事都在这本书里,请小朋友们仔细找找看,还有谁发生了碰撞?最后变成了谁?

(2)提供机会,引导幼儿用连贯的语言讲述图画书的内容

师:请你用连贯的语言讲一讲,你看到谁和谁碰撞在了一起?发生了什么变化?

4. 教师小结,迁移经验

① 出示爸爸妈妈和宝宝一起骑车的图片、PPT。

师:我们看看故事的结尾,一位帅气的爸爸从白街跑来,一位美丽的妈妈从黑街跑来,咣!碰在一起又会发生什么呢?

师:爸爸妈妈结合在一起,有了一位可爱的宝宝,碰撞出了甜甜蜜蜜的一家人。

师:不仅是跑跑镇的居民能碰撞出这么多有趣的故事,我们的生活中也有很多有意思的碰撞。

② 碰一碰:教师出示生活中常见的物品图片,如台灯、电线杆、铅笔和橡皮等,幼儿大胆想象碰撞的结局。

③ 画一画:教师出示操作卡,幼儿进行绘画。

④ 想一想:谁还会碰到谁?你还想到了什么和什么碰撞在一起会变成什么新朋友呢?请你把这些神奇的碰撞故事画进这本书里吧!

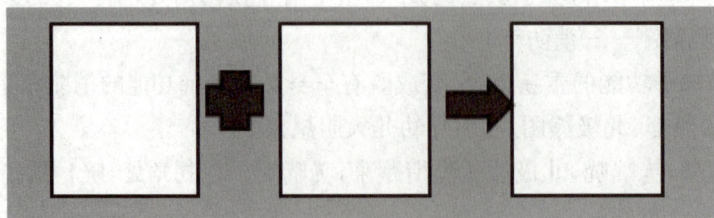

图6-9　大胆想象"碰撞"

① 图片来源于江西省九江市濂溪区第一幼儿园。

【活动延伸】

师：小朋友，还会想出更多的碰撞吗？下课后，请你们跟同伴一起交流、分享自己神奇的想法，还可以回家后，把你们的神奇想法讲给爸爸妈妈听。

大班早期阅读活动视频"跑跑镇"

【活动评析】

① 难点前置，吸引幼儿的兴趣。在导入环节，教师出示封面，请幼儿根据封面内容大胆地猜测故事结局，接着在第二环节请幼儿整体观察图画书，归纳两组事物组合后发生变化的规律，将这一难点前置，萌发幼儿阅读图画书的兴趣。

② 自主阅读，提升幼儿的能力。幼儿在感知图画书的整体故事情节后，教师提供小书，供幼儿自主阅读，并引导幼儿用连贯的语言讲述图画书的内容，提高幼儿自主阅读和语言表达的能力。

③ 自由创作，拓宽幼儿的想象。最后一个环节请幼儿自由想象周围生活中物品碰撞后发生的变化，并将其画在操作卡上，让幼儿充分享受想象的乐趣。

项目实践

（一）实训项目

根据幼儿的年龄特点，自选主题，设计一个早期阅读活动的方案。然后，创建学习小组，每组根据早期阅读活动的方案，分饰师生角色在班级（有条件的可以去幼儿园）模拟试教，并进行活动反思与评价。授课教师根据表6-1对每组的表现进行评分。

表6-1 早期阅读活动设计与试教评分表

班级_____ 组员_____ 活动名称_____ 总得分_____

项目	评分内容	分值	得分
方案设计	阅读内容选择合理	10	
	活动目标明确、具体，能准确反映幼儿的年龄特点和早期阅读活动的发展目标	10	
	活动准备内容科学、详实	5	
	活动过程步骤清晰，层层递进	15	
模拟试教	试教场地布置合理	10	
	活动教具、学具准备适宜	10	
	活动过程组织完整、有序、高效	30	
反思评价	活动反思与评价内容到位，表述清晰	10	

（二）模拟演练

1. 单项选择。

教师在幼儿园书写准备的指导中，不恰当的做法是（   ）。

A. 用图画和符号表达自己的愿望与想法

B. 书写自己的名字

C. 养成正确的写画姿势

D. 学习书写常见汉字

2. 判断题。

(1)"早期阅读"是指幼儿识一些字,可以自己阅读。　　　　　　　　　　　（　　）

(2)"亲子阅读"中父母本身对图书的情绪,会对孩子产生深刻的影响。　　（　　）

(3)婴儿在出生后一个月,就显露出早期阅读的兴趣和行动。　　　　　　（　　）

(4)"早期阅读活动"主要是为学前儿童提供阅读图书的经验,包括早期识字经验和早期书写经验。

　　　　　　　　　　　　　　　　　　　　　　　　　　　　　　　　　　（　　）

(5)识字也是幼儿的学习任务,幼儿园组织开展的早期阅读活动就是帮助幼儿获得识字经验,提高幼儿对文字的敏感程度。　　　　　　　　　　　　　　　　　　　　　　　（　　）

（三）课外研读

1. 陈世民. 图像时代的早期阅读[M]. 上海：复旦大学出版社,2018.

2. 高燕. 亲子阅读现状及指导策略[J]. 教育导刊(下半月),2010(7)：85 - 87.

3. 周兢. 早期阅读发展与教育研究[M]. 北京：教育科学出版社,2007.

4. 廖贵英. 学前儿童语言教育活动指导[M]. 南昌：江西高校出版社,2013.

项目七　幼儿语言区域活动

活动认知

（一）语言区域活动的内涵

言语是交际和思维的工具，是思维的体现。研究表明，遗传基因赋予了人类听、说、读、写四种能力发展所需要的巨大潜力。

幼儿语言区域活动是以给幼儿提供丰富的语言教育环境为视角，以听、说、读、写为活动线索，致力于全面推动幼儿的口头语言和书面语言发展的区域活动。

语言区域活动包括听、说、读、写四类活动。其中，听的活动有听故事、听新闻广播等专题；说的活动有复述和朗诵、讲故事、录音游戏、电视播报等；读的活动有分享阅读、自主阅读等；写的活动指前书写活动，即用涂鸦、图画或文字式的符号书写或记录的活动。

（二）语言区域活动的基本内容

教师在设置语言区域时，应遵循幼儿语言学习的规律和需要，以培养幼儿听、说、读、写等基本能力为主线，由浅入深，由易到难，由简单到丰富。语言区域活动的基本内容见图7－1。

（三）语言区域活动的教育功能

语言区域活动的教育功能是创造一个自由、宽松的语言交流环境，让幼儿感受与生活经验相联系的完整、真实的语言氛围，使他们想说、敢说、爱说，通过与区域材料的互动，获得大量的信息，拓展生活体验，丰富语言内容，增强理解和表达能力，从而拓展学习体验。

图7－1　语言区域活动的基本内容

1. 推动幼儿语言的发展

语言区域活动对幼儿语言发展的推动具体体现在三个方面：一是提供便于幼儿进行语言沟通和交流的环境，促进幼儿思维的发展；二是提供适宜幼儿操作的听、说、读、写材料，引发幼儿的自主学习能力；三是提供多种书写工具，鼓励幼儿用书写、绘画的方式自由写作与表达，促进幼儿对文字和图画的感知。

2. 落实《纲要》《指南》的精神

随着《纲要》的贯彻执行，幼儿园教师逐渐重视幼儿园语言区域的环境创设。《指南》又进一步明确指出："幼儿的语言能力是在交流和运用的过程中发展起来的。应为幼儿

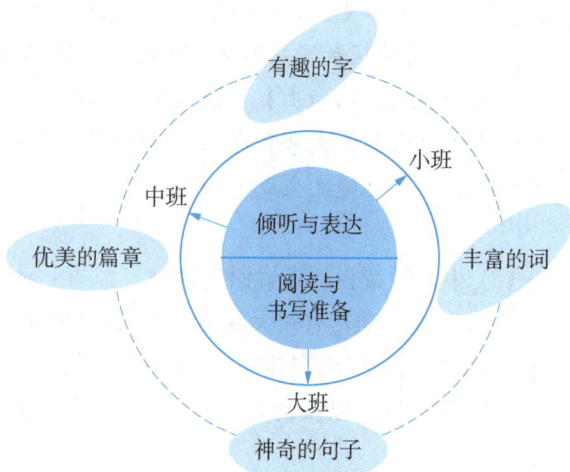

《纲要》《指南》中的语言教育目标

创设自由、宽松的语言交往环境,鼓励和支持幼儿与成人、同伴交流,让幼儿想说、敢说、喜欢说并能得到积极回应。"因此,设置语言区域,把《纲要》和《指南》中关于语言领域的目标和要求转化为具体的语言区域活动实施方案,也是在贯彻落实《纲要》和《指南》的精神。

工作过程

(一) 活动设计

> 活动设计的主要步骤:1.设置语言区域;2.创设语言区域环境;3.放置语言区域辅助物品;4.投放语言区域材料;5.制定语言区域活动方案。

步骤1　设置语言区域

根据《纲要》和《指南》中语言领域的目标和要求,幼儿园语言领域可划分为"倾听与表达""阅读与书写准备"两个方面。将"倾听与表达""阅读与书写准备"两个方面落实到具体的语言区域,就不只是设立单一的"图书区",而是有多种多样的语言区域,如"倾听区""故事表演区""操作区"等。

(1) 基于幼儿的兴趣设置语言区域

教师的教育艺术在于找到幼儿的兴趣与教育需求的结合点,设计适宜的材料,以更好地促进幼儿的发展。

> 例如,天天小朋友到海边旅游后,给同伴们带回了各种各样的贝壳、海螺和鱼作为礼物。所以,小朋友一有时间就去玩贝壳、海螺,经常谈论海洋生物。为了满足幼儿的兴趣与需要,班级中设立了一个"小小广播站",目的是让幼儿了解海洋生物的生活习性和生存智慧,感受海洋生物的多姿多彩,学会用连贯、完整的语言表达对海洋生物的认识,并学会在同伴发言时认真倾听、保持安静。同时,为了拓展幼儿对海洋生物知识的了解,老师还设置了图书区、表演区。在图书区中放置一些书籍、图片、CD光盘等;在表演区放置一些海洋生物的头饰,如章鱼、海龟、海豹、鲨鱼,让幼儿进行表演。在进行了充分的感知、体验后,幼儿有了强烈的创作欲望,老师又在操作区域投放了铅笔、彩笔、卡纸、剪刀等,鼓励幼儿用自己的方式来表现"海底世界"。这时,有的幼儿画画,有的幼儿创编有趣的海底故事,语言区域"故事园"也随之生成……

(2) 根据教育目标设置语言区域

语言区域活动具有较大的灵活性,在设置语言区域时,教师须考虑幼儿的自主性。但这并不意味着可以随意设置语言区域,仍然需要根据一定的教育目标来设置。例如,一个学习单元即将结束时,应根据学习单元的教育目标以及幼儿进一步的发展需求来重新设置、调整语言区域,以更好地促进幼儿语言的发展。

步骤2　创设语言区域环境

语言区域环境创设过程中,教师应根据《纲要》的要求,结合幼儿的年龄特点、整体发展需要和个体差异,合理利用班级空间,为幼儿创造科学、适宜、宽松、和谐的语言学习环境,使有限的活动空间发挥最大的效用。

(1) 确保独立的学习空间

为确保幼儿探究性学习的顺利进行,教师在规划语言区域环境时,应把握两个原则:一是尽可能在活动室中开辟出一个独立、宽敞的学习空间(见图7-2),投放大量适合班级幼儿发展和需要的操作材料,使幼儿可在特定的环境下自主选择操作材料,与之积极互动,并要确保幼儿操作、探索的连续性和完整性。二是减少其他区域对语言区域的干扰。语言区域的位置尽量不要靠近生活区域,避免互相影响。语言区域的环境应安静,便于幼儿独立思考、专注探究。

（2）突出幼儿的年龄特点

由于不同年龄阶段的幼儿在语言区域活动的学习能力、学习需要、自我控制、学习习惯等方面会存在着差异,因此在创设语言区域环境时,科学的布局尤为重要。

小班幼儿年龄小,自我控制能力较差,注意力不集中,易受环境干扰。建议教师在创设小班语言区域时,把语言区域围合成相对固定、独立的区域,使幼儿在安静的环境中学习。

中班幼儿的规则意识、任务意识逐渐形成,学习的有意性增强,自我控制能力和注意力有所提高。

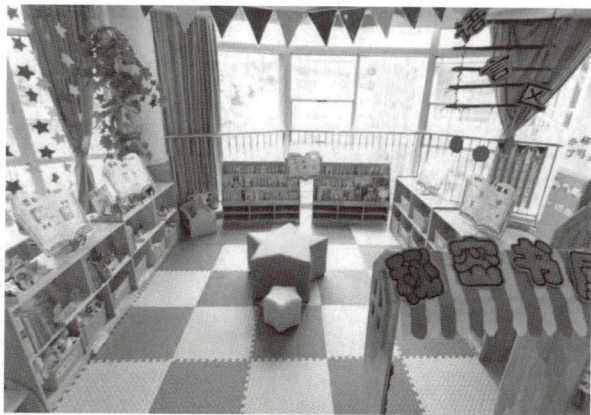

图 7-2 语言区学习空间①

当幼儿有了这些进步后,他们在语言区域的探究时间比以前增加了许多,并且能够集中精力做一些力所能及的事情。所以,教师在创设中班语言区域时,应以渐进的、半开放的形式来规划,用活动柜等隔断物将活动区域围合成半开放的空间(见图 7-3)。

大班幼儿能较好地制订计划、自主选择活动材料,以适应学习需要;良好的学习品质已初步形成,求知欲和动手能力有了很大的提高,区域活动经验丰富。依据大班幼儿所表现出的特点,教师在创设大班语言区域时,可以把语言区规划为全开放的区域(见图 7-4),使幼儿能够自由、自主地交往、探索,激发其深入学习的动力。

图 7-3 半开放式的语言区域②

图 7-4 全开放式的语言区域③

步骤 3 放置语言区域辅助物品

语言区域辅助物品包括收纳材料的活动柜、地毯等。为使语言区域环境更加整洁、安静,有利于幼儿的探究和学习,在辅助物品的选择和摆放上,可以从三个方面着手。

（1）选择适宜的活动柜

活动柜应符合语言区域的特征要求,包括风格、颜色、层架等。通常以原木色、白色、浅粉色、浅蓝色、浅绿色为主要色调(见图 7-5),给人以舒适、清新的视觉感受。

活动柜的高矮、宽窄、大小、形状等应根据幼儿的年龄和生理特点而定,一般会选择与幼儿身高等高或稍高于幼儿的长方形层柜,各层柜应在幼儿的视线范围内,层架间距适当,适合放置各种托盘、容器等。

活动柜要安全牢固、经济实用,应选用无毒、无安全隐患的柜子,符合国家有关规定。同时,活动柜要轻便可移、灵活可变,还应便于清洁消毒。通常情况,语言区域的活动柜是书柜或书架。书柜设计要富有

①②③ 图片由江西省九江市九龙新城幼儿园提供。

美感,可以根据幼儿的喜好搭配不同色彩的书柜,或选择装饰有精美卡通图案、几何图形的书柜,这些颜色和图案更能吸引幼儿到语言区来。书架的选择与设计要求和书柜相似(见图7-6)。

图7-5 语言区活动柜①

图7-6 放置图书的书架②

(2) 搭配合适的桌椅

在语言区域,合适的桌椅有利于幼儿形成良好的坐姿和书写习惯,教师应给予足够的重视。为幼儿选择桌子时,教师应充分考虑幼儿的年龄特征、身心发展水平以及安全因素等。具体说来,用于语言区域的桌子最好可调节高度,桌椅的高度、大小应和幼儿的身高相匹配;同时,教师还应该考虑桌子的材质应是安全、无毒的,桌面应是光滑、平坦的等。

图7-7 语言区地毯及相关物③

(3) 摆放地毯及有关物品

语言区域为幼儿提供了宽松、自由的学习环境,教师常在语言区域内摆放一些辅助物品,以提高幼儿的舒适度与探究兴趣。例如,教师在幼儿阅读的区域除了放书柜和书架之外,还会根据这个区域的大小放一块大地毯,既能降噪又能让幼儿感到舒适;教师还会放上两三个枕头和毛绒玩具,让幼儿抱着自己喜欢的玩具进行阅读(见图7-7)。

教师在选择这些辅助材料时,要注意:地毯的材质、软硬度、面积大小、花色等要适当,过于华丽、鲜艳的地毯会干扰幼儿的学习;靠枕不宜过大过软,应该与幼儿的体型相适应,使幼儿保持舒适;毛绒玩具不宜过多,以免分散幼儿的注意力,影响幼儿的正常阅读。

步骤4 投放语言区域材料

投放语言区域材料需要根据幼儿语言学习的特点以及发展需要来进行,同时也需要合理分类和呈现语言区域材料。

(1) 根据幼儿语言学习的特点投放语言区域材料

根据幼儿语言学习的特点投放的语言区域材料,应具有情境性、操作性和趣味性等特征。

① 语言区域材料应具有情境性。

若语言区域材料以单一的文字和符号形式呈现,对以具体形象思维为主的幼儿而言,无疑是单调、呆板、无趣的。在设计材料时,要使其具有一定的情境性。那么,幼儿在探究情境性材料的过程中,也能更好地感受、习得、理解材料中的语言知识,提高语言理解能力。如语言区域材料"×季,我们……",教师提供了四幅季节图卡和相应季节可以开展的活动图片,请幼儿根据季节对应排列可以开展的活动:春季,我们

---

① ② ③ 图片由江西省九江市九龙新城幼儿园提供。

种树；夏季，我们游泳；秋季，我们出游；冬季，我们玩雪。这种内容与材料的设计，贴近幼儿的生活经验，符合幼儿的生活情境，可以激发幼儿的探索兴趣，也可以使幼儿对材料有更好的了解，从而达到区域活动的目标。

② 语言区域材料应具有可操作性。

因为语言领域的内容是抽象的，所以，教师需要思考语言区域的材料如何能更好地吸引幼儿，让幼儿主动地与材料互动，提高他们对语言的兴趣，促进他们的言语-语言智能的发展①。例如，语言区域材料"鱼的组词"，目的是让幼儿学习用"鱼"字组词。为了激发幼儿的操作兴趣，教师将材料设计成可以进行钓鱼游戏。幼儿在钓鱼时，将钓到的"鱼"（鱼身上的字）和"水桶"（每一个水桶上的字）配对，形成词组。钓鱼的动作、将钓起的鱼放入水桶中的动作，增强了幼儿对操作材料的兴趣，而钓鱼这种形式，又与材料的内容相匹配，教师的巧妙设计大大提高了幼儿操作、探索材料的积极性。

③ 语言区域材料应具有趣味性。

游戏是幼儿学习的基本方式，语言区域中的材料也要增加游戏的趣味性。如中班语言区域活动"学说量词"，教师提供的材料有一张小桌子、两把小椅子、三双小袜子、四个小瓶子、五顶小帽子。整个活动以"买卖"游戏的形式展开，请一名幼儿扮演店主，负责卖东西，提问："你好，你想要买什么？"其他幼儿扮演顾客，顾客用量词完整地说出要买的东西："我要买一张小桌子。"说对了量词，店主可以卖给他，教师提供这种趣味性的区域材料，有助于幼儿在游戏过程中轻松地掌握量词。

（2）根据幼儿的语言发展需要投放语言区域材料

本班幼儿的语言发展需要，应作为投放语言区域材料的依据，以增强语言区域材料的适用性、时效性和科学性，从而为语言区域活动的有效开展做好充分的材料准备。如某班教师在大班语言区域投放材料时，发现幼儿的语言运用能力有待加强，考虑到幼儿在这方面的不足，保留了"手偶故事"（见图7-8）、"小剧场"等中班语言区域的材料，供语言能力较弱的幼儿选择。所以，在语言区域材料投放过程中，教师应该根据幼儿的语言发展需要，有目的、有计划地投放材料，同时应该根据幼儿的语言发展变化、兴趣转移、临时需要等因素，对材料进行及时调整，使幼儿在语言区域活动中获得持续发展。

图7-8　手偶故事②

（3）合理分类和呈现语言区域材料

当教师把材料投入语言区域时，不能仅考虑整洁、美观，还应按语言区域材料的教育功能进行分类，把能促进幼儿某一方面能力发展的同类材料放在一起。放置同类材料时，也要有目的地区分材料的层次，由低到高依次呈现。这种方法既保证了语言区域材料的清晰性，便于幼儿选择，又有利于教师观察幼儿对材料的选取。例如，某教师将认知性词汇的系列材料投放到语言区域，第一部分为"名词性材料"，第二部分为"动词性材料"，第三部分为"形容词性材料"，并按难易程度摆放，让幼儿可以根据自己的发展进行选择。

步骤5　制定语言区域活动方案

语言区域活动方案不同于语言集体教育活动方案，它的制定思路相对自由。因此，教师在制定语言区域活动方案时，既可以采用语言集体教育活动方案的模式，即按照"活动名称、活动目标、活动准备、活动过程"来写，又可以采用表格的形式，或者是结合每周或每日的活动计划来写。无论采用什么方式，只要能够

① 引用"多元智能理论"创始人霍华德·加德纳提出的八大智能：语言智能、数学逻辑智能、空间智能、身体运动智能、音乐智能、人际智能、自我认知智能、自然认知智能。
② 图片来源于江西省九江市濂溪区第一幼儿园。

体现出合适的语言区域活动目标和内容即可。通常情况下，由于区域活动的特殊性，语言区域活动方案应凸显两个方面：一是材料的投放。材料是语言区域活动的根本，因此，材料的投放要写清楚。二是指导要点。由于语言区域活动非常强调幼儿的自主性，因此，教师在设计指导要点时要注意分寸，既不要过于强调教师的主导作用，而造成"喧宾夺主"，也不能不做指导，造成"放任自流"。

语言区域活动方案

（二）组织指导

> 组织指导的步骤：6. 介绍语言区域；7. 制定语言区域规则；8. 观察与分析；9. 介入与指导。

步骤6 介绍语言区域

一般而言，介绍语言区域的第一步是介绍语言区域的材料，目的是让幼儿理解材料，掌握其用法，并在掌握的基础上创造性地运用材料。当然，介绍并不是用繁琐的规则去限制幼儿，而是选择最基础、最主要的语言区域材料进行讲解、示范，让幼儿学会"举一反三"。

若是介绍的材料较多，操作较复杂，还应分多次、循序渐进地介绍，每次介绍完，可以让幼儿及时操作练习，使幼儿真正了解各种工具和材料的使用方法。教师则在一旁观察，提供帮助。

> 介绍语言区域：
>
> 语言区域活动时间到了。在语言区域里有一本《一起去旅行》的图画书，书中提到，"人类很幸运，如果我们想长途旅行，我们可以乘坐火车、汽车甚至飞机，如果是短途旅行，我们可以借助自行车、滑板车，或者干脆走路过去"。但如果植物想旅行，它们会用什么工具呢？小朋友，老师今天又给你们投放了图画书《一粒种子的旅行》与《种子去哪里》，请小朋友认真阅读，了解种子会去哪里，它们会用什么工具去旅行。看完后，小朋友还可以在旁边操作区里找到记录表格，用符号或者图画记录种子到哪儿去了，种子是用什么样的方法去旅行的。

步骤7 制定语言区域规则

语言区域规则一般包括基本规则和活动细则两个部分。基本规则，如先来后到、用什么取什么、用完后放回原处等一般性的区域规则；活动细则，如爱护图书、及时归类、保持安静等与语言区域内容相关的规则。规则可以由教师直接制定，也可由教师与幼儿共同讨论制定。不过，值得注意的是，教师一次交代的语言区域规则不能太多，倘若因为没有交代清楚而产生一些争抢等问题，教师不必急着处理，可以在活动结束后，与幼儿一起讨论，共同制定新的语言区域规则。

> 例如，活动之前，我们采用了教师与幼儿共同讨论的方式："语言区域活动中需要遵守哪些规则？看书时，应该怎么办？能大声说话吗？"通过讨论，小朋友知道"阅读要三轻，说话轻，走路轻，翻书轻"。再如，平时发现小组长收拾图书的动作很慢，我们也把这个问题提出，和小朋友一起商量。于是，讨论出"收拾图书时，全班小朋友一起动手，收拾的动作也要轻柔"。每次活动前，教师都会将上次活动需要注意的问题进行强调，幼儿明确了活动的要求，再加上教师的指导，则可以进一步调整自己的行为。

通过上述案例可以看出，教师和幼儿共同围绕问题讨论、制定规则是一种行之有效的语言区域规则制定方法。讨论常常围绕语言区域活动中出现的具有普遍意义的问题展开，目的在于确立相应的规则，以解决当前所面临的问题。由于是幼儿参与制定的，而且是根据其活动需要而制定的，因此幼儿都比较能接受，并且都会自觉地遵守。

另外，图解法也是使幼儿自觉地遵守语言区域规则的很好的方法。例如，在语言区域中贴上一张小花猫睡觉的图片,提醒幼儿在语言区域活动中要轻柔。

同时,教师还要善于把语言区域的规则融入环境中,让"环境说话"。例如,在语言区域入口处的地板上贴上几双小鞋印。鞋印不但成为语言区域满额人数的标志,同时,鞋后跟朝向语言区域的门口,也成为幼儿把东西摆放整齐、养成良好生活习惯的无言之师。

步骤8　观察与分析

在语言区域活动中,教师应凭借观察来准确地把握幼儿的语言发展水平,然后在此基础上有针对性地投放、调整材料,并给予及时、适当的指导,以促进幼儿语言水平与能力的发展。因此,观察的目的有两个:一个是了解语言区域的设置与材料投放情况;二是了解幼儿的活动与发展水平。

教师在观察时,首先要了解"幼儿想做什么"和"幼儿会做什么"。然后,通过观察进一步理解幼儿的活动意图、思维方式,对幼儿的活动水平做出正确诊断,形成观察记录。为了顺利地进行观察,教师可以设计观察记录表。观察记录表一般分为两种类型,一种类型为语言区域所投放的材料观察记录表;另一种类型为语言区域活动情况观察记录表。

语言区域观察
记录表

步骤9　介入与指导

当幼儿在语言区域自主操作和探究时,教师只需适时地观察幼儿;而在幼儿真正需要教师帮助时,教师才为幼儿提供"画龙点睛"式的支持与指导。即便教师提供支持与指导,也需要分析幼儿所遇到的问题,并针对不同的情况采取具体的支持与指导方式。下面介绍语言区域活动的三种指导方式。[1]

（1）转让式的指导

在语言区域活动中,教师会发现班级中总有一部分幼儿遇到困难时会第一时间向教师求助,缺乏自主思考和解决问题的意识。对于这种情况,教师要"善退",懂得将问题"包装"后再抛给幼儿。如语言区域活动"有趣的皮影",投放之初,班上的幼儿都抢着玩,但总能听到争吵声,幼儿总向教师告状。教师听后,并不直接帮助幼儿解决问题,而是把问题抛给幼儿:"遇到大家都想玩的游戏,你们怎么办?"教师在"退后"的过程中发现,幼儿自己协商了新规则,即要求每一次游戏最多两个人进去玩,其余的人可以坐在藤椅上充当观众,等上一组幼儿游戏结束后,再进去游戏。

"问题"是幼儿发展的催化剂,应让幼儿学会思考,在解决问题中一点一滴地进步,而教师在其中扮演的是支持者、引导者的角色。应少干预、多观察,少指挥、多提醒,少命令、多协商,通过转让式指导,不断提高幼儿的语言区域活动水平。

（2）暗示性的指导

当幼儿遇到困难向教师求助时,教师不会直接告诉幼儿解决困难的途径和方法,而是给予幼儿适当的语言暗示或间接提示。例如,中班幼儿在语言区域玩"果蔬店"游戏时,由于没有"小顾客"光顾,幼儿急忙寻求教师帮忙。教师并不直接帮助幼儿寻找"小顾客",而是引导幼儿学习观察游戏环境中的其他材料,如手偶、指偶等。最后,在教师暗示性的指导下,幼儿用手偶进行了角色对话,玩得很开心。

（3）建议性的指导

教师也可以试着用建议式的方式引导幼儿在语言区域中活动,把自己当作幼儿的玩伴,学会和幼儿一起讨论,征求幼儿的意见和想法,让幼儿在语言区域活动中成为真正的主人,而不是要求幼儿按照老师所预设或演示的方法去玩。

总之,教师在指导幼儿语言区域活动时,应注意两个方面:一是指导、介入的时机。教师在考虑如何指导之前,需要思考:教师的指导是否会影响幼儿? 幼儿需要帮助吗? 二是幼儿自身的个体差异。语言区域是幼儿自主、自愿的活动区域,教师不应对幼儿是一成不变的要求,相反,教师应该根据幼儿的实际能力,在不同层次上进行指导,提供不同层次的操作材料。

（三）活动评价

根据小、中、大班幼儿能力和发展水平的差异,分年龄段设计语言区域活动的评价表,评价表围绕情

---

① 王佳. 幼儿园语言区材料投放与指导策略[J]. 幼儿教育研究,2016(4): 5-7.(有所删减)

感、态度、能力和知识四个评价项目展开,其中,每个评价项目设计相应的项目内容,根据幼儿在语言区域的表现对四个评价项目进行评分,教师分析评价结果,进而调整和改进教育策略。这种分年龄、分层次、分标准的评价,能较好地反映幼儿在语言区域活动的真实情况,可以作为教师了解、分析幼儿语言发展的依据,为幼儿今后的语言学习提供良好的保证。

语言区域活动
评价表

案例分析

大班语言区域活动组织与指导

1. 观察与分析幼儿

（1）观察幼儿

天天目标明确地来到语言区域,找到了事先想好的语言材料"四季屏风",先观察了一下材料,然后就尝试探索材料。在探索材料的过程中,起初,天天将字卡与图片对应摆放,没有找到对应点,于是寻求同伴帮助。天天与同伴研究后,仍然没有找到操作方法,举手向教师示意,表示自己需要帮助。在教师的引导下,幼儿再次观察画面与字卡,尝试寻找两者之间的关系。后来,天天顺利地完成了整个材料的操作,在记录单上做好操作记录。

（2）分析幼儿

幼儿的学习品质:大班幼儿无论是选择材料还是探索材料,都更加独立、自主,他们会有目的、有计划地选择符合自己的发展需要或自己特别感兴趣的活动材料。在活动中,他们喜欢与同伴合作探索材料,当有新材料出现时,他们还会观察同伴操作,聆听区域活动讲评时同伴的介绍,这些都会促使他们对未操作过的材料也有一定程度的了解。借助于材料本身的提示,一般情况下,大班幼儿都能克服困难,认真专注、富有创造力与想象力地独立完成材料的探索。

幼儿的语言能力:大班幼儿对文字和符号有了一定的了解,教师以成语为内容而设计的活动,加深了他们对传统文化的认识。幼儿在活动中出现的问题,表明教师需要在后续的活动中培养幼儿观察细节的能力。

2. 评价与调整(见表 7-1)

表 7-1　大班幼儿语言区域活动评价表[①]

幼儿姓名：天天		性别：男		所在班级：大一班		
所在区域：语言区域		材料名称：四季屏风		操作时间：30 分钟		
指导教师：杨老师		评议者：余老师		日期：2019 年 12 月 23 日		
评价项目					参考最高分值	评价实际分值
情感 （30 分）	1. 能根据自己的发展需要选择适宜的语言区域材料				10	10
	2. 自发与同伴合作探索语言区域材料				10	8
	3. 主动邀请教师合作探索语言区域材料				10	9
态度 （20 分）	1. 不受环境干扰,独立完成语言区域材料探索				10	10
	2. 能想办法克服困难,完成语言区域材料探索				10	9
能力 （30 分）	1. 主动完成对多重而又步骤复杂的语言区域材料的探索				15	13
	2. 能根据自身需要均衡地选择语言区域材料				15	14

① 王微丽,霍力岩.幼儿园语言区材料设计与评价[M].北京:中国轻工业出版社,2019:229-230.

续　表

评 价 项 目		参考最高分值	评价实际分值
知识 (20分)	1. 能主动将语言知识进行归纳与迁移	10	9
	2. 能熟练运用语言区域的经验	10	8
分析评价结果	天天在语言区域活动中选择了"四季屏风"的材料。这份材料的设计具有浓郁的中国传统文化特色,从材料的载体到画面的颜色都能够充分激发幼儿动手探究的兴趣。虽然这份材料的操作步骤相比其他材料更复杂,需要幼儿花费较长的时间和较多的耐心,但却是最受幼儿欢迎的材料。天天是男孩,却主动选择了这份材料并在规定的时间内完成了操作,教师对天天的评价为优秀。 　　从教师对天天的评价分值可以看出,他在自主选择材料、不受外界干扰并独立完成材料探索、语言知识的归纳与迁移等方面比较出色,说明他自主学习能力、主动探究能力、做事情的专注度和持久性都较强,已经具备了较好的学习品质。但是,教师在观察的过程中也发现了一些问题,如当有同伴向他提出共同操作这份材料的要求时,他表现得不乐意并且用手把同伴推开;当他在操作这份材料时,按照操作步骤,需要将屏风立起来,但是他找不到材料中隐藏的提示,导致屏风反复倒下,还一度出现了焦虑不安的情绪反应,最终在教师的指导下完成了此活动。		
教育策略的 调整与改进	针对天天表现出来的问题,教师做了调整和改进: 　　1. 从情感上,鼓励天天多与同伴交流,学会主动邀请同伴共同探索材料,学会用正确的语言和情绪表达自己的愿望。 　　2. 对于天天在操作过程中所表现出来的良好学习品质,教师及时给予表扬和鼓励,以增强他的自信心。 　　在今后的区域活动中提醒他注意材料中蕴含的小细节,让他学会通过材料隐含的提示独立完成任务,提高自我解决困难的能力。		

项目实践

(一) 实训项目

观摩幼儿园语言区域活动,观摩后填写幼儿语言区域活动观察记录表(见表7-2)。

表7-2　幼儿语言区域活动观察记录表

观察幼儿园_____　幼儿姓名_____　完成日期_____

语言区域	语言教育价值及活动内容	利用的教育资源	指导要点	活动评析

(二) 模拟演练

1. 选择题。

(1) 下列( )活动形式更有利于教师了解幼儿的语言发展情况,进而因材施教。

A. 区域活动　　　　B. 集体活动　　　　C. 小组活动　　　　D. 个体活动

(2) ( )是幼儿园语言区域活动的根本。

A. 环境　　　　B. 材料　　　　C. 教师　　　　D. 幼儿

2. 材料分析题。

区域活动开始了,孩子们根据自己的喜好自由地选择了不同的区域开始玩游戏,但是我发现语言区域一个人也没有。于是,我说:"谁愿意去语言区玩啊?"可是没有人理睬我,过了一会,我又说:"今天去语言区域的孩子会得到一个神秘的礼物哦!"这时,浩浩举手说:"我去吧。"后来有几个幼儿也陆续地响应了,要去语言区域玩。

语言区域活动开始了,浩浩和几个同伴在一起玩,可是一会儿游戏就结束了。见此情况,我把阅读的方法和要求又讲给了他们听。在区域活动进行到一半的时候,我发现里面乱成一团,跑过去一看,孩子们正在玩开"小汽车"的游戏。看到我来了他们又赶紧看书,嘴里却不停地说:"一点都不好玩。"

(1) 为什么会出现这种情况?

(2) 你认为该教师应该如何调整和改进语言区域活动?

(三) 课外研读

王微丽,霍力岩. 幼儿园语言区材料设计与评价[M]. 北京:中国轻工业出版社,2019.

附录

《幼儿语言教育活动设计与指导》知识一览表

学习项目	子项目	陈述性知识 "活动认知"模块	程序性知识 "工作过程"模块		
绪论		1. 幼儿语言教育的意义 2. 幼儿语言的发展与教育 3. 幼儿语言教育的目标 4. 幼儿语言教育的内容 5. 幼儿语言教育的方法 6. 幼儿语言教育的评价			
一、幼儿谈话活动		1. 谈话活动的内涵 2. 谈话活动的特征 3. 谈话活动的类型 4. 谈话活动的价值	(一)活动设计	步骤1. 选择谈话话题 步骤2. 确定活动目标 步骤3. 进行活动准备 步骤4. 构思活动过程	
			(二)组织指导	步骤5. 创设情境,引出话题 步骤6. 围绕话题,自由交谈 步骤7. 拓展内容,隐性示范	
			(三)活动评价		
二、幼儿辩论活动		1. 辩论活动的内涵 2. 辩论活动的特点 3. 辩论活动的类型 4. 辩论活动的价值	(一)活动设计	步骤1. 选择适宜辩题 步骤2. 确定活动目标 步骤3. 进行活动准备 步骤4. 构思活动过程	
			(二)组织指导	步骤5. 激发兴趣,引出辩题 步骤6. 明确观点,轮流阐述 步骤7. 自由辩论,有效反驳 步骤8. 回顾总结,提升经验	
			(三)活动评价		
三、幼儿讲述活动	子项目一 幼儿叙事性讲述活动	1. 叙事性讲述活动的内涵 2. 叙事性讲述活动的特征 3. 叙事性讲述活动的类型 4. 叙事性讲述活动的价值 5. 叙事性讲述活动的发展目标	类型一　看图讲述活动		
			(一)活动设计	步骤1. 选择讲述内容 步骤2. 确定活动目标 步骤3. 进行活动准备 步骤4. 构思活动过程	
			(二)组织指导	步骤5. 感知和理解图片内容 步骤6. 运用已有经验讲述 步骤7. 引进新的讲述经验 步骤8. 巩固、迁移新的讲述经验	
			(三)活动评价		
			类型二　情境讲述活动		
			(一)活动设计	步骤1. 选择情境内容 步骤2. 确定活动目标 步骤3. 进行活动准备 步骤4. 构思活动过程	
			(二)组织指导	步骤5. 感知和理解讲述对象 步骤6. 运用已有经验讲述 步骤7. 引进新的讲述经验 步骤8. 巩固、迁移新的讲述经验	

学习情境	子情境	陈述性知识 "游戏认知"模块	程序性知识 "工作过程"模块	
			（三）活动评价	
			类型三　生活经验讲述活动	
			（一）活动设计	步骤 1. 选择讲述主题 步骤 2. 确定活动目标 步骤 3. 进行活动准备 步骤 4. 构思活动过程
			（二）组织指导	步骤 5. 感知和理解讲述对象 步骤 6. 运用已有经验讲述 步骤 7. 建立新的讲述经验 步骤 8. 巩固、迁移新的讲述经验
			（三）活动评价	
	子项目二 幼儿说明性讲述活动	1. 说明性讲述活动的内涵 2. 说明讲述活动的特征 3. 说明性讲述活动的类型 4. 说明性讲述活动的价值	（一）活动设计	步骤 1. 选择讲述内容 步骤 2. 确定活动目标 步骤 3. 进行活动准备 步骤 4. 构思活动过程
			（二）组织指导	步骤 5. 感知和理解讲述对象 步骤 6. 运用已有经验讲述 步骤 7. 引进新的讲述经验 步骤 8. 巩固、迁移新的讲述经验
			（三）活动评价	
四、幼儿语言游戏活动		1. 语言游戏活动的概念 2. 语言游戏活动的特点 3. 语言游戏的主要类型	（一）活动设计	步骤 1. 选择游戏内容 步骤 2. 确定活动目标 步骤 3. 构思活动过程
			（二）组织指导	步骤 4. 创设游戏情境 步骤 5. 介绍游戏规则 步骤 6. 引导幼儿游戏 步骤 7. 自主开展游戏
			（三）活动评价	
五、幼儿文学作品活动	子项目一 幼儿故事活动	1. 童话故事概述 2. 生活故事概述 3. 故事活动的关键点 4. 故事活动年龄阶段目标	（一）活动设计	步骤 1. 选择合适的故事 步骤 2. 确定活动目标 步骤 3. 选择教学方法 步骤 4. 撰写活动方案 步骤 5. 进行活动准备
			（二）组织指导	步骤 6. 借助手段，激趣导入 步骤 7. 朗读演绎故事内容 步骤 8. 感知理解故事情节与人物特征 步骤 9. 开展创造性语言活动 步骤 10. 延伸至各种活动中
			（三）活动评价	
	子项目二 幼儿诗歌活动	1. 儿歌概述 2. 幼儿诗概述 3. 诗歌活动的关键点 4. 诗歌活动的年龄阶段目标	类型一　幼儿绕口令活动	
			（一）活动设计	步骤 1. 拟定活动目标 步骤 2. 设计活动方案 步骤 3. 进行活动准备

续　表

学习情境	子情境	陈述性知识 "游戏认知"模块	程序性知识 "工作过程"模块	
			（二）组织指导	步骤4. 激发兴趣，导入绕口令文本 步骤5. 初步感知和理解绕口令 步骤6. 创编动作，进一步感知绕口令 步骤7. 创设游戏情境，练习绕口令 步骤8. 提问引导，深入主旨 步骤9. 延伸至区域活动或亲子活动中
			（三）活动评价	
			类型二　幼儿谜语活动	
			（一）活动设计	步骤1. 确定活动目标 步骤2. 书写活动方案 步骤3. 进行活动准备
			（二）组织指导	步骤4. 创设情境，导入谜面 步骤5. 示范引导，学习猜谜的具体方法 步骤6. 提问启发，学习猜谜语 步骤7. 再次创设情境，进一步练习猜谜语 步骤8. 延伸至区域活动或亲子活动中
			（三）活动评价	
			类型三　幼儿诗活动	
			（一）活动设计	步骤1. 选择诗歌作品 步骤2. 确定活动目标 步骤3. 选择教学方法 步骤4. 书写活动方案 步骤5. 进行活动准备
			（二）组织指导	步骤6. 抓住诗题，导入文本 步骤7. 初步感知诗歌节奏与韵律 步骤8. 善设提问，理解诗歌内容 步骤9. 开展创造性活动，进一步理解诗歌内容与情感 步骤10. 延伸至区域活动或亲子活动中
			（三）活动评价	
	子项目三 幼儿散文活动	1. 散文概述 2. 散文活动的概念 3. 散文活动的关键点 4. 散文活动的年龄阶段目标	（一）活动设计	步骤1. 选择散文作品 步骤2. 确定活动目标 步骤3. 选择教学方法 步骤4. 书写活动方案 步骤5. 进行活动准备
			（二）组织指导	步骤6. 巧妙构思，激趣导入 步骤7. 提问引导，初步理解散文内容 步骤8. 进一步感受散文意蕴或主旨 步骤9. 感知散文的表现手法 步骤10. 延伸至区域活动或亲子活动中
			（三）活动评价	

续 表

学习情境	子情境	陈述性知识 "游戏认知"模块	程序性知识 "工作过程"模块	
六、幼儿早期 阅读活动		1. 早期阅读活动的内涵 2. 早期阅读活动的特征 3. 早期阅读活动的类型 4. 早期阅读活动的价值	（一）活动设计	步骤 1. 选择阅读材料 步骤 2. 确定活动目标 步骤 3. 进行活动准备 步骤 4. 构思活动过程
			（二）组织指导	步骤 5. 准备阅读 步骤 6. 介绍活动，激发兴趣 步骤 7. 引导幼儿自主阅读 步骤 8. 师幼共同阅读 步骤 9. 幼儿讲述阅读内容
			（三）活动评价	
七、幼儿语言 区域活动		1. 语言区域活动的内涵 2. 语言区域活动的基本内容 3. 语言区域活动的教育功能	（一）活动设计	步骤 1. 设置语言区域 步骤 2. 创设语言区域环境 步骤 3. 放置语言区域辅助物品 步骤 4. 投放语言区域材料 步骤 5. 制定语言区域活动方案
			（二）组织指导	步骤 6. 介绍语言区域 步骤 7. 制定语言区域规则 步骤 8. 观察与分析 步骤 9. 介入与指导
			（三）活动评价	

图书在版编目(CIP)数据

幼儿语言教育活动设计与指导/廖贵英,邓娇娇主编. —上海:复旦大学出版社,2020.11
ISBN 978-7-309-15347-7

Ⅰ.①幼… Ⅱ.①廖… ②邓… Ⅲ.①语言教学-学前教育-教学参考资料 Ⅳ.①G613.2

中国版本图书馆 CIP 数据核字(2020)第 185993 号

幼儿语言教育活动设计与指导
廖贵英　邓娇娇　主编
责任编辑/赵连光

复旦大学出版社有限公司出版发行
上海市国权路 579 号　邮编:200433
网址:fupnet@ fudanpress.com　http://www.fudanpress.com
门市零售:86-21-65102580　团体订购:86-21-65104505
外埠邮购:86-21-65642846　出版部电话:86-21-65642845
上海丽佳制版印刷有限公司

开本 890×1240　1/16　印张 11.25　字数 356 千
2020 年 11 月第 1 版第 1 次印刷
印数 1—4 100

ISBN 978-7-309-15347-7/G·2167
定价:37.00 元